新编会计项目化教程系列丛书

新编财务会计分岗位教程

主　编　印永龙　张海芹
副主编　顾　娟　满倩倩
参　编　（按姓氏笔画排序）
　　　　代　蕾　孙新章　吴玉林
　　　　杨　芳　翟志华　王茂盛
　　　　骆　霏

东南大学出版社
·南京·

内 容 提 要

本书以真实的会计岗位和会计工作任务设计教学过程,是一本与实际会计岗位对接的项目化教材。全书遵循应用型人才培养模式导向,根据会计职业岗位的任职要求,参照会计职业资格标准,按会计岗位实务梳理架构,设置出纳岗位、存货会计岗位、销售会计岗位、往来会计岗位、固定资产与无形资产会计岗位、职工薪酬会计岗位、筹资会计岗位、投资会计岗位、总账报表岗位等九大业务核算岗位。每个岗位下设置四个项目:岗位职责、岗位核算流程、岗位核算任务、岗位实训。岗位核算任务下再细分任务,嵌入具体业务核算学习,实现教、学、做一体化。每个岗位的职责明确、核算流程清晰,体现现实职业环境与角色扮演,力图实现课堂教学与职业岗位的零距离对接。

本书可作为高职高专会计、财务管理、审计及其他经济管理类专业学生用教材,也可作为参加专升本考试、自学考试、会计专业技术资格考试人员的参考用书。

图书在版编目(CIP)数据

新编财务会计分岗位教程 / 印永龙,张海芹主编.
—南京:东南大学出版社,2015.12
 ISBN 978-7-5641-6320-4

Ⅰ.①新… Ⅱ.①印…②张… Ⅲ.①财务会计-高等职业教育-教材 Ⅳ.①F234.4

中国版本图书馆 CIP 数据核字(2015)第 319918 号

东南大学出版社出版发行
(南京四牌楼2号 邮编 210096)
出版人:江建中
江苏省新华书店经销　　丹阳兴华印刷厂印刷
开本:787mm×1 092mm 1/16 印张:14.5 字数:365 千字
2015年12月第1版　2015年12月第1次印刷
ISBN 978-7-5641-6320-4
印数:1—3 000 册　定价:32.00 元
(凡因印装质量问题,可直接向营销部调换。电话:025-83791830)

前　言

　　课程建设与改革是提高高等职业教育教学质量的关键和难点。高职院校要根据技术领域和职业岗位(群)的任职要求,参照相关的职业资格标准,改革课程体系与教学内容,开发突出职业能力培养的教材。

　　财务会计是会计、财务管理、审计专业的专业核心课程,本书以真实的会计岗位和会计工作任务设计教学过程。全书遵循应用型人才培养模式导向,根据会计职业岗位的任职要求,参照会计职业资格标准,按会计岗位实务梳理架构,设置出纳岗位、存货会计岗位、销售会计岗位、往来会计岗位、固定资产与无形资产会计岗位、职工薪酬会计岗位、筹资会计岗位、投资会计岗位、总账报表岗位等九大业务核算岗位,开发出一套与实际会计岗位对接的项目化教材。

　　本书的特色:

　　(1) 本书在每个岗位下设置四个项目:岗位职责、岗位核算流程、岗位核算任务、岗位实训,岗位核算任务下再细分,嵌入具体业务核算内容,实现教、学、做一体化。

　　(2) 每个岗位的职责明确、核算流程清晰,体现现实职业环境与角色扮演,力图实现课堂教学与职业岗位的零距离对接。

　　(3) 岗位实训的内容有客观题练习、实务操作两部分,理论联系实际,贴近企业实务,既有利于职业资格考试,又具有较强的实务操作性。

　　本书由钟山职业技术学院经济与管理学院印永龙、张海芹任主编,顾娟、满倩倩任副主编。具体分工如下:岗位一由张海芹、吴玉林编写;岗位二由顾娟、翟志华编写;岗位三由满倩倩、王茂盛编写;岗位四由顾娟、孙新章编写;岗位五由满倩倩、孙新章、杨芳编写;岗位六由印永龙编写;岗位七由印永龙、代蕾、骆霏编写;岗位八由张海芹、代蕾、翟志华编写;岗位九由代蕾、张海芹编写。全书由印永龙、张海芹修改并完成定稿。

　　由于编者水平有限,书中存在的缺点和不足在所难免,恳请读者批评指正。

编　者

2015 年 11 月

目　　录

岗位一　出纳岗位实务 (1)
项目一　出纳岗位职责 (1)
项目二　出纳岗位核算流程 (2)
项目三　出纳岗位核算任务 (2)
　　任务一　库存现金的核算 (3)
　　任务二　银行存款的核算 (6)
　　任务三　其他货币资金的核算 (11)
　　任务四　外币业务的核算 (12)
项目四　出纳岗位实训 (17)
　　练习 (17)
　　技能实训 (18)

岗位二　存货会计岗位实务 (19)
项目一　存货会计岗位职责 (19)
项目二　存货会计岗位核算流程 (20)
项目三　存货会计岗位核算任务 (20)
　　任务一　存货概述 (20)
　　任务二　原材料的核算 (26)
　　任务三　库存商品的核算 (36)
　　任务四　周转材料的核算 (36)
　　任务五　委托加工物资的核算 (40)
　　任务六　存货的清查 (42)
　　任务七　存货的期末计价 (43)
项目四　存货会计岗位实训 (44)
　　练习 (44)
　　技能实训 (45)

岗位三　销售会计岗位实务 (47)
项目一　销售会计岗位职责 (47)
项目二　销售会计岗位核算流程 (48)
项目三　销售会计岗位核算任务 (48)
　　任务一　收入确认 (48)
　　任务二　商品销售收入的核算 (51)
　　任务三　劳务收入的核算 (57)
　　任务四　其他业务收入的核算 (59)
项目四　销售会计岗位实训 (60)
　　练习 (60)
　　技能实训 (61)

岗位四　往来会计岗位实务 (62)
项目一　往来会计岗位职责 (62)
项目二　往来会计岗位核算流程 (63)
项目三　往来会计岗位核算任务 (63)
任务一　应收票据与应付票据的核算 (63)
任务二　应收账款与应付账款的核算 (68)
任务三　预付账款与预收账款的核算 (71)
任务四　其他应收款与其他应付款的核算 (72)
任务五　坏账损失的核算 (74)
任务六　应交税费的核算 (78)
任务七　长期应付款的核算 (82)
项目四　往来会计岗位实训 (84)
练习 (84)
技能实训 (85)

岗位五　固定资产与无形资产会计岗位实务 (87)
项目一　固定资产与无形资产会计岗位职责 (87)
项目二　固定资产与无形资产会计岗位核算流程 (88)
项目三　固定资产与无形资产会计岗位核算任务 (88)
任务一　固定资产的核算 (88)
任务二　无形资产的核算 (107)
任务三　长期待摊费用和其他长期资产的核算 (116)
项目四　固定资产与无形资产会计岗位实训 (118)
练习 (118)
技能实训 (119)

岗位六　职工薪酬会计岗位实务 (121)
项目一　职工薪酬会计岗位职责 (121)
项目二　职工薪酬会计岗位核算流程 (121)
项目三　职工薪酬会计岗位核算任务 (122)
任务一　职工薪酬概述 (122)
任务二　货币性职工薪酬的核算 (123)
任务三　非货币性职工薪酬的核算 (125)
项目四　职工薪酬会计岗位实训 (127)
练习 (127)
技能实训 (127)

岗位七　筹资会计岗位实务 (129)
项目一　筹资会计岗位职责 (129)
项目二　筹资会计岗位核算流程 (130)
项目三　筹资会计岗位核算任务 (130)
任务一　权益筹资的核算 (130)
任务二　短期借款的核算 (138)

任务三　长期借款的核算……………………………………………(138)
　　　任务四　应付债券的核算……………………………………………(140)
　项目四　筹资会计岗位实训………………………………………………(144)
　　练习…………………………………………………………………………(144)
　　技能实训……………………………………………………………………(145)

岗位八　投资会计岗位实务……………………………………………(146)
　项目一　投资会计岗位职责………………………………………………(146)
　项目二　投资会计岗位核算流程…………………………………………(147)
　项目三　投资会计岗位核算任务…………………………………………(147)
　　　任务一　交易性金融资产的核算……………………………………(147)
　　　任务二　持有至到期投资的核算……………………………………(150)
　　　任务三　可供出售金融资产的核算…………………………………(152)
　　　任务四　长期股权投资的核算………………………………………(155)
　项目四　投资会计岗位实训………………………………………………(158)
　　练习…………………………………………………………………………(158)
　　技能实训……………………………………………………………………(159)

岗位九　总账报表岗位实务……………………………………………(160)
　项目一　总账报表岗位职责………………………………………………(160)
　项目二　总账报表岗位核算流程…………………………………………(160)
　项目三　总账报表岗位核算任务…………………………………………(161)
　　　任务一　利润及利润分配的核算……………………………………(161)
　　　任务二　企业所得税的核算…………………………………………(165)
　　　任务三　财务报表的编制……………………………………………(171)
　　　任务四　合并会计报表的编制………………………………………(205)
　项目四　总账报表岗位实训………………………………………………(219)
　　习题…………………………………………………………………………(219)
　　技能实训……………………………………………………………………(220)

岗位一　　出纳岗位实务

【引言】

"经济越发展,会计越重要"。出纳岗位是会计基本岗位之一,出纳工作是单位会计工作的重要基础,是单位经济业务活动的第一道"关卡"。出纳要负责办理现金收付和银行的结算业务、日记账的登记以及现金、票据、有价证券的保管等,要求遵纪守法,工作认真、细致、规范、准确无误。出纳工作质量的好坏直接影响单位财会管理水平和单位经营决策。

项目一　　出纳岗位职责

一、办理现金收付和银行结算业务

(1) 严格按照国家有关现金管理制度的规定,根据稽核人员审核签章的收付款凭证,进行复核、办理款项收付。收付款后,要在收付款凭证上签章,并加盖"收讫"或"付讫"戳记。

(2) 认真执行银行账户管理和结算规定,收到相关票据要办理相应手续,送存银行。负责相关票据的取回、审核、保管与处理。不向外单位和个人出租、出借银行账户,不利用银行账户搞非法活动。

二、登记与货币资金相关的账簿

(1) 根据已经办理完毕的收付款凭证,逐日逐笔登记库存现金日记账,每日结出余额,库存现金的账面余额要与库存现金的实际数核对相符。

(2) 根据已经办理完毕的收付款凭证,逐日逐笔登记银行存款日记账,每月末银行存款日记账与银行对账单核对,对于未达账项,要及时查询原因,月末编制银行存款余额调节表,将账面余额与对账单上的余额调节相符。

三、保管现金、有价证券、票据、印章等

(1) 对于现金和各种有价证券,要确保其安全和完整无缺。库存现金不得超过银行核定的限额,超过部分要及时存入银行。不得以"白条"抵充现金,更不得任意挪用现金。如果发现库存现金有短缺或溢余,应查明原因,根据情况分别处理,不得私下取走或补足。如有短缺,要负赔偿责任。要保守保险柜密码的秘密,保管好钥匙,不得任意转交他人。

(2) 出纳人员所管的印章必须妥善保管,严格按照规定用途使用。但签发支票的各种印章,不得全部交由出纳一人保管。对于空白收据和空白支票必须严格管理,专设登记簿登记,认真办理领用注销手续。

项目二 出纳岗位核算流程

出纳岗位核算流程如图 1.1 所示。

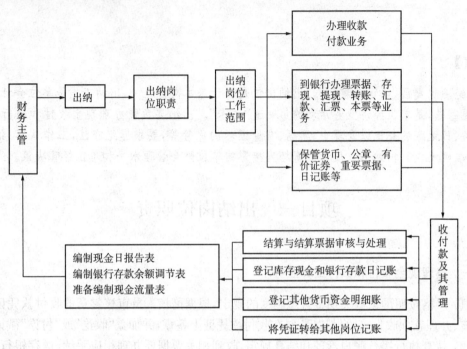

图 1.1 出纳岗位核算流程

项目三 出纳岗位核算任务

出纳岗位涉及货币资金的核算。货币资金是指可以立即投入流通,用以购买商品和劳务或用以偿还债务的交换媒介物。货币资金包括库存现金、银行存款及外埠存款、在途货币资金、信用证存款等其他货币资金。

在流动资产中货币资金最大的特点是具有很强的流动性,可以随时用来支付各项费用和清偿各种债务,能够直接转化为其他任何资产形态,并且反映了企业现实购买力水平。在正常的生产经营过程中,企业为购买原材料、支付工资及利息、对外投资等都必须要拥有相当的货币资金,而其他货币性资产如短期有价证券投资、应收账款等要作为支付和清偿债务手段,都需要先转化为货币资金。企业在组织和进行生产经营的过程中,有关商品的购买与销售、劳务款项的支付以及税金的缴纳,都需要通过货币资金来进行。因此应严格遵守国家有关货币管理制度的规定,管理好货币资金,有计划地组织收入、合理地安排支出,满足企业生产经营对资金的需要。

任务一　库存现金的核算

库存现金是指企业存放在会计部门由出纳员保管的货币资金,包括人民币和外币。它是流动资产中流动性最强的一种货币资产,是可以立即投入流通的交换媒介。可以随时用其购买所需物资,支付各项费用,清偿债务,也可随时存入银行。

一、库存现金管理的主要内容

根据《现金管理暂行条例》的规定,现金管理的内容可以概括为以下几个方面：
1) 现金的使用范围
企业可以使用现金的范围：
(1) 职工工资、津贴。
(2) 个人劳务报酬。
(3) 根据国家规定颁发给个人的科学技术、文化艺术、体育等各种奖金。
(4) 各种劳保、福利费用以及国家规定的对个人的其他支出等。
(5) 向个人收购农副产品和其他物资的价款。
(6) 出差人员必须随身携带的差旅费。
(7) 结算起点(现行规定为1 000元)以下的零星支出。
(8) 中国人民银行确定需要支付现金的其他支出。
凡是不属于现金结算范围的,应通过银行进行转账结算。
2) 现金的日常收支管理
现金日常收支管理的内容主要有以下几个方面：
(1) 现金收入应于当日送存银行,如当日送存银行确有困难的由银行确定送存时间。
(2) 企业可以在现金使用范围内支付现金或从银行提取现金,但不得从本单位的现金收入中直接支付(坐支)。因特殊情况需要坐支现金的,应当事先报经开户银行审查批准,由开户银行核定坐支范围和限额,企业应定期向开户银行报送坐支金额和使用情况。
(3) 企业从银行提取现金时,应当在取款凭证上写明具体用途,并由财会部门负责人签字盖章后,交开户银行审核后方可支取。
(4) 因采购地点不固定、交通不便、生产或者市场急需、抢险救灾以及其他情况必须使用现金的,企业应当提出申请,经开户银行审核批准后,方可支付现金。
3) 库存现金限额的规定
企业的库存现金限额由其开户银行根据实际需要核定,一般为3～5天的零星开支需要量。边远地区和交通不便地区的企业,库存现金限额可以多于5天,但不能超过15天的日常零星开支量。企业必须严格按照规定的限额控制现金结余量,超过限额的部分,必须及时送存银行。

二、库存现金收付业务的核算

按规定,企业现金收付业务的入账数额应以实际收入和付出的现金数额进行确认和记录。现金收付业务的核算包括库存现金的序时核算和总分类核算。

(一) 现金的序时核算

企业的现金收入、支出核算和结存情况是通过设置库存现金账户进行的。"库存现金日记账"是记录和反映现金收支及其结存情况的账簿,一般采用"收入、支出、结余"三栏式账页。"库存现金日记账"是由出纳员根据库存现金收款凭证和库存现金付款凭证,按照经济业务发生的时间顺序逐日逐笔登记。每日终了,应当计算当日的现金收入合计、支出合计并结出余额,同时将账面现金余额与实际库存现金数额核对,做到账款相符。三栏式"库存现金日记账"的格式和登记方法如表1.1所示。

表1.1 库存现金日记账

| 2013年 | | 凭证号数 | 摘要 | 对方账户 | 收入 | 支出 | 结余 |
月	日						
1	1		上年结余				1 000
	1	银付1	提现金备发工资	银行存款	12 000		
	1	现收1	收包装物押金	其他应付款	2 000		
	1	现付1	张祥借差旅费	其他应收款		2 000	
	1	现付2	发放工资	应付职工薪酬		11 500	
1	1		本日合计		14 000	13 500	1 500

(二) 现金的总分类核算

现金的总分类核算是通过设置"库存现金"总分类账户进行的。"库存现金"账户属于资产类账户,该账户的借方登记现金的增加数,贷方登记现金的减少数,期末余额在借方,表示企业库存现金的实有数额。

[例1-1] 企业开出现金支票一张,从银行提取现金1 000元备用。应作会计分录如下:

借:库存现金 1 000
　　贷:银行存款 1 000

[例1-2] 采购员张明外出采购预借差旅费800元,以现金支付。应作会计分录如下:

借:其他应收款——张明 800
　　贷:库存现金 800

三、现金清查的核算

现金清查的基本方法是实地盘点法。它是将现金的实地盘点数与"库存现金日记账"余额相核对,以确定现金账实是否相符的方法。现金的日常清查由出纳员于每日业务结束时,清点现金实有数,并与"库存现金日记账"的余额相核对。由专门人员进行现金清查时,可以采用突击盘点法。选择在当日业务开始或结束时,盘点现金实际库存数,再与"库存现金日记账"的上日或本日余额相核对。盘点时,为明确经济责任,出纳员必须在场。在盘点的过程中,除了清点库存现金外,还应检查是否存在白条抵库现象,即是否存在未经审批或不具有法律效力的借款凭证;此外还应核查现金库存数是否超过现金管理制度规定的限额。盘点后,应根据盘点结果和核对的情况编制"库存现金盘点报告表",并由盘点负责人和出纳员签章。"库存现金盘点报告表"是反映现金实存数的原始凭证,也是查明账实差异的原因和调整账簿记录的依据。其格式如表 1.2 所示。

表 1.2 库存现金盘点报告表

单位名称:　　　　　　　　　2013 年 6 月 21 日　　　　　　　　　单位:元

实存现金	账存现金	对比结果		备注
		盘盈	盘亏	
2 581.50	2 518.50	63.00		待查

盘点负责人(签章):　　　　　　出纳员(签章):

在盘点现金时,如发现实存现金与账存现金不符,说明现金出现盘盈或盘亏,应及时查明原因。在报经审批处理前,应先通过"待处理财产损溢"账户进行账务调整,使账实保持一致,待查明原因并经审批后,再进行转销。如确实无法查明原因,盘盈的现金应转入"营业外收入"账户,盘亏的现金一般应由出纳员赔偿,转入"其他应收款"账户。

[例 1-3] 某工业企业 6 月 10 日对现金进行盘点,发现现金盘盈(实存现金大于账存现金)100 元,出纳员一时无法查明原因。后经认真查找,为出纳员在支付王平预借差旅费时少付了 100 元。6 月 15 日,将盘盈的 100 元现金支付给王平。

6 月 10 日,发现现金盘盈 100 元时,由于一时无法查明原因,应及时进行账务调整。应作会计分录如下:

　　借:库存现金　　　　　　　　　　　　　　　　　　　　　100
　　　　贷:待处理财产损溢——出纳长款　　　　　　　　　　　　　100

6 月 15 日,将盘盈的现金支付给王平时,应作会计分录如下:

　　借:待处理财产损溢——出纳长款　　　　　　　　　　　　　100
　　　　贷:库存现金　　　　　　　　　　　　　　　　　　　　　100

本例中,如经认真查找,确实无法查明原因的,应作会计分录如下:

　　借:待处理财产损溢——出纳长款　　　　　　　　　　　　　100
　　　　贷:营业外收入——出纳长款收入　　　　　　　　　　　　　100

[例 1-4] 某工业企业 9 月 20 日对现金进行盘点,发现现金盘亏(实存现金少于账存现金)100 元,出纳员一时无法查明原因。后经认真查找,为出纳员在支付李华预借差旅费时多付了 100 元。9 月 25 日,李华退还多付的 100 元现金。

9 月 20 日,发现现金盘亏 100 元后,由于一时无法查明原因,应及时进行账务调整。应作会计分录如下:

　　借:待处理财产损溢——出纳短款　　　　　　　　　　　　　100
　　　　贷:库存现金　　　　　　　　　　　　　　　　　　　　　100

9 月 25 日,收到李华退还的 100 元现金时,应作会计分录如下:

　　借:库存现金　　　　　　　　　　　　　　　　　　　　　100
　　　　贷:待处理财产损溢——出纳短款　　　　　　　　　　　　　100

在本例中,如经查明,属于出纳人员失职造成的短款,应由出纳员赔偿盘亏的 100 元现金时,应作会计分录如下:

　　借:其他应收款——某出纳员　　　　　　　　　　　　　　　100

  贷：待处理财产损溢——出纳短款   100
 借：库存现金   100
  贷：其他应收款——某出纳员   100

任务二 银行存款的核算

  银行存款是企业存入银行或其他金融机构的货币资金,包括人民币存款和外币存款两类。企业应在银行开立账户,办理存款、取款和转账结算等业务。

一、银行存款的管理

  1. 银行存款账户的管理

  按照《银行结算办法》的规定,企业应在银行或其他金融机构开立账户,以办理存款、取款和转账结算等。企业开立账户,必须遵守有关银行账户管理的各项规定。银行存款的账户分为基本存款账户、一般存款账户、临时存款账户和专用存款账户。基本存款账户是企业办理日常结算和现金收付的账户,企业的工资、奖金等现金的支出,只能通过基本存款账户办理。一般存款账户是企业为了业务方便在银行或金融机构开立的基本存款账户以外的账户,该账户不得支取现金。临时存款账户是企业因临时经营活动需要开立的暂时性账户。专用存款账户是企业因特定用途需要开立的账户。一个企业只能开立一个基本存款账户。

  2. 银行存款结算管理

  根据现金管理制度和结算纪律的要求,每个企业都必须在该企业所在地的银行开设账户办理款项的结算。企业除留存少量现金以备日常零星开支外,其余现金都应存入银行。企业发生的各种结算款项,除结算金额起点以下的零星支付可以使用现金外,其余的都必须通过银行转账结算。

  企业办理转账结算,账户内必须有足够的资金保证支付,必须以合法、有效的票据和结算凭证为依据。企业必须遵守"恪守信用、履约付款,谁的钱进谁的账、由谁支配,银行不予垫款"的结算纪律。根据业务特点,采用恰当的结算方式办理各种结算业务。

二、银行转账结算方式

  企业应按照《银行结算办法》及《中华人民共和国票据法》(以下简称《票据法》)的有关规定办理各项结算业务。在我国,用于国内转账结算的方式主要有支票、银行本票、银行汇票、商业汇票、汇兑、委托收款和异地托收承付7种。

  1) 支票结算方式

  支票结算方式是指使用支票进行款项结算的一种方式。支票是出票人签发的,委托办理支票存款业务的银行在见票时无条件支付确定的金额给持票人或收款人的票据。支票分为现金支票和转账支票两种。现金支票只能用于支取现金,转账支票只能用于转账。

  支票结算的有关规定：

  (1) 支票结算的方式适用于单位和个人在同一票据交换区域的各种款项结算。

  (2) 支票的提示付款期限为自出票日起10天内,中国人民银行另有规定的除外。

  (3) 转账支票可以根据需要在票据交换区域内背书转让。

  (4) 签发支票时,出票人在开户银行的存款应足以支付支票金额,银行见票即付。

企业签发现金支票提取现金时,必须在支票联背面背书签章后才能据以向开户银行提取现金,留下存根联,据以编制记账凭证。

企业对外销售产品或提供劳务收到转账支票时,应填制"进账单"一式两联,连同支票一并解存银行,收到银行的"进账单通知联",作为编制记账凭证的依据。

2) 银行本票结算方式

银行本票存款是指企业为取得银行本票而按规定存入银行的款项。银行本票是申请人(付款人)将款项交存银行,由银行签发给其凭以在同一票据交换区域办理转账结算或支取现金的票据。银行本票按照其金额记载方式的不同,分为定额本票和不定额本票两种。

(1) 银行本票结算的有关规定

① 银行本票可以用于转账,注明"现金"字样的银行本票可以用于支取现金。

② 申请人或收款人为单位的,银行不得为其签发现金银行本票。

③ 银行本票的提示付款期限自出票日起最长不得超过两个月,可以在票据交换区域内将银行本票背书转让。

(2) 银行本票的结算程序

① 申请人应向银行提交"银行本票申请书"。

② 出票银行受理银行本票申请书,收妥款项后签发银行本票。

③ 申请人取得银行本票后,即可向填明的收款单位办理结算。

④ 收款企业在将收到的银行本票向开户银行提示付款时,应填写进账单连同银行本票一并交开户银行办理转账。

3) 银行汇票结算方式

银行汇票存款是指企业为取得银行汇票而按规定存入银行的款项。银行汇票是汇款单位将款项交存当地银行,由银行签发给其持往异地办理转账结算或支取现金的票据。

(1) 银行汇票结算的有关规定

① 单位和个人的各种款项结算,均可使用银行汇票。

② 付款期自出票日起一个月。

③ 银行汇票的收款人也可以将银行汇票背书转让给他人,可以用于转账,填明"现金"字样的银行汇票也可以用于支取现金。

(2) 银行汇票的结算程序

① 应按照规定填写"银行汇票申请书"交出票银行。

② 银行收妥款项后向申请人签发银行汇票。

③ 申请人持银行汇票向收款单位办理结算。

④ 收款人开户银行审核无误后,办理转账。

⑤ 收款人开户银行与付款人开户银行之间清算资金有多余款的,由申请人开户银行主动转入申请人账户中。

4) 商业汇票结算方式

商业汇票结算方式是指使用商业汇票进行款项结算的一种方式。商业汇票是收款人或付款人(或承兑申请人)签发,由承兑人承兑,并于到期日向收款人或被背书人支付款项的票据。

商业汇票按承兑人不同,可分为商业承兑汇票和银行承兑汇票。商业承兑汇票是指由付款人签发并承兑,或由收款人签发交由付款人承兑的汇票;银行承兑汇票是指由在承兑银行开立存款账户的付款人(即出票人)签发,由承兑银行承兑的汇票。可见,商业承兑汇票的承兑人是付款人,银行承兑汇票的承兑人是付款人的开户银行,即承兑银行。

商业汇票结算的有关规定:

(1) 在银行开立存款账户的法人以及其他组织之间须具有真实的交易关系或债权债务关系,才能使用商业汇票。

(2) 出票人是交易中的收款人或付款人。

(3) 商业汇票须经承兑人承兑。

(4) 商业汇票的付款期限由交易双方商定,但最长不得超过6个月。

(5) 提示付款期限自汇票到期日起10日内。

(6) 商业汇票可以背书转让。

5) 汇兑结算方式

汇兑结算方式是指汇款人委托银行将款项汇给外地收款人的一种结算方式。汇兑分为信汇和电汇两种。信汇是指汇款人委托银行通过邮寄方式将款项划拨给收款人;电汇是指汇款人委托银行通过电报将款项划拨给收款人。

采用汇兑结算方式,付款企业填写银行印发的汇款凭证,列明收款单位名称、汇款金额及汇款用途等内容,送达开户银行,委托银行将款项汇往收汇银行。收汇银行将款项收进单位存款账户后,向收款单位发出收款通知。收款单位在收到银行的收款通知时,据以编制收款凭证。付款单位应根据取回的汇款凭证回单联,编制付款凭证。

6) 委托收款结算方式

委托收款结算方式是收款人委托银行向付款人收取款项的一种结算方式。收款单位委托其开户银行收款时,应填写银行印刷的委托收款凭证和有关的债务证明。收款单位的开户银行受理委托收款后,将委托收款凭证寄交付款单位开户银行,由付款单位开户银行审核并通知付款单位。付款单位收到开户银行交来的委托收款凭证及债务证明,经确认后通知银行付款。

委托收款便于收款人主动收款,在同城异地均可以办理,且不受金额限制。委托收款按照结算款项的划回方式不同,分为邮寄和电报两种,由收款人选用,付款期为3天。

7) 托收承付结算方式

托收承付是根据购销合同由收款人发货后委托银行向异地付款人收取款项,由付款人向银行承认付款的结算方式。办理托收承付结算的款项,必须是商品交易以及因商品交易而产生的劳务供应的款项。代销、寄销、赊销商品的款项,不得办理托收承付结算。

托收承付结算的有关规定:

(1) 收付双方使用托收承付结算必须签有符合《中华人民共和国经济合同法》的购销合同。

(2) 收款人办理托收,必须具有商品确已发运的证件。

(3) 收付双方办理托收承付结算,必须重合同、守信用。

三、银行存款收付业务的核算

按规定,银行存款收付业务的入账数额应以实际存入或付出的存款数额进行确认和计量。银行存款收付业务的核算包括银行存款的序时核算和总分类核算。

(一) 银行存款的序时核算

银行存款的序时核算是通过设置"银行存款日记账"进行的。"银行存款日记账"是记录和反映银行存款收支及其结存情况的账簿,一般采用"收入、支出、结余"三栏式账页。"银行存款日记账"是由出纳员根据银行存款收款凭证和银行存款付款凭证,按照经济业务发生的时间顺序逐日逐笔登记,每日终了,应当计算当日的银行存款收入合计、支出合计并结出余额,月末与银行转来的"银行对账单"核对相符。三栏式"银行存款日记账"的格式和登记方法,如表 1.3 所示。

表 1.3　银行存款日记账

| 2013 年 | | 凭证号数 | 摘要 | 对方账户 | 借方金额 | 贷方金额 | 借方余额 |
月	日						
3	1		月初结余				50 000
	1	银收 1	借入款项	短期借款	40 000		90 000
	1	银收 2	销售产品	主营业务收入	93 600		183 600
	1	银收 3	收回货款	应收账款	25 000		208 600
	1	银付 1	购买原材料	原材料		35 100	173 500
	1	银付 2	归还欠款	应付账款		10 000	163 500
	1	银付 3	支付广告费	销售费用		5 000	158 500
3	1		本日合计		158 600	50 100	158 500

(二) 银行存款的总分类核算

银行存款的总分类核算是通过设置"银行存款"总分类账户进行的。"银行存款"账户属于资产类账户,该账户的借方登记银行存款的增加数,贷方登记银行存款的减少数,余额在借方,表示企业一定时日存放在银行款项的实有数额。

[例 1-5]　企业销售 A 产品一批,售价 50 000 元,增值税 8 500 元,收到等额转账支票一张,存入银行。应作会计分录如下:

借:银行存款　　　　　　　　　　　　　　　　58 500
　　贷:主营业务收入　　　　　　　　　　　　　　50 000
　　　　应交税费——应交增值税(销项税额)　　　　8 500

[例 1-6]　南京民生厂向合肥长江建材厂购进甲材料,填制信汇结算凭证,汇出预付金额 40 000 元。应作会计分录如下:

借:预付账款——合肥长江建材厂　　　　　　　40 000
　　贷:银行存款　　　　　　　　　　　　　　　　40 000

合肥长江建材厂,收到开户银行的收款通知时,应作会计分录如下:

借:银行存款　　　　　　　　　　　　　　　　40 000
　　贷:预收账款——南京民生厂　　　　　　　　　40 000

四、银行存款清查的核算

银行存款清查的基本方法是核对法。它是将企业开户银行转来的对账单与本企业银行存款日记账的账面余额相核对,以查明账实是否相符的方法。这种核对一般每月一次,在核对时可先核对双方的余额,若相符,则说明一般无错误;若不相符,则应将双方的经济业务进行逐笔核对,以查明原因。除登记账簿、记录、计算出现差错外,一般是由于存在未达账项所引起的。所谓未达账项是指开户银行与本企业之间,对于同一笔款项的收付业务,由于一方已登记入账,另一方因未接到有关凭证而尚未入账的款项。出现未达账项主要有以下四种情况:

(1) 企业取得了收款的有关结算凭证,并已登记入账,但未到银行办理转账手续。

(2) 企业已开出支票,并已登记入账,而银行未接到有关付款凭证,尚未办理转账手续。

(3) 企业委托银行代收款项或银行付给企业存款利息,银行已登记入账,而企业未接到有关收款凭证,尚未入账。

(4) 企业委托银行代付款项或银行直接从企业存款账户扣收贷款本息,银行已登记入账,而企业未接到有关付款凭证,尚未入账。

为了查明企业银行存款的实际金额,必须将银行的对账单与企业的银行存款日记账进行逐笔核对,发现错账应及时更正,对于未达账项则在查明后通过编制"银行存款余额调节表"来进行调节。调节的方法是以双方账面余额为基础,各自分别加上对方已收款入账而已方未入账的数额,减去对方已付款入账而已方未入账的数额。即:

$$\begin{matrix} 企业银行存款 \\ 日记账余额 \end{matrix} + \begin{matrix} 银行已收企业 \\ 未收金额 \end{matrix} - \begin{matrix} 银行已付企业 \\ 未付金额 \end{matrix} = \begin{matrix} 银行对账单 \\ 金额 \end{matrix} + \begin{matrix} 企业已收银行 \\ 未收金额 \end{matrix} - \begin{matrix} 企业已付银行 \\ 未付金额 \end{matrix}$$

现举例说明"银行存款余额调节表"的编制方法。

[例 1-7] 某工业企业 2013 年 10 月 31 日银行存款日记账余额是 30 000 元,银行对账单余额是 35 000 元。经逐笔核对后,发现存在下列未达账项:

(1) 27 日企业开出转账支票金额 5 000 元,持票人尚未到银行办理支付手续。

(2) 30 日企业收到 10 000 元转账支票一张,尚未到银行办理转账手续。

(3) 31 日外单位承付的货款 12 000 元,银行已经收款入账,但企业尚未收到银行收款凭证。

(4) 31 日电信局委托银行代收电话费 2 000 元,银行已从企业存款账户中转出,但企业尚未收到银行的付款凭证。

根据上述查明的情况,编制"银行存款余额调节表",如表 1.4 所示。

表 1.4 银行存款余额调节表

(企业名称)   2013 年 10 月 31 日   单位:元

项 目	金额	项 目	金额
企业银行存款日记账余额	30 000	银行对账单余额	35 000
加:银行已收款入账,企业未入账的金额	12 000	加:企业已收款入账,银行未入账的金额	10 000
⋮		⋮	
减:银行已付款入账,企业未入账的金额	2 000	减:企业已付款入账,银行未入账的金额	5 000
⋮		⋮	
调节后的银行存款日记账余额	40 000	调节后的银行对账单余额	40 000

若调节后的双方余额相等,说明双方账簿记录基本正确。如果调节后的双方余额不等,说明银行或企业的账簿记录、计算有错误,应进一步查明原因,予以更正。

需要注意的是,"银行存款余额调节表"不是记账的依据,编制"银行存款余额调节表",仅是查明账实是否相符的一种方法,并不需要对存在的未达账项在账簿中调整。对于银行已经记账而企业尚未入账的未达账项,待以后收到有关凭证后再作账务处理。但对于时差较大的未达账项,应查阅有关凭证和账簿记录,必要时应与开户银行取得联系,查明原因,及时解决。

任务三 其他货币资金的核算

其他货币资金是指企业除库存现金、银行存款以外的其他各种货币资金。主要包括外埠存款、银行汇票存款、银行本票存款、信用证保证金存款、信用卡存款和在途货币资金等。

为了核算和监督其他货币资金的收入、支出和结存情况,企业应设置"其他货币资金"总分类账户,进行总分类核算。该账户属于资产类账户,其借方登记其他货币资金的增加数,贷方登记其他货币资金的减少数,余额在借方,表示其他货币资金的结存数额。该账户应按其他货币资金的种类设置明细分类账户,进行明细分类核算。

一、外埠存款的核算

外埠存款是指企业为了到外地进行临时或零星采购而汇往采购地所开立的采购专户的款项。企业将款项汇往外地时,应填写汇款委托书,委托开户银行办理汇款。汇入地银行以汇款单位的名义开立临时采购账户。该存款账户不计利息,只付不收,付完清户。采购结束,仍有余款,则将结余的外埠存款转回当地开户银行。外埠存款除了采购人员可以提取少量现金外,一律采用转账结算。

[例1-8] 某工业企业委托开户银行将 10 000 元汇至工商银行合肥支行开设采购专户。应作会计分录如下:
借:其他货币资金——外埠存款   10 000
  贷:银行存款   10 000

[例1-9] 采购员交来购买甲材料的发票 8 000 元,增值税额 1 360 元,甲材料尚未运到。多余的外埠存款 640 元转回当地开户银行。应作会计分录如下:
借:在途物资——甲材料采购   8 000
  应交税费——应交增值税(进项税额)   1 360
  银行存款   640
  贷:其他货币资金——外埠存款   10 000

二、银行汇票存款的核算

银行汇票存款是指企业为取得银行汇票而按规定存入银行的款项。银行汇票是汇款单位将款项交存当地银行,由银行签发给其持往异地办理转账结算或支取现金的票据。汇款单位应向签发银行填写"银行汇票委托书",开户银行受理委托,收到款项后,经审核同意签发银行汇票给汇款单位,汇款单位持汇票向异地收款单位办理支付款项的结算。如果实际结算未超过银行汇票票面金额,收款单位应在汇票上注明实际结算金额和多余金额,再由汇款单位开户银行将多余金额退回汇款单位。

[例1-10] 某工业企业填写"银行汇票委托书"一份,向开户银行申请银行汇票一张,金额为10 000元,用于采购员持往外地采购材料。取得银行汇票时,应作会计分录如下:

借:其他货币资金——银行汇票　　　　　　　　　　10 000
　　贷:银行存款　　　　　　　　　　　　　　　　　　　10 000

三、银行本票存款的核算

银行本票存款是指企业为取得银行本票而按规定存入银行的款项。银行本票是申请人(付款人)将款项交存银行,由银行签发给其凭以在同一票据交换区域办理转账结算或支取现金的票据。

银行本票存款的核算方法与银行汇票存款的核算基本相同。

四、信用证保证金存款的核算

信用证保证金存款是指采用信用证结算方式的企业为开具信用证而存入银行信用保证金专户的款项。企业与境外办理结算业务时,一般采用信用证结算。采用信用证结算方式时,企业应向开户银行提交"信用证委托书",要求开户银行对境外供货单位开出信用证,凭以结算。企业如有未用完的信用保证金时,可将其余额转回开户银行。信用证存款的核算方法与银行汇票存款的核算基本相同。

五、信用卡存款的核算

信用卡存款是指企业为取得信用卡而存入银行信用卡专户的款项。信用卡是指商业银行向企业或个人发行的、凭以向特约单位购物、消费和向银行存取现金且具有消费信用的特别载体卡片。信用卡存款的核算方法与银行汇票存款的核算基本相同。

六、在途货币资金的核算

在途货币资金是指企业与所属单位之间或上下级之间的汇、解款业务中,到月末尚未到达的汇款。

[例1-11] 某企业收到下属单位汇款通知,汇出5 000元结清代垫款,月末尚未收到。应作会计分录如下:

借:其他货币资金——在途资金　　　　　　　　　　5 000
　　贷:其他应收款　　　　　　　　　　　　　　　　　　5 000

次月接到开户银行通知,收到该款项时,应作会计分录如下:

借:银行存款　　　　　　　　　　　　　　　　　　　5 000
　　贷:其他货币资金——在途资金　　　　　　　　　　　5 000

任务四　外币业务的核算

随着全球经济一体化的发展,中国与其他国家的经贸往来日益密切,企业的涉外经济业务不断增多,因此外币业务在企业会计核算中占据了十分重要的地位。

一、外币业务概述

外币业务是指以记账本位币以外的货币进行的款项收付、往来结算及计价的业务。主要包括：外币兑换业务、企业购买或销售以外币计价的商品或劳务、外币借贷业务、接受外币投资业务等。

(一) 外汇与外币

外汇是指以外国货币表示的用于国际结算的支付手段；外币是指本国货币以外的其他国家和地区的货币，包括各种纸币和铸币。

我国的外汇管理条例规定外汇的具体内容有：

(1) 外国货币 包括纸币和铸币。

(2) 外国有价证券 如政府公债、国库券、公司债券、股票等。

(3) 外币支付凭证 如支票、汇票、本票、银行存款凭证、邮政储蓄凭证等。

(4) 其他外汇资金 如国际货币基金组织的特别提款权等记账外汇，一些国家也将黄金列为外汇的范畴。

记账本位币是指在涉及多种货币收付、结算、计价等经济业务的企业，在会计计量和入账时选取一种统一的记账货币，将它作为企业会计核算的基本货币尺度。在我国人民币是记账本位币，各企业都要以人民币作为会计核算、记账的统一基本货币，编制各类会计报表。各企业记账本位币一经确立，不得随意更改。一般意义上的"外币"是指非本国货币或非本地区货币。会计意义上的"外币"则是指非记账本位币。

(二) 外汇汇率

外汇汇率是指一个国家的货币兑换成另一个国家或地区货币的比率，或是两种不同货币之间的比价关系，也称为汇率、外币兑换率或外汇牌价。

外汇汇率根据性质的不同和会计核算方式的不同，可以划分为以下几种：

(1) 固定汇率和浮动汇率 固定汇率是指一个国家的货币与别国货币的兑换率是基本固定不变或被限定在一定限度的汇率；浮动汇率是指一个国家的货币与别国货币的兑换率是根据外币市场的供求状况而相应变化的汇率。在浮动汇率中看是否受政府干预又分为"管理浮动汇率"和"自由浮动汇率"。在我国实行的是管理浮动汇率。

(2) 直接汇率和间接汇率 直接汇率又称为直接标价法，是指以每单位外国货币可以兑换多少单位金额的本国货币作为计价标准的汇率。例如，1美元可兑换6.574 3元人民币，汇率上升表示要付出更多的本国货币来换取同单位的外国货币，表示本国货币的贬值；相反汇率下降表示本国货币的升值。

间接汇率又称为间接标价法，是指以每单位本国货币可以兑换多少单位金额的外国货币作为计价标准的汇率。例如，1元人民币可兑换0.152 1元美元，汇率上升表示要以更多的外国货币来换取同单位的本国货币，表示本国货币的升值；相反汇率下降表示本国货币的贬值。

(3) 买入汇率、卖出汇率和中间汇率 这里的主体是进行外汇业务的外汇银行。买入汇率是指外汇银行向客户买入外币所采用的汇率；卖出汇率是指银行向客户卖出外币时采用的汇率；中间汇率是指银行买入汇率和卖出汇率的简单平均数。与银行进行外汇业务的企业买入外汇参照的是银行的外汇卖出汇率，企业卖出外汇参照的是银行的外汇买入汇率。

(4) 记账汇率和账面汇率 记账汇率又称为现行汇率，是指企业发生外币业务时所采用的入账汇率;账面汇率又称为历史汇率,是指企业以往发生外币业务时所采用的汇率。我国企业外币业务主要采用记账汇率即现行汇率制度。

二、外币业务的账务处理

（一）外币兑换业务的核算

外币兑换业务包括企业将外币卖给银行或向银行购入外币的业务。

[例1-12] 某企业4月从美元存款中支出1 000美元,兑换人民币。当日银行美元买入汇率为6.76,卖出汇率为6.86。

企业实际兑得数即银行存款增加数为：

$$1\,000 \times 6.76 = 6\,760(元)$$

企业美元户减少数按中间汇率入账：

$$1\,000 \times [(6.76+6.86) \div 2] = 6\,810(元)$$

应作会计分录如下：

借：银行存款——人民币户　　　　　　　　　　　　　6 760
　　财务费用——汇兑损益　　　　　　　　　　　　　　50
　　　贷：银行存款——美元户　　　　（$1 000×6.81）　6 810

（二）外币购销业务的核算

企业外币购销业务是指企业在采购原材料等物品以及销售商品时,需要用外币进行结算的业务。

[例1-13] 某企业4月进口原材料一批,价款为5 000美元,当日中间汇率为6.83。

原材料价款折合人民币为：

$$5\,000 \times 6.83 = 34\,150(元)$$

应作会计分录如下：

借：原材料　　　　　　　　　　　　　　　　　　　　34 150
　　贷：银行存款——美元户　　（$5 000×6.83）　　　34 150

[例1-14] 某企业5月2日销售给A企业外贸商品一批,价值10 000美元,货款尚未收到,当日美元中间汇率为6.85。

销售外贸商品价款折合人民币为：

$$10\,000 \times 6.85 = 68\,500(元)$$

应作会计分录如下：

借：应收账款——A企业（美元户）　　　　　　　　　68 500
　　贷：主营业务收入　　　　　　　　　　　　　　　68 500

[例1-15] 该企业5月15日收到A企业货款10 000美元,当日中间汇率为6.82。

收回A企业所欠货款折合人民币为：

$$10\,000 \times 6.82 = 68\,200(元)$$

应作会计分录如下：

借：银行存款——美元户　　　　　（$10 000×6.82）　68 200

贷：应收账款——A企业（美元户）　　　　　　　　　　　　68 200

期末中间汇率6.82，对"应收账款"账户的汇兑损益进行调整，应作会计分录如下：

借：财务费用——汇兑损益　　　　　　　　　　　　　　　　300
　　贷：应收账款——A企业（美元户）　　　　　　　　　　　　　300

（三）外币借款业务的核算

[**例1-16**]（1）某企业3月向银行借入美元10 000元，当日中间汇率为6.83。这笔借款折合成人民币为：

$$10\ 000 \times 6.83 = 68\ 300(元)$$

应作会计分录如下：

借：银行存款——美元户　　　（$10 000×6.83）　68 300
　　贷：短期借款——美元户　　　　　　　　　　　　　　　　68 300

（2）该企业于4月10日归还这笔借款，当日汇率为6.85。

归还款项折合成人民币为：

$$10\ 000 \times 6.85 = 68\ 500(元)$$

应作会计分录如下：

借：短期借款——美元户　　　　　　　　　　　　　　　　68 500
　　贷：银行存款——美元户　　　　（$10 000×6.85）68 500

（3）期末中间汇率为6.85，对"短期借款"账户的汇兑损益进行调整，应作会计分录如下：

借：财务费用——汇兑损益　　　　　　　　　　　　　　　　200
　　贷：短期借款——美元户　　　　　　　　　　　　　　　　　200

（四）外币投资业务的核算

我国企业接受外币投资时，按实际收到外币款项时的市场汇率核算资产账户的入账价值。按合同规定的汇率核算实收资本账户的入账价值，其差额计入资本公积账户。无合同规定的汇率按实际收到出资额时的市场汇率核算。

[**例1-17**] 8月某企业接受外商投资200 000美元，合同规定汇率为6.79，当时市场汇率为6.85。

企业银行存款增加额为：

$$200\ 000 \times 6.85 = 1\ 370\ 000(元)$$

企业实收资本额为：

$$200\ 000 \times 6.79 = 1\ 358\ 000(元)$$

应作会计分录如下：

借：银行存款——美元户　　　（$200 000×6.85）1 370 000
　　贷：实收资本　　　　　　　　　　　　　　　　　　　1 358 000
　　　　资本公积——其他资本公积　　　　　　　　　　　　　12 000

[**例1-18**] 某企业接受外商投资25万美元，其中机器设备10万美元，现汇15万美元，当时汇率为6.84，无合同约定汇率。

企业接受机器设备折合人民币：

$$100\,000\times6.84=684\,000(元)$$

企业接受美元现汇折合人民币:

$$150\,000\times6.84=1\,026\,000(元)$$

应作会计分录如下:
借:固定资产　　　　　　　　　　　　　　　　　684 000
　　银行存款——美元户　　　($150 000×6.84) 1 026 000
　贷:实收资本　　　　　　　　　　　　　　　　1 710 000

(五)汇兑损益的核算

汇兑损益是指因汇率的变动,而使相同单位的外币折合成记账本位币时金额上产生的差额。在上面的例题中也牵涉到了有关汇兑损益的问题。产生汇兑损益的原因很多,主要有:

(1)企业发生兑换业务时实际采用的外汇买入价或卖出价与企业采用的记账汇率不同,而导致的折合成记账本位币之间的差额。

(2)一笔外币业务因兑换的汇率依据改变,而导致的折合成记账本位币的差额。

汇兑损益的会计处理主要有以下几种情况:

(1)在企业筹建期间发生的汇兑损益,在"长期待摊费用——开办费"账户核算。

(2)在企业生产经营期间发生的汇兑损益,在"财务费用"账户核算。

(3)与购进固定资产直接相关的汇兑损益,予以资本化,计入"固定资产"价值。

(4)接受外币投资时因当时汇率与约定汇率不同而产生的汇兑损益,在"资本公积"账户核算。

[例1-19] 某企业需要进口商品而购买1 000美元,当日中间汇率为6.81,当日银行美元卖出汇率为6.85。

该项经济业务是人民币兑换外币,而人民币是企业的记账本位币,不存在折算问题,实际兑付多少,即应按实际数入账。美元增加多少,按当日中间汇率折算入账,从而确认汇兑损益。

$$企业实付人民币=1\,000\times6.85=6\,850(元)$$

应作会计分录如下:
借:银行存款——美元户　　　　　($1 000×6.81) 6 810
　　财务费用——汇兑损益　　　　　　　　　　　　40
　贷:银行存款——人民币户　　　　　　　　　　6 850

[例1-20] (1)某公司8月2日向广发公司销售一批货物,价值5 000美元,当时的汇率为6.83。

确认当时销售收入为:

$$5\,000\times6.83=34\,150(元)$$

应作会计分录如下:
借:应收账款——广发公司(美元户)　　　　　　34 150
　贷:主营业务收入　　　　　　　　　　　　　　34 150

(2)8月15日收到广发公司货款,此时美元汇率上升至6.84。

此时确认货款为：

$$5\ 000 \times 6.84 = 34\ 200(元)$$

应作会计分录如下：

借：银行存款——美元户　　　　　　　　($5 000×6.84) 34 200
　　贷：应收账款——广发公司(美元户)　　　　　　　　34 200

该项经济业务属于交易业务，月末，对"应收账款"账户的汇兑损益进行调整，应作会计分录如下：

借：应收账款——广发公司(美元户)　　　　　　　　　50
　　贷：财务费用——汇兑损益　　　　　　　　　　　　　50

以上所举外币业务的核算，均采用逐日结算法，它是在现行汇率制下，对企业外币业务采用业务发生当日的汇率入账的一种方法。采用这种方法，每笔会计分录的借贷方均采用当日汇率记账，无须分别注销原有外币账户的账面汇率，除兑换业务外，平时不确认汇兑损益，到月末应将所有外币存款及债权、债务账户按月末汇率确认其汇兑损益，并进行调整。这种方法适用于外币业务较少的企业。外币业务较多的企业，可采用月终调整法，它是在现行汇率制下，对每笔外汇业务的发生，均采用业务发生当月1日的汇率入账。每笔会计分录借贷方均采用此月内统一的汇率记账，也无需分别注销原有外币账户的账面汇率，除兑换业务外，平时不确认汇兑损益，到月末将所有外币存款户和所有外币债权、债务账户按月末汇率调整，确认其全月的汇兑损益。

项目四　出纳岗位实训

【练习】

一、单项选择题

1. 企业汇往采购地银行开立采购专户的款项是(　　)。
   A. 外埠存款　　　B. 在途货币资金　　　C. 银行汇票存款　　　D. 信用证存款
2. 企业对无法查明原因的现金溢余，经批准后应转入(　　)账户。
   A. 主营业务收入　　B. 其他业务收入　　C. 其他应付款　　D. 营业外收入
3. 对于银行已入账而企业尚未入账的未达账项，企业应当(　　)。
   A. 根据"银行对账单"入账　　　　　B. 根据"银行存款余额调节表"入账
   C. 根据对账单和调节表自制凭证入账　D. 待有关结算凭证到达后入账
4. 外币业务是指企业以(　　)以外的货币进行的款项收付、往来结算等业务。
   A. 人民币　　　B. 记账本位币　　　C. 港币　　　D. 外国货币
5. 企业在经营期间发生的汇兑损益(与购建固定资产无关)，应当计入(　　)。
   A. 管理费用　　B. 财务费用　　C. 长期待摊费用　　D. 资本公积

二、多项选择题

1. 下列存款中，应在"其他货币资金"账户核算的有(　　)。
   A. 外埠存款　　B. 银行汇票存款　　C. 信用卡存款　　D. 在途货币资金
   E. 一般存款账户存款
2. 商业汇票的签发人可以是(　　)。

A. 收款人　　　　B. 收款人开户银行　　　C. 付款人　　　　　　D. 付款人开户银行
E. 承兑人

3. 企业银行存款日记账与银行对账单不符的主要原因有（　　）。
A. 存在企业已付银行未付的账项　　　　B. 存在企业已收银行未收的账项
C. 存在银行已付企业未付的账项　　　　D. 存在银行已收企业未收的账项
E. 企业或银行记账错误

三、判断题

1. 企业可以根据经营需要,在一家或几家银行开立基本存款账户。　　　　　　（　）
2. 现金支票只可支取现金,转账支票只可办理转账。　　　　　　　　　　　（　）
3. 对于银行已入账而企业尚未入账的未达账项,企业必须及时在账簿上进行更正。（　）
4. 如果通过编制"银行存款余额调节表"调节后,企业日记账与银行存款对账单的余额完全一致,则说明企业和银行双方在记账上肯定均无错误。　　　　　　　　　　　　　　　　（　）
5. 记账本位币是可以选择的,可以采用人民币,也可以采用某一种外币。　　　（　）

【技能实训】

实训一　库存现金、银行存款的核算

1. 1月1日某职工借差旅费1 000元,以现金支付。
2. 1月5日购买办公用品共计650元,以现金支付。
3. 1月10日出差人员报销差旅费850元,余款150元以现金交回。
4. 1月11日从银行提取现金30 000元备发工资。
5. 1月12日将30 000元备发工资发放给职工。
6. 1月15日现金清查发现短款250元。
7. 1月18日原因查明,责任在出纳李某。

要求：根据以上业务编制会计分录。

实训二　银行存款余额调节表的编制

某公司2013年2月28日银行存款日记账账面余额为267 576元,同日银行对账单余额为265 046元,经核对发现以下问题：

1. 2月18日企业存入银行销项款4 800元,银行未入账。
2. 2月20日当月水电费3 400元已由银行支付,公司尚未收到付款通知。
3. 银行收到保险公司对本公司的财产损失赔款1 500元,但公司未收到银行收款通知。
4. 企业开出转账支票7 500元,持票人未到银行办理转账,银行未入账。
5. 企业将收到转账支票5 330送存银行,银行未入账。
6. 银行收到企业托收货款2 000元,企业未收到银行收款通知。

要求：根据以上资料编制银行存款余额调节表。

实训三　其他货币资金的核算

1. 5月1日某企业汇出30万元至上海某银行,开立临时采购账户。
2. 收到采购员寄来的发票凭证,原材料金额为29.25万元,其中价款25万元,增值税4.25万元。
3. 将外埠存款清户,收到银行收款通知,外埠存款余额0.75万元收妥入账。
4. 企业申请办理银行汇票,存入10万元作为银行汇票存款。
5. 以银行汇票采购商品8万元,增值税1.36万元,共计9.36万元。
6. 银行将余额0.64万元退回,收妥入账。

要求：根据以上业务编制会计分录。

岗位二　存货会计岗位实务

【引言】

存货在企业流动资产中占有较大比重,由于存货品种繁杂,核算方法各不相同,做好存货会计岗位工作,是一件很不容易的事情。正确进行存货的核算,对于加强存货管理,控制存货量,正确确定和计算企业的损益具有十分重要的意义。

项目一　存货会计岗位职责

一、会同有关部门拟定材料管理与核算的实施办法

对于原材料、燃料、包装材料、周转材料、委托加工材料、库存商品等各类存货的收发、领退和保管,都要会同有关管理部门规定手续制度,明确责任。

二、审查汇编材料采购用款计划,控制材料采购成本

根据生产经营计划、财务成本计划,结合材料供应和销售情况,认真审核材料供应计划和供货合同,并结合核定的资金定额,审查汇编材料采购用款计划,严格执行,防止盲目采购。

三、负责各种存货的明细核算和有关的往来结算业务

要认真审核各类存货的收发凭证,分别按保管地点、类别、品种、规格登记明细账。

要协助使用部门建立周转材料的领用和报废的登记、以旧换新、损坏赔偿、定期盘点等制度。对于出租、出借的包装材料,要按规定收取租金和押金,加强对周转材料的管理。

对购入的材料,要认真审查发票、账单等结算凭证,及时办理结算手续,核算采购成本和费用。对在途材料要督促清理催收,对已验收入库尚未付款的材料,月终要估价入账。

四、配合有关部门制定材料消耗定额

制定的材料消耗定额要先进合理,要随着生产技术条件的改变,及时加以修订,以促进企业合理、节约地使用材料。

五、配合有关部门编制材料计划成本目录

采用计划成本进行材料日常核算的单位,要制订计划成本目录。材料计划成本要尽可能接近实际。

六、参与库存存货的清查盘点，掌握存货的储备情况

要定期、不定期地对各种存货组织盘点，年终要进行全面清查。对盘盈、盘亏和报废的存货要查明原因，按不同情况经批准后分别进行处理。

要经常深入仓库了解存货的储备情况，对于超过正常储备和积压的存货，要分析原因，提出处理意见和建议，督促有关部门处理。对于存货保管不善和挪用存货造成损失浪费的，要向领导报告，追查责任。

项目二　存货会计岗位核算流程

（1）存货使用部门需用存货时应填写领用单，送交部门负责人审批签字，据以到仓库领料，领料人、领用部门负责人、仓库保管员同时在领用单上签字。

（2）仓储人员做好领料登记，填制出库单，定期对所有领用单进行汇总，交财会部门做账。

（3）存货会计负责对存货明细分类核算，每日从仓库管理员处接收存货收发票据，及时核算价格，并登记存货明细分类账簿，并负责存货结算发票的收回、核对和结算。

（4）对于外购材料，材料会计必须将入库单和发票核对无误后交财会部门办理材料结算入账手续，月底未收到发票的材料，要作暂估处理，并报财会部门暂估清单。

（5）月底要报出"存货发出汇总表"，报财会部门存货总账会计。每月末将存货明细账与库房的实物台账及时核对，确保账账相符。

项目三　存货会计岗位核算任务

任务一　存货概述

存货是指企业在日常生产经营过程中持有的以备出售的产成品或商品、处在生产过程中的在产品，在生产或提供劳务过程中消耗的材料、物料等。存货总是处于不断的消耗和补充循环周转之中，具有鲜明的流动性，属于企业的流动资产。存货在企业流动资产中占有较大比重，正确进行存货的核算，对于加强存货管理，控制存货量，正确确定和计算企业的损益具有十分重要的意义。

一、存货的分类和计价

（一）存货的分类

存货可以按照不同的标准进行分类。

1）按存货的经济用途分类

（1）在正常经营过程中储存以备出售的存货　是指企业在正常的经营过程中处于待销售状态的各种物品，如工业企业的库存产成品、商品流通企业的库存商品等。特种储备以及按国家指令专项储备的资产不属于存货范围。

(2) 为了最终出售正处于生产过程中的存货 是指为了最终出售但目前尚处于生产加工过程中的各种物品,如工业企业的在产品和自制半成品等。

(3) 为了生产供销售的商品或提供劳务以备消耗的存货 是指企业为产品生产或提供劳务过程中耗用而储存的各种物品,如工业企业为生产产品耗用而储存的原材料、周转材料等。为建造固定资产等工程而储备的各种材料,不属于为生产产品而储存的材料,所以,不属于存货的范围。

2) 按存货的存放地点分类

(1) 库存存货 是指已经运到企业,并已验收入库的各种材料、商品以及已验收入库的自制半成品和产成品等。

(2) 在途存货 是指已经支付货款,正在运输途中或已到达企业但尚未验收入库的各种存货。

(3) 加工中存货 是指企业自行生产加工以及委托外单位加工中的各种存货。

3) 按存货取得的来源分类

(1) 外购的存货。

(2) 自制的存货。

(3) 委托加工的存货。

(4) 接受投资的存货。

(5) 接受捐赠的存货。

(6) 非货币性资产交换取得的存货。

(7) 债务人以非现金资产抵债形成的存货。

(8) 盘盈的存货。

确认一项货物是否属于企业存货,标准是看企业对其是否具有法人财产权即法定产权。凡在盘存日期法定产权属于企业的物品,不论其存放在何处或处于何种状态,都应确认为企业的存货;反之,凡是法定产权不属于企业的物品,即使存放在企业,也不应确认为企业的存货。因此,下列各项货物都属于企业存货:

(1) 已经确认为购进(如已付款等)而尚未到达入库的在途货物。

(2) 已收到货物但尚未收到销售方结算发票等的货物。

(3) 货物虽已发出,但所有权尚未转给购货方的货物。

(4) 委托其他单位代销或加工的货物。

对于按销售合同、协议规定已确认销售(如已收到货款等),而尚未发运给购货方的货物,不应作为本企业的存货。对于接受其他单位委托代销的货物,其所有权属于委托方,应作为委托方的存货处理。但为了使受托方加强对代销货物的核算和管理,现行会计制度也要求受托方对其受托代销货物在资产负债表的存货中反映。

(二) 存货的计价

1) 存货收入的计价

现行《企业会计准则》规定:"存货在取得时,应当按照实际成本入账。"存货的实际成本是指库存存货达到可以使用或可出售状态以前直接或间接发生的有关支出。企业存货取得的途径不同,其实际成本的构成也有所不同。

(1) 购入的存货,按买价加运输费、装卸费、保险费、包装费、仓储费、运输途中的合理损耗、入库前的挑选整理费和按规定应计入成本的税金等,作为实际成本。

商品流通企业购入的商品,按照进价和按规定应计入商品成本的税金,作为实际成本。采购过程中发生的运输费、装卸费、保险费、包装费、仓储费等费用,运输途中的合理损耗,入库前的挑选整理费用等,直接计入当期的销售费用。

(2) 自制的存货,按制造过程中的各项实际支出,作为实际成本。

(3) 委托外单位加工完成的存货,以实际耗用的原材料或者半成品、加工费、运输费、装卸费和保险费以及按规定应计入成本的税金,作为实际成本。

(4) 盘盈的存货,按照同类或类似存货的市场价格,作为实际成本。

(5) 投资者投入的存货,按评估确认的价值或合同、协议约定的价值计价。

(6) 接受捐赠的存货,按发票账单上所列金额加上由企业负担的运杂费、保险费计价;若没有账单的,按同类存货的市场价值计价。

2) 期末存货的计价

(1) 期末存货数量的确定　企业要客观、真实、准确地反映期末存货的实际成本,首先要确定存货的数量,常用的方法有实地盘存制和永续盘存制两种。

① 实地盘存制:也称定期盘存制,是指会计期末通过对全部存货进行实地盘点,以确定期末存货的结存数量,然后分别乘以各项存货的单价,计算出期末存货的成本,并据以计算出本期耗用或已销售存货成本的一种存货盘存方法。该法的特点是平时只在存货账上记录存货的增加数,期末通过实地盘点确定存货的实际结存数,然后用倒挤的方法确定本期存货的实际减少数,所以也叫"以存计销法"。计算公式如下:

本期发出存货成本＝期初存货成本＋本期收入存货成本－期末存货成本

期末存货成本＝期末存货数量×单价

实地盘存制的主要优点:第一,设置账户简单,库存商品只设一个总分类账户,或按大类设几个二级账户,不需按品种规格设置明细账户,进货量和单价可在月末根据凭证直接计算(期初数在账上,期末结存靠盘点,销货成本靠计算)。第二,记账简单,平时只记进货成本,可以不记商品的发出数量和成本,月末通过实地盘点倒轧计算得出,一次登记账簿。

实地盘存制的主要缺点:第一,不能随时反映收、发、存信息。第二,以存计销,掩盖了各种不合理的损失。第三,不能随时结转成本,只能月末一次结转。

因此,实地盘存制适用于多品种、数量大、单价低、进出频繁的商品和物资的核算。

② 永续盘存制:也称账面盘存制,是指通过设置存货明细账,逐日或逐笔地记录存货收入、发出的数量、金额,以随时结出结余存货的数量、金额的一种存货盘存方法。

采用永续盘存制,仍需定期或不定期进行实物盘点,目的是查明各项存货的账面数与实存数是否相符,如有溢余或短缺应查明原因并调整账簿记录。

永续盘存制的优点:第一,能及时提供各项存货的收入、发出和结存信息。第二,有利于及时发现余缺,查明原因。第三,有利于及时修订购销计划,降低库存。

永续盘存制的缺点:明细分类核算的工作量大,耗费较多的人力和物力。

不同的存货盘存方法,直接影响到期末存货成本及发出存货成本的确定。为了加强存货的核算和管理,企业一般应采用永续盘存制确定存货数量。

(2) 期末存货的计价　期末存货的价值一般反映的是其历史成本。但当存货的市价下降时,出售存货时所获得的收入会相应地降低。为了真实、准确地反映企业期末存货的价值,体现谨慎性要求,可采用"成本与可变现净值孰低法"确定期末存货价值。成本与可变现净值孰低法是指期末存货价值按成本与可变现净值两者中较低者作为计价的一种方法。这里的"成本"是指存货的历史成本;"可变现净值"是指在正常经营过程中,用预计售价减去预计进一步加工的成本和预计的销售税金、费用后的净值,并不是指存货的现行售价。

采用这种方法,如果期末存货的成本低于可变现净值时,资产负债表中的存货价值按成本列示,一般无须进行有关账务处理。如果期末存货的成本高于可变现净值时,资产负债表中的存货价值按可变现净值反映,将可变现净值低于成本的损失借记"资产减值损失"账户,计入当期的损益,贷记"存货跌价准备"账户。在资产负债表中"存货跌价准备"作为存货的减项,用于调整存货的账面价值。

3) 存货发出的计价方法

存货发出的计价方法是指对发出存货和每次发出后结存存货价值计算的确定方法。由于企业存货品种繁多,收发频繁,每批收入存货的单价会因收入的方式、采购时间、采购地点的不同而不同,这样,在每次发出存货时,就会发生按哪一种单价计价的问题,即用什么方法在发出存货与结存存货之间分配成本。按照现行制度规定,企业存货按照实际成本核算的,应当采用先进先出法、加权平均法、移动平均法或个别计价法等确定其发出存货的实际成本;存货按照计划成本核算的,应按期结转领用或发出存货应负担的成本差异,将计划成本调整为实际成本。

(1) 先进先出法 是以先收到的存货先发出为假定前提,并按这种假定的存货流转程序对发出存货和结存存货进行计价的方法。采用这种方法,收到存货时,应在存货明细分类账中逐笔登记每一批存货的数量、单价和金额;发出存货时,按照先进先出的原则确定单价,逐笔登记存货的发出金额和结存金额。

[例2-1] 假设某企业2013年6月份甲材料收、发、结存资料如表2.1所示,在明细账中采用先进先出法计算甲材料的发出金额和结存金额。

表2.1 材料明细分类账

名称及规格:甲材料　　　　　　　　　　　　　　　　　　　　　　　　　单位:千克/元

2013年		摘要	收入			发出			结存		
月	日		数量	单价	金额	数量	单价	金额	数量	单价	金额
6	1	月初余额							200	2.00	400
	5	购入	300	2.20	660				200	2.00	400
									300	2.20	660
	8	发出				200	2.00	400			
						100	2.20	220	200	2.20	440
	15	购入	400	2.30	920				200	2.20	440
									400	2.30	920
	20	发出				200	2.20	440			
						100	2.30	230	300	2.30	690
	25	购入	100	2.40	240				300	2.30	690
									100	2.40	240
6	30	发生额及月末余额	800		1 820	600		1 290	300	2.30	690
									100	2.40	240

本月发出原材料的成本为：

$$400+220+440+230=1\,290(元)$$

月末结存成本为：

$$690+240=930(元)$$

采用先进先出法，便于企业日常计算发出存货及结存存货的成本，但在存货收发业务频繁、单价经常变动的情况下，企业计算的工作量较大。另外，期末存货成本比较接近现行的市场价值，当物价上涨时，用早期较低的成本与现行收入相配比，会高估企业当期利润；当物价下跌时，则会低估当期利润。

(2) 加权平均法　也称全月一次加权平均法，是指以本月全部收入存货数量加月初存货数量作为权数，去除本月全部收入存货成本加月初存货成本，计算出存货的加权平均单位成本，从而确定存货的发出成本和期末存货成本的一种方法。其计算公式如下：

$$加权平均单位成本=\frac{期初结存存货实际成本+本期收入存货实际成本}{期初结存存货数量+本期收入存货数量}$$

本期发出存货成本＝本期发出存货数量×加权平均单位成本

期末结存存货成本＝期末结存存货数量×加权平均单位成本

如果计算出的加权平均单位成本不是整数，需四舍五入的，应优先保证存货结存成本的正确性，采用倒挤成本法计算发出存货的成本，即：

期末结存存货成本＝期末结存存货数量×加权平均单位成本

本期发出存货成本＝期初结存存货成本+本期收入存货成本－期末结存存货成本

[例2-2]　仍以[例2-1]资料为例，采用加权平均法计算6月份甲材料发出成本和期末结存成本，如表2.2所示。

表2.2　材料明细分类账

名称及规格：甲材料　　　　　　　　　　　　　　　　　　　　　　　　单位：千克/元

2013年		摘要	收入			发出			结存		
月	日		数量	单价	金额	数量	单价	金额	数量	单价	金额
6	1	月初余额							200	2.00	400
	5	购入	300	2.20	660				500		
	8	发出				300			200		
	15	购入	400	2.30	920				600		
	20	发出				200			400		
	25	购入	100	2.40	240				500		
6	30	发生额及月末余额	800		1 820	500	2.22	1 110	500	2.22	1 110

采用加权平均法，平时只登记存货收入的数量、单价、金额和发出的数量，并随时结出账面库存数量，等月末计算出加权平均单价后，再登记发出存货的金额。此法工作量较少，也较简便。但核算工作集中在月末进行，加大了月末的工作量，平时不能从账簿中看出发出存

货和结存存货的金额,不便于对存货进行日常分析和管理,影响了产品成本核算的及时性。

(3) 移动平均法 也称移动加权平均法,是指每次存货入库以后,都要以入库前的库存存货数量和新入库的存货数量为权数,计算出新的平均单位成本,并对发出存货和结存存货进行计价的一种方法。其计算公式如下:

$$移动加权平均单位成本 = \frac{原有存货成本 + 本批收入存货实际成本}{原有存货数量 + 本批收入存货数量}$$

$$本批发出存货成本 = 本批发出存货数量 \times 移动加权平均单位成本$$

[例2-3] 仍以[例2-1]资料为例,采用移动平均法计算6月份甲材料的发出成本和结存成本,如表2.3所示。

$$第一批购入材料后的平均单位成本 = \frac{400+660}{200+300} = 2.12(元)$$

$$第二批购入材料后的平均单位成本 = \frac{424+920}{200+400} = 2.24(元)$$

$$第三批购入材料后的平均单位成本 = \frac{896+240}{400+100} = 2.272(元)$$

表2.3 材料明细分类账

名称及规模:甲材料　　　　　　　　　　　　　　　　　　　　　　　　单位:千克/元

2013年		摘要	收入			发出			结存		
月	日		数量	单价	金额	数量	单价	金额	数量	单价	金额
6	1	月初余额							200	2.00	400
	5	购入	300	2.20	660				500	2.12	1 060
	8	发出				300	2.12	636	200	2.12	424
	15	购入	400	2.30	920				600	2.24	1 344
	20	发出				200	2.24	448	400	2.24	896
	25	购入	100	2.40	240				500	2.272	1 136
6	30	发生额及月末余额	800		1 820	500		1 084	500	2.272	1 136

采用移动平均法能及时并比较客观地反映发出及结存存货的成本,但由于每次收货后都要计算一次平均单位成本,因而计算的工作量较大。

(4) 个别计价法 也称个别认定法或分批计价法,是以每次(批)收入存货的实际成本作为发出各该次(批)存货成本的方法。采用这种方法一般应具备两个基本条件:一是存货批次必须是可以辨认的;二是必须有详细的存货记录数据以了解每次存货或每批存货的存放地点及成本情况。

采用这种方法,能准确计算发出存货和期末存货的成本。但需要分批认定和记录存货的批次及各批的单价、数量,工作量较大。同时,容易出现企业随意选用较高或较低价格的存货以调整当期利润的现象。个别计价法一般适用于容易识别、存货品种数量不多、单位成本较高的存货计价。

任务二 原材料的核算

原材料是指企业购入用于制造产品并构成产品实体的物品,以及购入供生产耗用但不构成产品实体的各种辅助性物品。

原材料按其经济内容可分为原料及主要材料、辅助材料、外购半成品(外购件)、修理用备件、包装材料和燃料六类。

原材料按其存放地点可分为在途材料、库存材料和委托加工材料三类。

一、原材料按实际成本计价的核算

原材料按实际成本计价是指每种材料的收、发、结存核算均按实际成本计价。其特点是原材料的总分类账和明细分类账都是按实际成本核算。

为了核算和监督原材料的收入、发出和结存情况,企业应设置"原材料"总分类账户,进行总分类核算。该账户属资产类账户,借方登记入库原材料的实际成本,贷方登记出库原材料的实际成本,期末借方余额反映企业库存原材料的实际成本。该账户应按原材料的保管地点(仓库)及材料的类别、品种和规格设置材料明细分类账户,进行明细分类核算。

为了核算和监督企业购入尚未验收入库的各种材料的实际成本,应设置"在途物资"总分类账户,进行总分类核算。该账户属资产类账户,借方登记已付款或已开出、承兑商业汇票的材料的实际成本,贷方登记已验收入库材料的实际成本,期末借方余额反映企业已付款或已开出、承兑商业汇票但尚未到达或尚未验收入库的在途材料的实际成本。该账户应按供应单位设置明细分类账户,进行明细分类核算。

(一)原材料收入的总分类核算

1)原材料采购成本的组成内容

企业购入原材料的采购成本由以下各项组成:

(1)买价 是指购入存货时,发票所开列的货款金额。

(2)运杂费 包括运输费、装卸费、保险费、包装费、仓储费等,不包括按规定根据运输费的一定比例计算的可抵扣的增值税额。按照有关规定,一般纳税人外购物资(固定资产除外)所支付的运输费用,可根据运费结算单据(普通发票)所列运费金额的7%计算增值税进项税额准予扣除,但随同运输费支付的装卸费、保险费等不得计算扣除进项税额。

(3)运输途中的合理损耗。

(4)入库前的挑选整理费用 包括挑选整理中发生的工资、其他费用支出和必要的损耗,并减去回收的下脚料价值。

(5)购入材料负担的税金和其他费用 购入材料时所支付的税金是否计入材料成本,需视具体情况而定,其处理方法有以下三种。

① 购入材料应负担的价内税,如消费税、资源税、城市维护建设税等,构成材料的成本。

② 购入材料应负担的价外税,如增值税,应按一般纳税人和小规模纳税人分别处理:一般纳税人采购材料支付的增值税,凡在增值税专用发票、完税证明等有关凭证中注明,并按税法规定可以抵扣的进项税额,不计入所购材料的成本,而作为进项税额单独记账;购入材料用于非应交增值税项目或免征增值税项目的,以及未能取得增值税专用发票、完税证明等有关凭证的,支付的增值税计入购入材料的成本。一般纳税人采购的农产品,可按其买价

的10%计算作为增值税进项税额予以抵扣,企业应按扣除这部分进项税额后的价款作为购入材料的成本。一般纳税人收购的废旧物资不能取得增值税专用发票的,根据经税务机关批准使用的收购凭证上注明的收购金额,按10%的扣除率计算增值税进项税额,企业应按扣除这部分进项税额后的价款作为购入材料的采购成本。小规模纳税人购入材料所支付的增值税进项税额,无论是否取得增值税专用发票等凭证,其支付的增值税额均计入所购材料的成本。

③ 进口材料所交纳的关税,构成进口材料的成本。

上述原材料采购成本的组成内容各项中,第(1)项应当直接计入各种材料的采购成本,第(2)(3)(4)(5)项,凡能分清的,可以直接计入各种材料的采购成本;不能分清的,应按材料的重量或买价等的比例,分摊计入各种材料的采购成本。

2) 购入原材料的核算

企业原材料的收入主要是外购材料。企业外购原材料时,既可以从本地进货,又可以从外地进货,而且可以根据购货业务的特点采用不同的结算方式。由于采购地点和采用的结算方式等因素的影响,经常会出现材料入库时间和付款时间不一致的情况,因此,其账务处理方法也不一样。

(1) 材料结算凭证已到,货款已经支付(或已开出、承兑商业汇票),材料同时验收入库。

[例2-4] 某企业购入甲材料一批,收到增值税专用发票上注明的材料价款为10 000元,增值税税额为1 700元,货款已通过银行转账支付,材料已验收入库。应作会计分录如下:

借:原材料——甲材料　　　　　　　　　　　　　10 000
　　应交税费——应交增值税(进项税额)　　　　　1 700
　　贷:银行存款　　　　　　　　　　　　　　　　　　　　　11 700

(2) 货款已经支付(或已开出、承兑商业汇票),材料尚未验收入库。

这种情况是在付款或开出、承兑商业汇票时,材料尚未到达或尚未验收入库,相隔一段时间后,材料才收到并验收入库。发生此类业务时,应先通过"在途物资"账户进行核算。

[例2-5] 某企业向外地某钢铁厂购进钢材一批,有关发票账单已收到,增值税专用发票上注明的材料价款为10 000元,增值税税额为1 700元,另外支付运费1 000元(按规定准予扣除进项税额70元),装卸费800元,企业签发并承兑一张票面价值为13 500元、3个月到期的商业汇票来结算材料款项,但材料尚未收到。应作会计分录如下:

借:在途物资——钢材　　　　　　　　　　　　　11 730
　　应交税费——应交增值税(进项税额)　　　　　1 770
　　贷:应付票据——某钢铁厂　　　　　　　　　　　　　13 500

上述钢材到达并验收入库时,应作会计分录如下:

借:原材料——钢材　　　　　　　　　　　　　　11 730
　　贷:在途物资——某钢铁厂　　　　　　　　　　　　　11 730

(3) 材料已验收入库,货款尚未支付(或尚未开出、承兑商业汇票),这包括以下两种具体情况:

① 在材料验收入库时,因为发票账单未到达,所以未付款。发生这种业务是由于材料运输时间短于结算凭证的传递时间所致,一般在收料后的短时间内结算凭证就能到达。为了简化核算手续,在月份内发生此类业务时,可暂不进行账务处理,只将收到的材料登记明

细分类账,待有关发票账单到达支付货款后,再按正常程序进行账务处理。如期末发票账单还未到达,为了使账实相符,应按材料的暂估价款(合同价格或计划成本等)暂估入账,下月初再用红字作同样的会计分录,予以冲回,以便下月收到发票账单而付款时,按正常程序进行账务处理。

② 材料已验收入库,发票账单也已到达,但由于企业的银行存款不足而暂未付款,这表明企业因购入材料已占用了供应单位的资金,形成了应付账款,企业应在收到材料和发票账单时进行账务处理。

[例2-6] 某企业从外地采购甲材料一批,材料已到并验收入库,但银行的结算凭证和发票等单据未到,货款尚未支付。月末,按暂估价入账,假设其暂估价为50 000元。应作会计分录如下:

借:原材料——甲材料   50 000
　　贷:应付账款——暂估应付账款   50 000

下月初用红字予以冲回:

借:原材料——甲材料   50 000
　　贷:应付账款——暂估应付账款   50 000

下月收到该批材料的发票账单,增值税专用发票上注明的材料价款为50 000元,增值税税额为8 500元,运输单据表明运费4 000(按规定准予扣除进项税额280元),装卸费等500元,款项63 000元,已用银行存款支付。应作会计分录如下:

借:原材料——甲材料   54 220
　　应交税费——应交增值税(进项税额)   8 780
　　贷:银行存款   63 000

[例2-7] 某企业采用赊购方式向A公司购买甲材料一批,材料已验收入库,发票账单也已收到,增值税专用发票上注明的材料价款为40 000元,增值税税额为6 800元,货款尚未支付。

企业购入材料时,应作会计分录如下:

借:原材料——甲材料   40 000
　　应交税费——应交增值税(进项税额)   6 800
　　贷:应付账款——A公司   46 800

(4) 采用预付货款的方式采购材料。如果企业按照合同规定向供应单位预付货款,然后取得材料,应通过"预付账款"账户进行核算。

[例2-8] 某企业按照合同规定向A公司预付购买甲材料款90 000元。应作会计分录如下:

借:预付账款——A公司   90 000
　　贷:银行存款   90 000

甲材料运到并验收入库,发票账单上列明货款100 000元,增值税17 000元,应作会计分录如下:

借:原材料——甲材料   100 000
　　应交税费——应交增值税(进项税额)   17 000
　　贷:预付账款款——A公司   117 000

企业补付余款时，应作会计分录如下：
  借：预付账款——A公司   27 000
   贷：银行存款   27 000

（5）材料短缺与损耗的处理。企业外购原材料如果发生短缺与损耗，必须认真查明原因，分清经济责任，区分不同情况进行处理。

① 凡属运输途中的合理损耗，如由于自然损耗等原因而发生的短缺，应当计入验收入库材料的采购成本之中，相应地提高入库材料的实际单位成本，不再另做账务处理。

② 凡属由于供应单位少发货等原因造成的短缺，应区分两种情况进行处理：一是货款尚未支付的情况。企业应按短缺的数量和发票单价计算拒付金额，填写拒付理由书，向银行办理拒付手续，经银行同意后即可根据收料单、发票账单、拒付理由书和银行结算凭证，按实际支付金额记账。二是货款已经支付，并已记入"在途物资"账户的情况。企业应将短缺部分的成本和增值税转入"应付账款"账户，同时，按实际收到的材料记入"原材料"账户。

[例2-9] 假设[例2-5]中材料已运到，但验收入库时，发现钢材短缺1 730元，经查明是供货单位少发货造成的，应作会计分录如下：
  借：原材料——钢材   10 000
   应付账款——某钢铁厂   1 730
   贷：在途物资——钢材   11 730

凡属由运输机构或过失人造成的短缺，应将短缺部分的成本和增值税转入"其他应收款"账户。

[例2-10] 假设[例2-9]中的短缺是由某运输公司的过失造成的，应作会计分录如下：
  借：原材料——钢材   10 000
   其他应收款——某运输公司   1 730
   贷：在途物资——钢材   11 730

尚待查明原因和需要报经批准才能转销的损失，应先转入"待处理财产损溢"账户核算，待查明原因后再分别处理：属于应由供应单位、运输机构、保险公司或其他过失人负责赔偿的损失，记入"应付账款"、"其他应收款"等账户；属于自然灾害等非常原因造成的损失，应将扣除残料价值和过失人、保险公司赔款后的净损失，记入"营业外支出——非常损失"账户；属于无法收回的其他损失，记入"管理费用"账户。

企业购进原材料发生溢余时，未查明原因的溢余材料一般只作为代保管物资在备查簿中登记，不作为进货业务入账核算。

[例2-11] 假设[例2-9]中的短缺原因无法查明，应作会计分录如下：
  借：原材料——钢材   10 000
   待处理财产损溢   1 730
   贷：在途物资——钢材   11 730

假设查明该短缺材料是由于运输途中的非常损失所致，应根据《增值税暂行条例》中"非正常损失的购进货物的进项税额不得从销项税额中抵扣"的规定，将已随同价款一起支付的进项税额转入有关承担者予以承担。应作会计分录如下：
  借：待处理财产损溢   （1 730×17%）294.1
   贷：应交税费——应交增值税（进项税额转出）   294.1

假如该材料非常损失由保险公司赔偿1 000元,其余部分则列入营业外支出。应作会计分录如下:

借:其他应收款——保险公司 1 000
　　营业外支出——非常损失 1 024.1
　　贷:待处理财产损溢 2 024.1

(6) 小规模纳税企业购入材料的处理。小规模纳税企业由于其不能抵扣进项税,所以即使其在购入过程中取得增值税发票,其支付的税金也只能记入采购材料的成本。

[例2-12] 某企业是小规模纳税企业,本期购入甲材料1 000元,支付增值税170元,款项已付清,材料已验收入库。应作会计分录如下:

借:原材料——甲材料 1 170
　　贷:银行存款 1 170

(二) 原材料发出的总分类核算

企业发出的材料不管其用途如何,均应办理必要的手续和填制领发料凭证,据以进行发出材料的核算。各种领发料凭证是进行原材料发出总分类核算的依据。但为了简化日常材料核算的工作,企业平时可不直接根据领发料凭证填制记账凭证,而是在月末根据当月的领发料凭证,按领用部门和用途进行归类汇总,编制"发料凭证汇总表",据以进行材料发出的总分类核算。

不同用途的材料应借记不同的账户:对于直接用于产品生产的材料成本应记入"生产成本"账户;生产单位一般耗用的材料,其成本应记入"制造费用"账户;企业管理部门一般耗用的材料,其成本应记入"管理费用"账户;在建工程耗用的材料应记入"在建工程"账户;对外销售的材料应记入"其他业务成本"账户。用于在建工程、职工集体福利的材料,除结转材料成本外,还应同时结转购入材料时交纳的增值税。

[例2-13] 某企业2013年3月末"材料发出汇总凭证"中发出材料共计63 000元,其中生产A产品耗用25 000元,生产B产品耗用15 000元,车间一般耗费7 000元,企业管理部门耗用10 000元,企业销售部门耗用5 000元,对外销售材料结转的成本为1 000元。应作会计分录如下:

借:生产成本——A产品 25 000
　　　　　　——B产品 15 000
　　制造费用 7 000
　　管理费用 10 000
　　销售费用 5 000
　　其他业务成本 1 000
　　贷:原材料 63 000

(三) 原材料收发的明细分类核算

为了随时掌握各种库存原材料的收、发、结存数量及金额,企业应按材料的品种、规格设置明细分类账,由仓库和财会部门分别组织材料的数量核算和价值核算。材料明细分类账的格式及登记方法如表2.1、表2.2、表2.3所示。

原材料按实际成本核算,由于其收入、发出及结存都按实际成本计价,所以,能直接提供材料资金的结存数额,为计算产品的生产成本提供较准确的材料耗用数。而且对于一些规模比较小、材料收发业务也比较少的企业来说,核算工作较为简单。但是,这种计价核算方式不能在账簿中反映采购的材料成本是节约还是超支,不便于对采购部门的工作业绩进行有效的考核。同时,在材料品种较多、收发业务频繁的情况下,核算工作量较大。这种计价核算方法一般只适用于材料收发业务较少的中小型企业。

二、原材料按计划成本计价的核算

原材料按计划成本计价,是指每种材料的日常收、发、结存核算都按预先确定的计划成本计价。材料计划成本的构成内容应当与实际成本的构成内容相一致。原材料按计划成本计价的主要特点是:原材料的收发凭证按计划成本计价,原材料的总分类账和明细分类账按计划成本登记。采用计划成本法,可以简化日常核算工作,并有利于对采购部门进行考核,降低存货的采购成本。

为了核算和监督原材料的收入、发出和结转情况,企业应设置"原材料"总分类账户,进行总分类核算。该账户与按实际成本计价的核算内容相同,但借方、贷方和余额均反映材料的计划成本。

为了核算和监督企业购入材料、商品等的采购成本,企业应设置"材料采购"总分类账户,进行总分类核算。该账户属于资产类账户,借方登记外购材料的实际成本和结转实际成本小于计划成本的节约差异,贷方登记验收入库材料的计划成本和结转实际成本大于计划成本的超支差异。期末余额在借方,反映已经收到发票账单付款或已开出、承兑商业汇票,但材料尚未到达或尚未验收入库的在途物资。该账户应按供应单位和物资品种设置明细分类账户,进行明细分类核算。

为了核算和监督各种材料实际成本与计划成本的差异,企业应设置"材料成本差异"总分类账户,进行总分类核算。该账户是"原材料"账户的调整账户,其借方登记入库材料实际成本大于计划成本的差异(超支差),贷方登记入库材料实际成本小于计划成本的差异(节约差)和分配发出材料应负担的材料成本差异(超支差用蓝字,节约差用红字)。期末余额在借方,反映库存材料的超支差异;若在贷方,则反映库存材料的节约差异。该账户应区分"原材料"、"周转材料"等,按照类别或品种进行明细核算,不能使用一个综合差异率。

在制造业企业中,计划成本法广泛运用于对材料存货的核算。其计算公式如下:

$$材料成本差异率 = \frac{月初结存材料的成本差异 + 本月收入材料的成本差异}{月初结存材料的计划成本 + 本月收入材料的计划成本} \times 100\%$$

发出材料应负担的成本差异 = 发出材料的计划成本 × 材料成本差异率

发出材料的实际成本 = 发出材料的计划成本 + 发出材料应负担的成本差异

结存材料的实际成本 = 结存材料的计划成本 + 结存材料应负担的成本差异

(一)原材料收入的总分类核算

企业购入原材料,要通过"材料采购"账户进行核算,其核算内容包括三个方面:一是反映材料采购成本的发生。二是按计划成本反映材料验收入库。三是结转入库材料的成本差异。

1) 货款已经支付(或已开出、承兑商业汇票),材料同时验收入库

[例2-14] 某企业购入甲材料一批,增值税专用发票上注明的材料价款为50 000元,增值税税额为8 500元,材料已验收入库,计划成本为55 000元。企业当即开出并承兑商业汇票结算货款。应作会计分录如下:

开出、承兑商业汇票结算货款时:

借：材料采购——甲材料		50 000
应交税费——应交增值税（进项税额）		8 500
贷：应付票据		58 500

甲材料验收入库，结转入库甲材料成本差异（节约差）：

借：原材料——甲材料		55 000
贷：材料采购——甲材料		50 000
材料成本差异——甲材料		5 000

2）货款已经支付（或已开出、承兑商业汇票），材料尚未验收入库

企业对货款已付或已开出、承兑商业汇票的材料采购业务，不论材料是否收到，都应根据发票账单支付的材料实际成本，借记"材料采购"账户，待以后材料验收入库时，再按计划成本借记"原材料"账户并结转材料成本差异。若到月末材料仍未收到，在"材料采购"账户有借方余额，表现为在途材料。

[例2-15] 某企业购入乙材料一批，发票账单已收到，有关单据上列明材料价款10 000元，增值税税额1 700元，运杂费1 300元（其中运费1 000元），货款已通过银行转账支付，但到月末材料仍未运到。应作会计分录如下：

借：材料采购——乙材料		11 230
应交税费——应交增值税（进项税额）		1 770
贷：银行存款		13 000

如果该批材料在下月运到并验收入库，其计划成本为11 000元，入库材料成本差异为超支差230元。应作会计分录如下：

借：原材料——乙材料		11 000
材料成本差异——乙材料		230
贷：材料采购——乙材料		11 230

3）材料已验收入库，货款尚未支付（或尚未开出、承兑商业汇票）

这类业务包括两种情况：一是发票账单尚未到达，因而尚未付款；二是发票账单已经到达，尚未付款。为了简化核算手续，在月份内发生此类业务时，可暂不进行总分类核算，待付款或开出、承兑商业汇票后，再按正常程序进行账务处理。如果月终仍未付款或未开出、承兑商业汇票，则应根据发票账单收到与否而进行不同的账务处理。

（1）尚未收到发票账单的情况。月终时，企业应根据收料凭证，按材料的计划成本暂估入账，下月初用红字冲回，其账务处理与按实际成本计价的基本相同，不需通过"材料采购"账户核算。等下月付款或开出、承兑商业汇票后，才按正常程序通过"材料采购"账户核算。

[例2-16] 某企业向A公司购入丙材料一批，材料已运到并验收入库，其计划成本为40 000元，到月终时该批材料的发票账单尚未收到，货款未付。企业应于月终按材料的计划成本估价入账，应作会计分录如下：

借：原材料——丙材料		40 000
贷：应付账款——暂估应付账款		40 000

下月初用红字将上述会计分录冲回：

借：原材料——丙材料		40 000

　　　　贷：应付账款——暂估应付账款　　　　　　　　　　　　40 000

　　以后收到发票账单并支付款项时，按正常程序记账。
　　（2）已收到发票账单，或虽然发票账单未到，但根据合同、随货同行发票等能够计算确定材料实际成本的情况。月终时，应按材料采购的正常核算程序，通过"材料采购"账户进行核算。
　　如[例2-16]，假定企业在月末收到发票账单，发票账单上所列价款为49 000元，增值税额为8 330元，但仍未付款。月终时，应作会计分录如下：

　　　借：材料采购——丙材料　　　　　　　　　　　　　　　　49 000
　　　　　应交税费——应交增值税（进项税额）　　　　　　　　 8 330
　　　　贷：应付账款——A公司　　　　　　　　　　　　　　　　57 330
　　　借：原材料——丙材料　　　　　　　　　　　　　　　　　 40 000
　　　　　材料成本差异——丙材料　　　　　　　　　　　　　　　9 000
　　　　贷：材料采购——丙材料　　　　　　　　　　　　　　　 49 000

　　下月付款时，应作会计分录如下：

　　　借：应付账款——A公司　　　　　　　　　　　　　　　　57 330
　　　　贷：银行存款　　　　　　　　　　　　　　　　　　　　57 330

　　4）采用预付货款方式采购材料
　　企业采购材料预付款项时，应在"预付账款"账户核算，待收料结算时，再通过"材料采购"账户核算。
　　[例2-17]　某企业向A公司订购丙材料一批，根据合同规定以银行存款预付货款5 000元。应作会计分录如下：

　　　借：预付账款——A公司　　　　　　　　　　　　　　　　 5 000
　　　　贷：银行存款　　　　　　　　　　　　　　　　　　　　 5 000

　　材料到达企业，并已验收入库，计划成本为5 500元，有关发票账单上注明的材料价款5 000元，增值税税额850元。应作会计分录如下：

　　　借：材料采购——丙材料　　　　　　　　　　　　　　　　 5 000
　　　　　应交税费——应交增值税（进项税额）　　　　　　　　　 850
　　　　贷：预付账款——A公司　　　　　　　　　　　　　　　　5 850

　　补付款项时，应作会计分录如下：

　　　借：预付账款——A公司　　　　　　　　　　　　　　　　　 850
　　　　贷：银行存款　　　　　　　　　　　　　　　　　　　　　 850

　　材料入库，结转成本差异时，应作会计分录如下：

　　　借：原材料——丙材料　　　　　　　　　　　　　　　　　 5 500
　　　　贷：材料采购——丙材料　　　　　　　　　　　　　　　 5 000
　　　　　　材料成本差异——丙材料　　　　　　　　　　　　　　 500

　　5）材料短缺与损耗的处理
　　材料验收入库时发现的短缺与损耗，其账务处理与按实际成本计价的大致相同。对于运输途中的合理损耗，应计入材料的实际成本；对于应由供应单位、外部运输机构或有关责任人负责赔偿的材料短缺与损耗，应按照材料的实际成本及负担的增值税，借记"应付账款"、"其他应收款"等账户，贷记"材料采购"、"应交税费——应交增值税（进项税额转出）"账户;尚待查明原因和需要报经批准才能转销的损失,先记入"待处理财产损溢"账户,查明原因后再作处理。

（二）原材料发出的总分类核算

为简化日常核算工作,企业可于月终编制"发料凭证汇总表",据以进行发出材料的总分类核算。在按计划成本计价的方式下,原材料发出的总分类核算包括两方面内容:一是按计划成本结转发出材料的成本,按材料发出的不同用途,借记有关账户,贷记"原材料"账户;二是结转发出材料应负担的成本差异,借记有关账户,贷记"材料成本差异"账户(超支差用蓝字,节约差用红字)。发出材料的计划成本加上(或减去)应负担的成本差异,就是发出材料的实际成本。

[例2-18] 2013年初,"原材料——甲材料"账户余额为50 000元,"材料成本差异"借方余额400元,甲材料的计划成本为10元/kg。1月份发生如下与甲材料有关的经济业务:

(1) 1月10日购入甲材料1 000 kg,价款9 900元,有关发票已到,款项已通过银行存款支付,材料已验收入库。

支付货款时,作分录如下:

借:材料采购——甲材料　　　　　　　　　　　　　　　　9 900
　　应交税费——应交增值税(进项税额)　　　　　　　　1 683
　　贷:银行存款　　　　　　　　　　　　　　　　　　　　　11 583

甲材料已验收入库,结转入库甲材料的成本差异(节约差):

借:原材料——甲材料　　　　　　　　　　　　　　　　　10 000
　　贷:材料采购——甲材料　　　　　　　　　　　　　　　　9 900
　　　　材料成本差异　　　　　　　　　　　　　　　　　　　100

(2) 1月15日为生产A产品领用甲材料2 000 kg,按计划成本进行结转。

借:生产成本——A产品　　　　　　　　　　　　　　　　20 000
　　贷:原材料——甲材料　　　　　　　　　　　　　　　　　20 000

(3) 1月31日计算领用材料应负担的差异额,并结转发出材料应负担的成本差异。

$$材料成本差异率 = \frac{(+400-100)}{(50\ 000+10\ 000)} \times 100\% = +0.5\%$$

领用材料应负担的差异额 = 20 000 × (+0.5%) = +100元(超支差)

结转发出材料应负担的成本差异,作分录如下:

借:生产成本——A产品　　　　　　　　　　　　　　　　100
　　贷:材料成本差异　　　　　　　　　　　　　　　　　　100

现行会计制度规定,发出材料应负担的成本差异必须按月分摊,不得在季末或年末一次计算。发出材料应负担的成本差异,除委托外部加工发出材料可按上月差异率计算外,都应使用当月的实际差异率。如果上月的成本差异率与本月成本差异率相差不大的,也可按上月的成本差异率计算。计算方法一经确定,不得随意变动。

（三）原材料收发的明细分类核算

1) 库存原材料的明细分类核算

在按计划成本计价方式下,库存原材料的明细分类核算与按实际成本计价的明细分类核算基本相同。区别在于前者的材料明细分类账和材料二级分类账都是按计划成本计价,可以采用一账一卡的做法,也可以采用账卡合一的做法。在计划成本计价方式下,原材料的明细账可只设收发数量栏,不必设置收发金额栏。原材料明细分类账的一般格式及登记方法如表2.4所示。

表2.4 原材料明细分类账

名称及规格:钢材　　　　　　　　计量单位:千克　　　　　　　　计划单位成本:5.00元

2013年		凭证号码	摘要	收入	发出	结存		稽核印章
月	日					数量	金额	
6	1	(略)	月初余额			800	4 000	
	5		购入	1 000		1 800		
	16		领用		1 600	200		
	22		购入	2 000		2 200		
	28		领用		1 200	1 000	5 000	

2)材料采购的明细分类核算

一般情况下,材料采购明细账可按材料的大类,如原材料、周转材料等设置。若原材料储备量较大,材料费用在产品成本中所占的比重也较大,可按材料类别或品种设置。材料采购明细账的一般格式如表2.5所示。

表2.5 材料采购明细账

明细账户:钢板　　　　　　　　　　　　　　　　　　　　　　　　　单位:元

2013年		发票账单号	供货单位	借方金额			收料单号	贷方金额		
月	日			实际买价	采购费用	合计		计划成本	成本差异	合计
8	3	(略)	华兴钢厂	40 000	1 000	41 000	(略)	45 000	−4 000	41 000
	6		宏利钢厂	15 000	600	15 600		16 000	−400	15 600
	16		福星钢厂	35 000	1 600	36 600		35 000	1 600	36 600
	22		天立钢厂	36 000	2 000	38 000		38 000		38 000
	28		华东钢厂	25 000	300	25 300		26 300	−1 000	25 300

材料采购明细账采用横线登记法进行登记,即同一批外购材料的付款和收料业务在同一行中登记。登记的依据是审核后的发票账单和收料单等有关凭证。月终,将已在借方栏和贷方栏登记的材料的成本差异结转到"材料成本差异"账户中。对于只有借方金额而无贷方金额,即已付款(或已开出、承兑商业汇票)尚未验收入库的在途材料,应逐笔转入下月材料采购明细账内,以便材料验收入库时进行账务处理。

3)材料成本差异的明细分类核算

材料成本差异明细账与材料采购明细账的设置应该一致,一般也是按材料大类设置。材料成本差异明细账的一般格式如表2.6所示。

材料成本差异明细账中本月收入和发出材料的计划成本,应分别根据收料凭证汇总表和发料凭证汇总表填列;本月收入和本月发出材料的成本差异,应分别根据有关转账凭证或收发料凭证汇总表填列;差异率则根据账内有关资料计算填列。

表 2.6 甲材料收发结存明细账

单位:千克/元

2013年		摘要	收入		差异率	发出		结存	
月	日		计划成本	成本差异		计划成本	成本差异	计划成本	成本差异
8	1	月初余额						51 000	1 020
	30	购入	49 000	−2 500				100 000	−1 480
	30	发出				82 000	1 214	18 000	−266
8	31	本月合计	49 000	−2 500	−1.48%	82 000	1 214	18 000	−266

从理论上讲,在计算材料成本差异率时,本月收入材料的计划成本中,应剔除发票账单未到、款项未付、实际成本不能确定、但已验收入库的那部分材料的计划成本,因为其未产生成本差异,但在实际工作中,为简化核算工作,往往不作剔除。只有在材料数额大,对材料成本差异的分摊产生重大影响的情况下,才考虑剔除。

原材料按计划成本计价,能有效地对采购部门的工作业绩进行考核,并能简化日常工作。但由于材料成本差异一般只能按材料大类计算,所以会影响材料成本计算的准确性。这种计价方法适用于材料收发业务频繁且具备材料计划成本资料的大中型企业。

任务三 库存商品的核算

库存商品是指企业已完成全部生产过程并已验收入库的合乎标准规格和技术条件,可以按照合同规定的条件送交订货单位,或者可以作为商品对外销售的产品。

[例2-19] 甲公司月末完工A产品一批,验收入库,该批完工产品成本共计60 000元。应作会计分录如下:

借:库存商品——A产品　　　　　　　　　　　　　　60 000
　　贷:生产成本——A产品　　　　　　　　　　　　　　60 000

[例2-20] 月末结转本月已售A产品成本150 000元。应作会计分录如下:

借:主营业务成本　　　　　　　　　　　　　　　　　150 000
　　贷:库存商品——A产品　　　　　　　　　　　　　　150 000

任务四 周转材料的核算

周转性材料是指企业能够多次使用、逐渐转移其价值但仍保持原有实物形态、不确认为固定资产的材料,包括包装物和低值易耗品等。

一、包装物的核算

包装物是指为了包装本企业产品而储备的各种包装容器,如桶、箱、瓶、坛、袋等,具体包括以下几种:

(1) 生产过程中用于包装产品作为产品组成部分的包装物。
(2) 随同商品出售而不单独计价的包装物。
(3) 随同商品出售而单独计价的包装物。
(4) 出租或出借给购买单位使用的包装物。

需要注意的是,会计核算中下列各项不属于包装物的核算范围:
(1) 各种包装材料,如纸、绳、铁丝、铁皮等,应作为"原材料"进行管理和核算。
(2) 用于储存和保管商品、材料而不对外出售的包装物,应按其价值大小和使用年限长短,分别作为"固定资产"或"低值易耗品"进行管理和核算。

包装物实际成本的组成内容与原材料相同。为了核算和监督包装物的收入、领用和结存情况,企业应设置"周转材料(包装物)"总分类账户,进行总分类核算,也可以单独设置"包装物"账户。该账户属资产类账户,借方登记验收入库的包装物的成本,贷方登记发出包装物的成本,期末借方余额反映企业库存包装物的成本。该账户应按包装物的种类设置明细分类账户,进行明细分类核算。在包装物数量不大的企业,也可以不设置"周转材料(包装物)"账户,将包装物并入"原材料"账户内核算。

1) 包装物收入的核算

包装物采购、入库的核算,不论是按实际成本计价还是按计划成本计价,均与原材料的账务处理基本相同,这里不再重述。

2) 包装物发出的核算

企业发出包装物的核算,应按其不同用途进行不同的账务处理。

(1) 生产过程中领用包装物的核算 生产过程中领用的包装物,在包装产品后,就成为产品的一部分,因此,应将包装物的成本计入产品的生产成本。

[例 2-21] 某企业基本生产车间为包装 A 产品,领用包装物一批,实际成本 1 900 元。应作会计分录如下:

借:生产成本——A 产品   1 900
　　贷:周转材料——包装物   1 900

(2) 随同商品出售但不单独计价的包装物的核算 随同商品出售但不单独计价的包装物,主要是为了确保销售商品的质量或提供较为良好的销售服务,因此,应将这部分包装物的成本作为企业发生的销售费用处理。

[例 2-22] 某企业在商品销售过程中领用包装物一批,计划成本 3 000 元,材料成本差异率为 2%,该批包装物随同商品出售而不单独计价。应作会计分录如下:

借:销售费用   3 060
　　贷:周转材料——包装物   3 000
　　　　材料成本差异——周转材料   60

(3) 随同商品出售而单独计价的包装物的核算 包装物随同商品出售而单独计价,实际上就是出售包装物,其账务处理与出售原材料相同。出售包装物取得的收入记入"其他业务收入"账户,出售包装物的成本记入"其他业务成本"账户。

[例 2-23] 某企业在商品销售过程中领用包装物一批,实际成本 2 000 元,该批包装物随同商品出售,单独计算售价为 3 000 元,应收取的增值税税额为 510 元,款项已收到。应作会计分录如下:

取得出售包装物收入时:

借：银行存款	3 510
贷：其他业务收入——材料销售	3 000
应交税费——应交增值税(销项税额)	510

结转出售包装物成本时：

借：其他业务成本——材料销售	2 000
贷：周转材料——包装物	2 000

(4) 出租或出借包装物的核算　企业对于一些可周转使用的包装物，一般采用出租或出借的方式提供给客户使用，并要求客户用毕后归还。出租包装物可以取得租金收入，作为企业的其他业务收入，与之对应的出租包装物成本及修理费用，应作为企业的其他业务成本。企业出借包装物，因不向客户收取费用，没有业务收入，所以，出借包装物的成本及修理费用应作为企业的销售费用处理。企业为了督促客户按时归还包装物，不论采用出租还是出借方式，一般都收取包装物押金，包装物押金应通过"其他应付款"账户核算。

企业对出租、出借的包装物，可采用一次摊销等方法摊销其价值。在第一次领用新包装物出租、出借时，应按其实际成本，出租的记入"其他业务成本"账户，出借的记入"销售费用"账户。

[例2-24]　企业销售部门向仓库领用一批新的包装物，实际成本8 000元，用于出租和出借的各占50%。出租包装物的期限为1个月，应收租金400元，出借包装物的期限为3个月。包装物采用一次摊销法。出租、出借的押金各为5 000元，已收存银行。应作会计分录如下：

收到押金时：

借：银行存款	10 000
贷：其他应付款——存入保证金(某客户)	10 000

结转发出包装物的成本：

借：其他业务成本——包装物出租	4 000
销售费用	4 000
贷：周转材料——包装物	8 000

1个月后按期如数收回出租的包装物，在5 000元的押金中扣除应收取的租金400元(含税，增值税税率17%)，余额4 600元已通过银行转账退回：

借：其他应付款——存入保证金(某客户)	5 000
贷：其他业务收入——包装物出租	342
应交税费——应交增值税(销项税额)	58
银行存款	4 600

3个月后按期如数收回出借的包装物，押金5 000元已通过银行转账退回：

借：其他应付款——存入保证金(某客户)	5 000
贷：银行存款	5 000

出租、出借收回的包装物，如发现有损坏不能使用而报废的，按其残料价值，借记"原材料"等账户，贷记"其他业务成本"(出租包装物)、"销售费用"(出借包装物)等账户。

对于逾期未退包装物而没收的押金，应按扣除应交增值税后的差额，记入"其他业务收入"账户。这部分没收的押金与逾期未退包装物没收的加收的押金，应转作"营业外收入"处理。企业应按加收的押金，借记"其他应付款"账户，按应交的增值税、消费税等税费，贷记

"应交税费"等账户;按其差额,贷记"营业外收入——逾期包装物押金没收收入"账户。

[例2-25] 如[例2-24]中,假设3个月后出借的包装物只收回50%,没收押金2 500元,其中应交的增值税为363.25元[2 500÷(1+17%)×17%],同时,通过银行转账退回押金2 500元。应作会计分录如下:

没收逾期未退包装物押金:
借:其他应付款——存入保证金(某客户)　　　　　　　2 500
　　贷:应交税费——应交增值税(销项税额)　　　　　　　　363.25
　　　　其他业务收入　　　　　　　　　　　　　　　　　2 136.75
退回已收回包装物的押金:
借:其他应付款——存入保证金(某客户)　　　　　　　2 500
　　贷:银行存款　　　　　　　　　　　　　　　　　　2 500

二、低值易耗品的核算

低值易耗品是指不能作为固定资产的各种用具物品,如工具、管理用具、玻璃器皿,以及在经营过程中周转使用的包装容器等。

低值易耗品可以参加多次生产周转而不改变其原有的实物形态,价值随着实物的不断磨损逐渐地转移到成本、费用中去,在使用过程中需要进行维修,报废时有一定的残值,从这些方面看,低值易耗品与固定资产是相似的。但低值易耗品又具有品种多、数量大、价值较低、使用年限较短、容易损坏等特点,这又不同于固定资产而与原材料有些类似。在实际工作中,为了简化管理和核算工作,将低值易耗品列入流动资产的存货类,其购入、库存的管理和核算与原材料基本相同,但对其使用中转移或损耗的价值则采用了摊销的方法计入成本、费用中。

低值易耗品按用途可分为一般工具、专用工具、替换设备、管理用具、劳动保护用品等几大类。

(一)低值易耗品收入的核算

为了核算和监督低值易耗品的增减变动及结存情况,企业应设置"周转材料"总分类账户,进行总分类核算,也可以单独设置"低值易耗品"账户。该账户属资产类账户,借方登记验收入库低值易耗品的成本,贷方登记发出低值易耗品的成本,期末借方余额反映企业在库低值易耗品的成本。该账户应按低值易耗品的类别、品种、规格、数量和金额设置明细分类账户,进行明细分类核算。

低值易耗品采购、入库的核算,不论是按实际成本计价还是按计划成本计价,均与原材料的账务处理基本相同,这里不再重述。

(二)低值易耗品摊销的核算

低值易耗品由于能够多次使用而保持其实物形态,所以其损耗的价值需要采用一定的摊销方法分期计入成本、费用。低值易耗品摊销的方法主要有:

1)一次摊销法

一次摊销法是指在领用低值易耗品时,将其价值一次全部计入到当期的成本费用中的摊销方法。这种摊销方法核算简单,但若领用的低值易耗品价值较大时,会使当期成本、费用增高,不利于成本费用的均衡性。这种方法主要适用于一次领用数量不多、价值较低、使用期限较短或者容易破损的低值易耗品的摊销。

[例2-26] 某企业生产车间领用玻璃器皿一批,计划成本1 000元;厂部管理部门领用办公用品一批,计划成本1 500元。当月材料成本差异率为1%。应作会计分录如下:

领用时:

借:制造费用	1 000
管理费用	1 500
贷:周转材料——低值易耗品	2 500

分摊材料成本差异:

借:制造费用	10
管理费用	15
贷:材料成本差异——周转材料	25

低值易耗品报废时,将其残料价值冲减当月低值易耗品的摊销额,借记"原材料"账户,贷记"制造费用"、"管理费用"等账户。

2) 五五摊销法

采用五五摊销法摊销低值易耗品,低值易耗品在领用时先摊销其账面价值的一半,在报废时再摊销其账面价值的另一半,即低值易耗品分两次各按50%进行摊销。五五摊销法通常既适用于价值较低、使用期限较短的低值易耗品,也适用于每期领用数量和报废数量大致相等的低值易耗品。在采用五五摊销法时,需要单独设置"周转材料——低值易耗品(在用)"、"周转材料——低值易耗品(存库)"和"周转材料——低值易耗品(摊销)"明细科目。

[例2-27] 甲公司的基本生产车间领用专用工具一批,实际成本为100 000元,采用五五摊销法进行摊销。应作会计分录如下:

① 领用专用工具

借:周转材料——低值易耗品(在用)	100 000
贷:周转材料——低值易耗品(在库)	100 000

② 领用时摊销其价值的一半

借:制造费用	50 000
贷:周转材料——低值易耗品(摊销)	50 000

③ 报废时摊销其价值的一半

借:制造费用	50 000
贷:周转材料——低值易耗品(摊销)	50 000

同时,

借:周转材料——低值易耗品(摊销)	100 000
贷:周转材料——低值易耗品(在用)	100 000

任务五　委托加工物资的核算

在企业的生产经营活动中,往往会因企业自身工艺设备条件的限制或为降低成本等方面的考虑,需要将一些物资,如材料、半成品等委托外单位进行加工,制造成具有另一种性能和用途的物资。这种委托外单位加工的物资,就是委托加工物资。委托加工物资虽然存放在外单位,但其所有权属委托企业,加工完成后要收回。加工完成收回的物资不仅实物形态、性能会发生变化,而且其价值也会增加。

一、委托加工物资的计价

委托加工物资的实际成本包括：发出加工材料或半成品的实际成本、支付的加工费用及加工物资的往返运杂费、应负担的相关税金等。企业进行委托加工物资的核算，就是要正确地反映和监督这些成本的发生，做好加工物资的发出、收回及加工费等款项的结算工作，以保证加工物资的安全完整和成本计算的准确。

二、委托加工物资的核算方法

为了核算和监督委托外单位加工的各种物资的实际成本的汇集和结转情况，企业应设置"委托加工物资"总分类账户，进行总分类核算。该账户属资产类账户，借方登记发出加工物资的实际成本、支付的加工费、应负担的运杂费和应计入委托加工物资成本的税金等；贷方登记加工完成收回物资和退回剩余物资的实际成本；期末借方余额反映企业委托外单位加工但尚未加工完成物资的实际成本和发出加工物资的运杂费等。委托加工物资核算的内容一般包括：

（一）发出委托加工物资

发出委托加工物资时，应按发出材料的实际成本，借记"委托加工物资"账户，贷记"原材料"等账户，按计划成本计价的企业还应同时结转成本差异。

（二）支付加工费、应负担的运杂费及税金

支付的加工费和运杂费等应计入委托加工物资的成本。取得增值税专用发票上注明的税款，应计入"应交税费——应交增值税（进项税额）"。委托方交纳消费税时，应区分不同情况处理：凡属加工物资收回后直接用于销售的，应将受托方代收代交的消费税计入委托加工物资的成本，借记"委托加工物资"账户，贷记"银行存款"等账户；凡属加工物资收回后用于连续生产应税消费品的，所纳税款按规定准予抵扣以后销售环节应交纳的消费税，借记"应交税费——应交消费税"账户，贷记"银行存款"等账户。

（三）加工完成物资入库

加工完成后，应按加工物资的实际成本借记"原材料"、"周转材料"、"库存商品"等账户，贷记"委托加工物资"账户。实行计划成本的企业还应确认入库存货的成本差异。

[例2-28] 某企业发出甲材料一批，委托实德公司加工成乙材料（用于生产应税消费品）。甲材料的实际成本为10 000元，支付的加工费500元，来回运杂费200元，增值税税额85元，消费税1 300元，款项已用银行存款支付。乙材料已加工完毕验收入库，以后用于继续生产应税消费品。应作会计分录如下：

发出委托加工材料时：

借：委托加工物资——实德公司　　　　　　　　　10 000
　　贷：原材料——甲材料　　　　　　　　　　　　　　　10 000

支付加工费、运杂费和税金时：

借：委托加工物资——实德公司　　　　　　　　　700
　　应交税费——应交增值税（进项税额）　　　　85
　　　　　　——应交消费税　　　　　　　　　　1 300
　　贷：银行存款　　　　　　　　　　　　　　　　　　　2 085

乙材料加工完毕验收入库时：

借：原材料——乙材料　　　　　　　　　　　　　　　　　　　　　　　10 700
　　　　贷：委托加工物资——实德公司　　　　　　　　　　　　　　　　　　　10 700
　　企业应按加工合同和受托加工单位设置"委托加工物资"明细分类账户，反映加工单位名称、加工合同号数、发出加工物资的名称、数量、发生的加工费用和运杂费、退回剩余物资的数量、实际成本，以及加工完成物资的实际成本等资料。

任务六　存货的清查

　　存货清查是指对各项存货进行实地盘点，并与账面记录进行核对，以保证账实相符的一种会计核算方法。在永续盘存制下，虽然通过存货的明细账，可以随时反映出各种存货的收发存情况，但由于企业存货的种类多，收发频繁，在计量和计算上可能发生差错，还会发生损耗、毁损、丢失、失窃等，从而造成存货的实际结存数与账存数出现不相符的情况。因此，有必要定期或不定期地对存货进行清查，确定存货的实存数，查明账实不相符的原因，分清经济责任进行处理，从而达到账实相符。

　　为了核算和监督企业在存货清查中各种财产物资的盘盈、盘亏和毁损的情况，企业应设置"待处理财产损溢"总分类账户，进行总分类核算。该账户具有双重性质，借方登记发生的各种财产物资的盘亏、毁损金额和批准转销的盘盈金额，贷方登记发生的各种财产物资的盘盈金额和批准转销的盘亏、毁损金额。处理前的借方余额，反映企业尚未处理的各种财产的净损失；处理前的贷方余额，反映企业尚未处理的各种财产的净溢余；期末处理后，该账户应无余额。该账户应设置"待处理流动资产损益"和"待处理固定资产损益"两个明细分类账户，进行明细分类核算。存货的盘盈、盘亏和毁损，通过"待处理流动资产损益"明细分类账核算。

一、存货盘盈的核算

　　企业存货发生盘盈，主要是由于收发计量或核算上的误差等原因造成的，经批准后，应冲减管理费用。

　　[例2-29]　某企业在年末进行存货清查，查明盘盈甲材料50千克，价值5 000元。应作会计分录如下：
　　借：原材料——甲材料　　　　　　　　　　　　　　　　　　　　　　　5 000
　　　　贷：待处理财产损溢——待处理流动资产损溢　　　　　　　　　　　　5 000
　　存货盘盈的原因已查明，属记账错误造成，经批准后进行处理。应作会计分录如下：
　　借：待处理财产损溢——待处理流动资产损溢　　　　　　　　　　　　　5 000
　　　　贷：管理费用　　　　　　　　　　　　　　　　　　　　　　　　　　5 000

二、存货盘亏和毁损的核算

　　造成企业存货盘亏和毁损的原因有多种，报经批准后，应根据不同的原因，分不同的情况进行处理。属于自然损耗产生的定额内损耗，经批准后转作管理费用；属于计量收发差错和管理不善等原因造成的存货短缺或毁损，应先扣除残料价值和过失人的赔款，然后将净损失计入管理费用；属于自然灾害或意外事故造成的存货毁损，应先扣除残料价值和可以收回的保险赔款，然后将净损失转作营业外支出。

[例2-30] 某企业在年末进行存货清查时发现甲材料盘亏20千克,价值3 000元,短缺损失经批准列入管理费用。应作会计分录如下:

批准前:
借:待处理财产损溢——待处理流动资产损益　　　　3 000
　　贷:原材料——甲材料　　　　　　　　　　　　　　　3 000

批准后:
借:管理费用　　　　　　　　　　　　　　　　　　　3 000
　　贷:待处理财产损溢——待处理流动资产损益　　　　3 000

[例2-31] 某企业仓库发生火灾,材料毁损500千克,实际成本50 000元,该批材料的进项税额8 500元,残料价值为1 000元,保险公司赔偿30 000元,经批准后净损失列入营业外支出。应作会计分录如下:

批准前:
借:待处理财产损溢——待处理流动资产损益　　　　58 500
　　贷:原材料——甲材料　　　　　　　　　　　　　　　50 000
　　　　应交税费——应交增值税(进项税额转出)　　　　8 500

经批准转销损失时:
借:原材料　　　　　　　　　　　　　　　　　　　1 000
　　其他应收款——应收保险赔款　　　　　　　　　　30 000
　　营业外支出——非常损失　　　　　　　　　　　　27 500
　　贷:待处理财产损溢——待处理流动资产损益　　　　58 500

任务七　存货的期末计价

一、期末存货计量原则

存货以初始计量(成本)入账后,可能会发生毁损、陈旧或价格降低等情况,企业应对存货进行重新计量。

资产负债表日,存货应当按照成本与可变现净值孰低计量。存货成本高于其可变现净值的,应当计提存货跌价准备,计入当期损益。"成本"是指存货的历史成本,"可变现净值"是指在日常活动中,存货的估计售价减去至完工时估计将要发生的成本、估计的销售费用以及相关税费后的金额,它表现为存货的预计未来净现金流量,而不是指存货的现行售价或合同价。

特殊规定:需要加工的材料存货在期末计价时要考虑用其生产的产成品的期末计价,如果用其生产的产成品的可变现净值预计高于成本,则该材料应按照成本计量;如果用其生产的产成品的可变现净值低于成本,则该材料应按可变现净值计量。

二、判断存货减值迹象

存货存在下列情况之一的,表明存货的可变现净值低于成本:
(1)该存货的市场价格持续下跌,并且在可预见的未来无回升的希望。
(2)企业使用该项原材料生产的产品成本大于产品的销售价格。

(3) 企业因产品更新换代,原有库存原材料已不适应新产品的需要,而该原材料的市场价格又低于其账面成本。

(4) 因企业所提供的商品或劳务过时或消费者偏好改变而使市场的需求发生变化,从而导致市场价格逐渐下跌。

三、存货跌价准备的核算

企业应当在每一资产负债表日,比较存货成本与可变现净值,计算出应计提的存货跌价准备,再与已计提数进行比较,若应提数大于已提数,应予补偿;若以前减记存货价值的影响因素已经消失,减记的金额应当予以恢复,并在原已计提的存货跌价准备金额内转回。本期应计提存货跌价准备金额计算公式如下:

本期计提额=(成本-可变现净值)-"存货跌价准备"账户贷方余额

[例 2-32] 6月30日,某企业对库存材料按成本与可变现净值孰低计价,A材料成本3 307.5元,可变现净值2 572.50元,上期已计提存货跌价准备20 000元;B材料成本21 540.80元,可变现净值16 832元,应作会计分录如下:

借:资产减值损失——B材料　　　　　　　　　　　　4 708.80
　　贷:存货跌价准备——B材料跌价准备　　　　　　　　4 708.80
借:存货跌价准备——A材料跌价准备　　　　　　　　19 265
　　贷:资产减值损失——A材料　　　　　　　　　　　　19 265

项目四　存货会计岗位实训

【练习】

一、单项选择题

1. 下列项目中,不属于存货范围的有(　　)。
   A. 委托外单位加工的材料　　　　B. 正在运输途中的外购材料,货款已付
   C. 接受外单位委托代销的商品　　D. 已做销售但购货方尚未运走的商品
2. 存货入账价值的基础应采用(　　)。
   A. 历史成本　　B. 重置成本　　C. 可变现净值　　D. 计划成本或定额成本
3. 存货的归属以(　　)为划分标准。
   A. 法定产权　　B. 经济用途　　C. 存放地点　　D. 交货时间
4. 在物价变动情况下,采用(　　)计价可使期末库存材料的价值最接近市场价格。
   A. 先进先出法　　B. 个别计价法　　C. 加权平均法　　D. 移动平均法
5. 对于报废出租包装物的残料价值,应借记"原材料"账户,贷记(　　)。
   A. 主营业务收入　　B. 其他业务收入　　C. 其他业务成本　　D. 销售费用

二、多项选择题

1. 存货发出的计价方法有(　　)。
   A. 先进先出法　　B. 加权平均法　　C. 个别计价法　　D. 一次摊销法
   E. 成本与可变现净值孰低法
2. 在工业企业(一般纳税人)中下列支出构成存货采购成本的有(　　)。

A. 购货价格　　　　B. 支付给运输部门的运费(已扣除增值税)　　C. 支付的增值税
D. 支付的消费税　　E. 入库前的挑选整理费
3. 企业的原材料采用计划成本核算,应设置的账户有(　　)。
A. 原材料　　　　B. 在途物资　　　　C. 材料采购　　　　D. 材料成本差异
E. 商品进销差价

三、判断题
1. 材料计划成本的组成应与实际成本的构成相一致。　　　　　　　　　　　(　　)
2. 企业采购材料,在折扣期内取得的现金折扣,应冲减材料的采购成本。　　(　　)
3. 企业采用计划成本进行材料日常核算,月末分摊材料成本差异时,无论是超支差还是节约差,均在"材料成本差异"账户的贷方登记。　　　　　　　　　　　　　　　　　　　　　　(　　)

【技能实训】

实训一　实际成本下材料的核算

某企业为一般纳税人,材料按实际成本计价核算。该企业2013年8月份发生如下经济业务:
1. 1日,将上月末已收料尚未付款的暂估入账材料用红字冲回,金额为50 000元。
2. 3日,上月已付款的在途A材料已验收入库,A材料成本为35 000元。
3. 8日,向甲企业购入A材料,买价100 000元,增值税17 000元,甲企业已代垫运费1 500元(准予扣除进项税105元)。企业签发并承兑一张票面金额为118 500元、2个月期的商业汇票结算材料款项,材料尚在运输途中。
4. 10日,根据合同规定,向乙企业预付购料款90 000元,已开出转账支票支付。
5. 11日,向丙企业采购B材料,材料买价为40 000元,增值税为6 800元,款项46 800元用银行本票存款支付,材料已验收入库。
6. 16日,8日向甲企业购买的A材料运达,验收入库950千克,短缺50千克,原因待查。
7. 23日,用预付货款方式向乙企业采购的B材料已验收入库,有关的发票单据列明材料价款80 000元,增值税13 600元,即开出一张转账支票补付货款3 600元。
8. 28日,16日收到的材料短缺50千克的原因已查明,是甲企业少发货所致,甲企业已同意退款但款项尚未收到。
9. 30日,向甲企业购买A材料,材料已验收入库,结算单据等仍未到达,按暂估价70 000元入账。
10. 31日,根据发料凭证汇总表,本月基本生产车间产品生产领用原材料423 000元,车间一般性消耗领用80 500元,厂部管理部门领用78 600元,固定资产工程领用52 300元。

要求:对以上经济业务编制会计分录。

实训二　计划成本下材料的核算

某企业原材料采用计划成本核算。期初"原材料"账户的借方余额为26 700元,"材料成本差异"账户的贷方余额为860元,原材料的计划单位成本为313元/千克。本月发生经济业务如下:
1. 用银行存款购入原材料100千克,实际成本32 000元,应交增值税额5 440元,已验收入库。
2. 用银行存款购入原材料200千克,价款63 000元,税款10 710元,材料已验收入库。
3. 生产产品领用原材料50 000元(计划成本)。
4. 计算材料成本差异率,并对发出材料分摊成本差异。

要求:对以上经济业务编制会计分录。

实训三　包装物的核算

某企业为一般纳税人,生产和销售的产品为非应税消费品,包装物按实际成本计价核算。该企业2013年6月份发生经济业务如下:
1. 向A企业购入包装物一批,买价30 000元,增值税5 100元,款项35 100元已用银行存款支付,包装物已验收入库。

2. 基本生产车间在生产过程中领用包装物一批,实际成本8 500元。

3. 销售部门为销售产品领用包装物一批,实际成本2 500元,该批包装物随同产品出售而不单独计价。

4. 销售部门为销售产品领用包装物一批,实际成本4 500元,该批包装物随同产品出售,单独计算售价为5 000元,增值税销项税额为850元,款项5 850元已收存银行。

5. 借给C企业某包装物(新的)20个,每个实际成本500元,出借期限为1个月。押金9 500元已收存银行,该包装物按4个月摊销。

6. 租给D企业某包装物(新的)10个,每个实际成本300元,出租期限为1个月,租金为每个10元,押金3 500元已收存银行,该包装物采用一次摊销法摊销。

要求:根据以上经济业务编制会计分录。

实训四 存货清查的处理

某企业对存货进行清查,清查结果及批准处理情况如下:

1. 发现盘盈甲种低值易耗品10件,实际单位成本为300元。

2. 发现盘亏乙种原材料500千克,单位计划成本为100元,其购进时的增值税为8 670元。

3. 发现毁损丙产成品100件,每件实际成本为350元,其应负担的增值税额为5 780元。

4. 上述各种情况的原因已查明,甲种低值易耗品盘盈是收发计量差错造成;乙种原材料短缺是管理制度不健全造成;丙产成品毁损是意外事故造成,其残料回收作价1 000元,可获保险公司赔偿22 780元。经批准后,对上述清查结果作出处理。

要求:对以上经济业务编制会计分录。

岗位三 销售会计岗位实务

【引言】

销售过程是资金周转的重要环节,是确保企业再生产过程正常进行的关键。确认收入,核算与监督货款结算情况,准确计算相关成本与费用,确定财务成果是销售核算岗位的重要组成部分。

项目一 销售会计岗位职责

一、编制销售计划

根据企业的生产能力及利润控制指标,按月、季、年编制销售计划并落实到有关部门,经常督促检查,保证计划的实现。

二、核算主营业务收入

严格按照财政部的规定,确认收入实现的时间,不得提前或拖后。主营业务收入的计算,应根据企业与购货方签订的合同或协议确定;无合同或协议的应按购销双方都同意或接受的金额确定。对于各种预计可能发生的现金折扣、销售折让、销售退回等,应视不同情况分别处理,按产品名称对主营业务收入进行明细分类核算。

三、核算办理销售款项的结算业务

认真审查销售的有关凭证,严格按照销售合同注明的结算方式及银行结算制度,及时办理销售款项的结算,催收应收销售货款。对客户进行明细核算与管理,对任意提价、削价等行为要加以制止,并及时向管理者反映。发生销售纠纷,客户拒付款项时,应通知有关部门及时处理。

四、定期编制销售报表

定期编制销售报表,协助管理者分析企业产品的市场占有量,预测市场销售前景,制定合理的售价,提出扩大销售、增收节支的建议和措施。

项目二 销售会计岗位核算流程

销售会计岗位核算流程如图 3.1 所示。

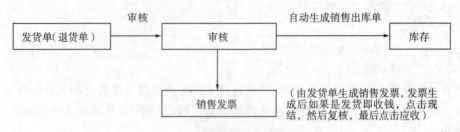

图 3.1 销售会计岗位核算流程

项目三 销售会计岗位核算任务

销售业务是指企业出售商品或者提供劳务以及其之后产生的收取款项等相关活动。销售是企业经营活动的主要环节,是企业实现商品价值、增加收入、获取利润的重要途径。

任务一 收入确认

在市场经济条件下,追求利润最大化已成为企业经营的重要目标之一。收入是利润的来源,因此,获取收入也是企业日常经营活动中最为主要的目标之一,通过获得的收入补偿为此而发生的支出,以获得一定的利润。

一、收入的概念和特征

收入的概念有广义和狭义之分。广义的收入主要指营业收入、投资收益、补贴收入和营业外收入。狭义的收入主要指营业收入,包括主营业务收入和其他业务收入。无论广义的收入还是狭义的收入,它们都是企业利润的来源,所不同的是营业收入是通过正常的营业活动而获得的,是企业利润的主要来源。

收入是指企业在日常活动中形成的、会导致所有者权益增加的、与所有者投入资本无关的经济利益的总流入,包括主营业务收入和其他业务收入。收入不包括为第三方或者客户代收的款项。

收入有如下几个特征:
(1)收入是从企业日常活动中产生的,而不是从偶然发生的交易或事项中产生的。
企业日常活动,是指企业为完成其经营目标而从事的所有活动,以及与之相关的其他活动。不论企业的日常活动具体形式如何,它们都有如下两个特点:第一,必须是企业主要的、核心的活动。第二,必须是企业经常的、连续的活动。收入的这一特点使其与利得区分开来,利得是指收入以外的其他收益,它通常是从偶发的经济业务中取得,属于那种不经过经营过程就能取得或不曾期望获得的收益,如企业接受捐赠或政府补贴、处理固定资产净收益等。

(2) 收入可能表现为资产的增加,也可能表现为企业负债的减少,或者两者兼而有之。

收入实现的过程一般表现为等价交换的过程。企业在售出产品或提供劳务的同时,一般会获得对等的补偿物,如增加银行存款等;收入也可能导致负债的减少,如以商品或劳务抵偿债务;也可能表现为增加资产和减少负债两者兼而有之,如产品销售的货款中部分抵偿债务,部分收取现金等。

(3) 收入能导致所有者权益的增加。如第2条所述,收入能增加资产或减少负债或两者兼而有之。因此,根据"资产=负债+所有者权益"的公式,则必然能导致所有者权益的增加。

(4) 收入只包括本企业经济利益的流入。这一特征意味着,收入不包括为第三方或客户代收的款项,如代收的增值税销项税额、代收的利息等。代理业务一方面导致资产的增加,另一方面导致负债的增加,没有引起所有者权益的增加。在代理业务中,代货主收取的款项也不是企业的收入,收入仅指佣金或代销手续费部分。

二、收入的分类

(一) 按照企业从事日常活动的性质不同分类

1) 销售商品收入

销售商品收入是指企业通过销售商品实现的收入。这里的商品包括企业为销售而生产的产品和为转售而购进的商品。企业销售的其他存货如原材料、包装物等也视同商品销售。

2) 提供劳务收入

提供劳务收入是指企业通过提供劳务实现的收入。比如,企业通过提供旅游、运输、咨询、代理、培训、产品安装等劳务所实现的收入。

3) 让渡资产使用权收入

让渡资产使用权收入是指企业通过让渡资产使用权实现的收入。让渡资产使用权收入包括利息收入和使用费收入。

利息收入主要是指金融企业对外贷款形成的利息收入,以及同业之间发生业务往来形成的利息收入等。

使用费收入主要是指企业转让无形资产(如商标权、专利权、专营权、版权)等资产的使用权形成的收入。企业对外出租固定资产收取的租金、进行债权投资收取的利息、进行股权投资取得的现金股利等,也构成让渡资产使用权收入。

(二) 按照企业经营业务的主次不同分类

1) 主营业务收入

主营业务收入是指企业为完成其经营目标所从事的经常性活动实现的收入。主营业务收入一般占企业总收入的比重较大,对企业的经济效益产生较大影响。不同行业企业的主营业务收入所包括的内容不同。比如,工业企业的主营业务收入主要包括销售商品、自制半成品、代制品、代修品,提供工业性劳务等实现的收入;商业企业的主营业务收入主要包括销售商品实现的收入;咨询公司的主营业务收入主要包括提供咨询服务实现的收入;安装公司的主营业务收入主要包括提供安装服务实现的收入。

企业实现的主营业务收入通过"主营业务收入"账户核算,并通过"主营业务成本"账户核算为取得主营业务收入发生的相关成本。

2）其他业务收入

其他业务收入是指企业为完成其经营目标所从事的与经常性活动相关的活动实现的收入。其他业务收入属于企业日常活动中次要交易实现的收入，一般占企业总收入的比重较小。不同行业企业的其他业务收入所包括的内容不同，比如，工业企业的其他业务收入主要包括对外销售材料，对外出租包装物、商品或固定资产，对外转让无形资产使用权，对外进行权益性投资（取得现金股利）或债权性投资（取得利息）、提供非工业性劳务等实现的收入。

企业实现的原材料销售收入、包装物租金收入、固定资产租金收入、无形资产使用费收入等，通过"其他业务收入"账户核算；企业进行权益性投资或债权性投资取得的现金股利收入和利息收入，通过"投资收益"账户核算。通过"其他业务收入"账户核算的其他业务收入，需通过"其他业务成本"账户核算为取得其他业务收入发生的相关成本。

在会计核算中，对经常性、主要业务所产生的收入单独设置"主营业务收入"账户核算，对非经常性、兼营业务交易所产生的收入单独设置"其他业务收入"账户进行核算。

三、销售商品收入的确认条件

企业销售商品时，如同时符合以下4个条件，即可以确认为收入。

（一）企业已将商品所有权上的主要风险和报酬转移给买方

商品所有权上的风险主要指商品由于贬值、损坏、报废等造成的损失；商品所有权上的报酬是指商品中包含的未来经济利益，包括商品因升值等给企业带来的经济利益。如果一项商品发生的任何损失均不需要本企业承担，带来的经济利益也不归本企业所有，则意味着该商品所有权上的风险和报酬已移出该企业。商品所有权凭证转移或实物交付后，商品所有权上的主要风险和报酬并未随之转移的情况有：委托代销商品或寄销商品发出时，需要安装或检验的商品发出时，附有退货条款的销售商品发出时（零售商品除外），预收销货款但商品尚未发出时，分期收款销售商品发出时等。以上情况均暂不确认收入，待符合收入确认的全部条件成立时方可确认收入。

（二）企业既没有保留通常与所有权相联系的继续管理权，也没有对已售出的商品实施控制

企业将商品所有权上的主要风险和报酬转移给买方后，如仍然保留通常与所有权相联系的继续管理权，或仍然对售出商品实施控制，则此项销售不能成立，不能确认相应的销售收入。如企业对售出的商品保留了与所有权无关的管理权，则不受本条件的限制。例如，房地产企业将开发的房地产售出后，保留了对该房产的物业管理权，由于此项管理权与房产所有权无关，房地产销售成立。企业提供的物业管理应视为一个单独的劳务合同，有关收入确认为劳务收入。

（三）与交易相关的经济利益能够流入企业

经济利益，是指直接或间接流入企业的现金或现金等价物。在销售商品的交易中，与交易相关的经济利益即为销售商品的价款。销售商品的价款能否收回，是收入确认的一个重要条件。企业在销售商品时，如估计价款收回的可能性不大，即使收入确认的其他条件均已满足，也不能确认收入。实务中，如果企业售出的商品符合合同或协议规定的要求，企业已将发票账单交付买方，买方也承诺付款，即说明销售商品的价款能够收回。

例如，甲企业于2013年5月8日以托收承付方式向乙企业销售一批商品，成本为1 000

万元,售价为 2 000 万元,专用发票上标明的增值税款为 340 万元,商品已经发出,手续已经办妥。此时,得知乙企业在另一项交易中发生了巨额损失,此笔货款收回的可能性不大,意味着与该交易相关的经济利益流入企业的可能性很小或不能流入企业,因此甲企业不应确认收入。

（四）相关的收入和成本能够可靠地计量

收入能否可靠地计量,是确认收入的基本前提。收入不能可靠地计量,则无法确认收入。企业在销售商品时,售价通常已经确定,但销售过程中由于某种不确定因素,也有可能出现售价变动的情况,则新的售价未确定前不应确认收入。与同一项销售有关的收入和成本应在同一会计期间予以确认。如果成本不能可靠计量,即使其他条件均已满足,相关的收入也不能确认。

例如,乙公司本年度销售给甲企业一台机床,销售价格为 100 万元,甲企业已支付全部款项,该机床 12 月 31 日尚未完工,已经发生的成本为 60 万元,完工尚需发生的成本难以合理确定。此时乙企业不能确认销售收入,虽然收入能够可靠地计量并且已经收到,但成本不能可靠地计量,无法实行收入与费用在同一会计期间的相互配比。

企业在销售商品时,只有同时满足上述 4 个条件,才能确认收入。任何一个条件没有满足,即使收到货款,也不能确认收入。

任务二 商品销售收入的核算

工业企业销售产品或商品通过"主营业务收入"核算。

主营业务收入的核算主要包括主营业务收入的确认,销售退回的核算,由于销售商品或提供劳务而应交纳的各种销售税金以及销售成本和销售费用的核算等。为了核算和监督主营业务收入,企业应当设置相应的账户。

(1)"主营业务收入"账户 该账户属于损益类账户,用于总括地核算企业的商品销售收入,包括企业销售各种库存商品、自制半成品和提供工业性劳务收入。其贷方登记企业已实现的商品销售收入,借方登记销货退回、销售折让对销售收入的冲减额,期末余额在贷方,表示本期累计实现的商品销售收入。期末应将该账户余额转至"本年利润"账户贷方,结转后本账户应无余额。

(2)"主营业务成本"账户该账户 属于损益类账户,用于总括地核算企业销售库存商品、自制半成品和提供工业性劳务等成本。其借方登记售出商品或劳务的成本,贷方登记销售退回商品或劳务的成本,期末余额在借方,表示本期销售商品的累计成本。期末将该账户余额转至"本年利润"账户的借方,结转后该账户无余额。

(3)"营业税金及附加"账户 该账户属于损益类账户,用于总括地核算企业由于销售商品、提供工业性劳务等应交纳的除增值税之外的销售税金及附加,包括消费税、资源税、城市维护建设税和教育费附加。其借方登记企业本月销售商品应交纳的销售税金及附加,贷方登记退回的销售税金及附加。期末余额在借方,表示企业本期销售商品应交纳的销售税金及附加的累计额。期末应将该账户余额转至"本年利润"账户的借方,结转后该账户无余额。

如果售出的商品不符合销售收入确认的 4 项条件之中的任何一条,均不能确认收入。为了单独反映已发出但尚未确认销售收入的商品成本,企业应增设"发出商品"账户,用于核算一般销售方式下已经发出但尚未确认销售收入的商品成本。

一、一般商品销售的核算

一般商品销售的核算主要包括以下三方面内容：
(1) 主营业务收入的账务处理。
(2) 主营业务成本的账务处理。
(3) 营业税金及附加的账务处理。

[例3-1] 某公司2013年1月20日销售给甲公司A产品一批，按合同约定，产品的销售价格为100 000元，增值税税率为17%，产品已按合同要求发出，并收到甲公司开出并承兑的6个月到期的商业承兑汇票。该批产品的实际成本75 000元。应作会计分录如下：

收到票据时：

借：应收票据——甲公司	117 000	
贷：主营业务收入		100 000
应交税费——应交增值税（销项税额）		17 000

结转销售成本时：

借：主营业务成本	75 000	
贷：库存商品——A产品		75 000

[例3-2] 甲公司销售给乙公司A产品100件，每件售价500元，单位成本300元，甲公司已按合同规定发货，并以银行存款代垫运杂费400元。货款尚未收到。A产品的增值税税率为17%，消费税税率为8%。经计算应交城市维护建设税500元，应交教育费附加200元，甲公司已开出增值税专用发票。应作会计分录如下：

确认收入时：

借：应收账款——乙公司	58 900	
贷：主营业务收入		50 000
应交税费——应交增值税（销项税额）		8 500
银行存款		400

结转销售成本时：

借：主营业务成本	30 000	
贷：库存商品——A产品		30 000

计算税金及附加时：

借：营业税金及附加	4 700	
贷：应交税费——应交消费税		4 000
——应交城建税		500
——应交教育费附加		200

[例3-3] 甲公司以托收承付方式向乙公司销售B产品一批，增值税专用发票上注明售价200 000元，增值税额34 000元。该批产品的实际成本为105 000元，商品已经发出，并已向银行办妥托收手续。销售时得知乙公司资金紧张，此项收入收回的可能性不大。因此，甲公司在销售时不能确认收入，应将发出商品成本转入"发出商品"账户。应作会计分录如下：

发出商品时：

借：发出商品——B产品	105 000	

贷:库存商品——B产品		105 000

同时将增值税发票上注明的增值税额转入应收账款:

借:应收账款——乙公司	34 000	
贷:应交税费——应交增值税(销项税额)		34 000

假定月末得知乙公司资金周转情况好转,并承诺近期付款,确认收入实现:

借:应收账款——乙公司	200 000	
贷:主营业务收入		200 000

同时结转销售成本:

借:主营业务成本	105 000	
贷:发出商品——B产品		105 000

收到货款时:

借:银行存款	234 000	
贷:应收账款——乙公司		234 000

二、现金折扣的核算

现金折扣是指债权人为了鼓励债务人在规定的期限内付款,而向债务人提供的债务减让。现金折扣通常发生在以赊销方式销售商品及提供劳务的交易中。企业为了鼓励客户提前偿付货款,通常与债务人达成协议,债务人在不同期限内付款可享受不同比例的折扣。现金折扣一般用"折扣/付款期限"来表示。例如,买方在 10 日内付款可以按售价给予 2% 的折扣,用"2/10"表示;在 20 日内付款可以按售价给予 1% 的折扣,用"1/20"表示;在 30 日内付款则不给折扣,用"$n/30$"表示。

企业销售商品涉及现金折扣的,应当按照扣除现金折扣前的金额确定销售货物收入金额。现金折扣在实际发生时计入当期损益(财务费用)。

[例 3-4] 某公司 2013 年 1 月 1 日销售给甲公司 A 产品一批,增值税发票上注明售价为 50 000 元,增值税额为 8 500 元。该公司为了尽快收回货款而在合同中规定的现金折扣条件为:2/10,1/20,$n/30$。假定在计算折扣时不考虑增值税。根据上述资料,应作会计分录如下:

销售实现时:

借:应收账款——甲公司	58 500	
贷:主营业务收入		50 000
应交税费——应交增值税(销项税额)		8 500

如果甲公司在 1 月 6 日付款,则按售价 50 000 元的 2% 享受 1 000 元(50 000×2%)的现金折扣,实际付款 57500 元(58 500－1 000)。

借:银行存款	57 500	
财务费用	1 000	
贷:应收账款——甲公司		58 500

如果甲公司在 1 月 16 日付款,则按售价 50 000 的 1% 享受 500 元(50 000×1%)的现金折扣,实际付款 58 000 元(58 500－500)。

借:银行存款	58 000	
财务费用	500	

贷：应收账款——甲公司　　　　　　　　　　　　　　　　58 500

如果甲公司在1月底才付款，则应按全部售价付款。

借：银行存款　　　　　　　　　　　　　　　　　58 500
　　贷：应收账款——甲公司　　　　　　　　　　　　　　　　58 500

三、销售折让的核算

销售折让是指企业因售出产品质量不合格等原因而在售价上给予的减让。

对于销售折让，企业应分别按不同情况处理。销售折让如果发生在销售收入确认之前，则应在确认销售收入时直接按扣除销售折让后的金额确认；已确认销售收入的售出商品发生销售折让的，应当在发生时冲减当期的销售商品收入。销售折让属于资产负债表日后事项的，应当按照有关资产负债表日后事项的相关规定进行处理；如按规定允许扣减增值税额的，还应冲减已确认的应交增值税销项税额。

[例3-5] 甲公司销售给乙企业B产品一批，增值税发票上的售价为200 000元，增值税额为34 000元，货到后，乙企业发现产品质量不合格。经协商，要求在价格上给予5%的折让。应作会计分录如下：

销售实现时：

借：应收账款——乙企业　　　　　　　　　　　　234 000
　　贷：主营业务收入　　　　　　　　　　　　　　　　　200 000
　　　　应交税费——应交增值税（销项税额）　　　　　　 34 000

发生销售折让时：

借：主营业务收入　　　　　　　　　　　　　　　 10 000
　　应交税费——应交增值税（销项税额）　　　　　　1 700
　　贷：应收账款——乙企业　　　　　　　　　　　　　　 11 700

收到款项时：

借：银行存款　　　　　　　　　　　　　　　　　222 300
　　贷：应收账款——乙企业　　　　　　　　　　　　　　 222 300

需要说明的是，在销售过程中，除了销售折让以外，企业还可能为客户提供商业折扣，即企业为了鼓励客户多购买商品而在商品标价上给予的扣除。此外，企业为了尽快出售一些残次、过时商品，也可能降价销售，即打折。但是这里的商业折扣与前述的现金折扣有本质区别：第一，目的不同。第二，发生折扣的时间不同，现金折扣在商品销售后发生，而商业折扣在销售发生时即已发生。

四、销售退回的核算

销售退回是指企业售出的商品，由于质量、品种不符合要求等原因而发生的退货。销售退回可能发生在企业确认收入之前。这时处理比较简单，只要将已计入"发出商品"等账户的商品成本转回"库存商品"账户。如企业确认收入后，又发生销售退回的，不论是当年销售的，还是以前年度销售的，除特殊情况外，一般应冲减退回当月的销售收入，同时冲减退回当月的销售成本；如该项销售已经发生现金折扣或销售折让的，应在退回当月一并调整。企业发生销售退回时，按规定允许扣减当期销项税额，应同时用红字冲减"应交税费——应交增值税"账户的"销项税额"专栏。

[例3-6] 某公司2013年12月20日销售给甲企业A商品一批,售价为700 000元,增值税额为119 000元,销售成本364 000元。合同规定现金折扣条件为:2/10,1/20,n/30。假定甲企业于12月27日付款,享受现金折扣14 000元。2013年12月30日因该批商品质量严重不合格被退回。应作会计分录如下:

冲减当月销售收入:

借:主营业务收入　　　　　　　　　　　　　　700 000
　　应交税费——应交增值税(销项税额)　　　119 000
　　贷:银行存款　　　　　　　　　　　　　　　　　805 000
　　　　财务费用　　　　　　　　　　　　　　　　　 14 000

冲减当月销售成本:

借:库存商品——A产品　　　　　　　　　　　 364 000
　　贷:主营业务成本　　　　　　　　　　　　　　　364 000

五、委托代销商品的核算

企业代销商品主要有两种方式:视同买断方式和收取手续费的方式。

(一)视同买断方式

视同买断方式是由委托方和受托方签订协议,委托方按照协议价收取所代销的货款,实际售价可由受托方自定,实际售价与协议价之间的差额归受托方所有。

视同买断代销方式又有两种情况:若协议标明受托方取得代销商品后,盈利或亏损与委托方无关,则视同直接销售,在符合销售商品收入确认条件时,委托方应在发出商品时确认收入,若协议标明受托方没有售出可以退回,则委托方在交付商品时不确认收入,只有取得代销清单后才能确认收入。

(二)收取手续费方式

收取手续费方式是由受托方根据所代销的商品数量向委托方收取手续费,这对受托方来说实际上是一种劳务收入。与视同买断方式相比,这种代销方式的主要特点是,受托方通常应按照委托方规定的价格销售,不得自行改变售价。在这种代销方式下,委托方应在受托方将商品销售后,并向委托方开具代销清单时,确认收入;委托方发出商品时通过"发出商品"账户核算,受托方收到受托代销的商品,按照约定的价格,借记"受托代销商品"账户,贷记"受托代销商品款"账户。受托方在商品销售后,按照应收取的手续费确认收入。

[例3-7] 2013年5月10日,乙企业委托甲企业代销商品10 000件,每件成本3.5元,双方的协议价为5元/件。6月30日收到代销单位的已售商品代销清单,已销产品2 400件,售价金额为12 000元。7月5日收到代销单位的款项,甲企业实际销售该批商品的销售价格是6.25元/件。增值税税率为17%。

乙企业(委托方)编制会计分录如下:

(1)发出商品给代销单位甲企业时:

借:发出商品　　　　　　　　　　　　　　　　 35 000
　　贷:库存商品　　　　　　　　　　　　　　　　　 35 000

(2)收到已销商品代销清单时:

借:应收账款——甲企业　　　　　　　　　　　 14 040
　　贷:主营业务收入　　　　　　　　　　　　　　　 12 000

应交税费——应交增值税(销项税额)	2 040

(3) 结转已销售产品成本：

借：主营业务成本	8 400
贷：发出商品	8 400

(4) 收到代销单位汇来款项：

借：银行存款	14 040
贷：应收账款——甲企业	14 040

甲企业(受托方)编制会计分录如下：

(1) 收到代销商品时：

借：受托代销商品	50 000
贷：受托代销商品款——乙企业	50 000

(2) 实际销售时：

借：银行存款	17 550
贷：主营业务收入	15 000
应交税费——应交增值税(销项税额)	2 550

(3) 结转销售成本时：

借：主营业务成本	12 000
贷：受托代销商品	12 000

(4) 开出代销清单并收到增值税专用发票时(委托方开给受托方)：

借：受托代销商品款	12 000
应交税费——应交增值税(进项税额)	2 040
贷：应付账款——乙企业	14 040

(5) 将代销款付给乙企业时：

借：应付账款——乙企业	14 040
贷：银行存款	14 040

[例3-8] 资料同[例3-7]，若根据协议规定，公司按10%支付手续费。

乙企业(委托方)编制会计分录如下：

(1) 发出商品给代销单位甲企业时：

借：发出商品	35 000
贷：库存商品	35 000

(2) 收到已销商品代销清单时：

借：应收账款——甲企业	14 040
贷：主营业务收入	12 000
应交税费——应交增值税(销项税额)	2 040

(3) 结转销售成本时：

借：主营业务成本	8 400
贷：发出商品	8 400

(4) 计算代销手续费时：

借：销售费用	1 200
贷：应收账款——甲企业	1 200

(5) 收到代销单位所汇款项时：
借：银行存款　　　　　　　　　　　　　　　　　　　12 840
　　贷：应收账款——甲企业　　　　　　　　　　　　　　　12 840

甲企业（受托方）编制会计分录如下：
(1) 收到代销商品时：
借：受托代销商品　　　　　　　　　　　　　　　　　50 000
　　贷：受托代销商品款——乙企业　　　　　　　　　　　　50 000
(2) 实际销售时：
借：银行存款　　　　　　　　　　　　　　　　　　　14 040
　　贷：应付账款——乙企业　　　　　　　　　　　　　　　12 000
　　　　应交税费——应交增值税（销项税额）　　　　　　　2 040
(3) 开出代销清单并收到增值税专用发票时（委托方开给受托方）：
借：应交税费——应交增值税（进项税额）　　　　　　2 040
　　贷：应付账款——乙企业　　　　　　　　　　　　　　　2 040
借：受托代销商品款——乙企业　　　　　　　　　　　12 000
　　贷：受托代销商品　　　　　　　　　　　　　　　　　　12 000
(4) 将代销款付给乙企业并计算手续费时（将手续费扣下）：
借：应付账款——乙企业　　　　　　　　　　　　　　14 040
　　贷：银行存款　　　　　　　　　　　　　　　　　　　　12 840
　　　　主营业务收入（或其他业务收入）　　　　　　　　　1 200

任务三　劳务收入的核算

企业在核算劳务收入时，因各种劳务的性质和完成时间的不同，其会计处理也有所差异，具体表现为以下三种情况：

(1) 对于一次就能完成的劳务，企业应在所提供劳务完成时按所确定的收入金额，借记"应收账款""银行存款"等账户，贷记"主营业务收入"等账户。对于发生的有关支出，借记"主营业务成本"账户，贷记"银行存款"等账户。

(2) 对于持续一段时间，但在同一会计年度内开始并完成的劳务，企业应先增设"劳务成本"账户，有关支出在确认为费用之前，先归集到该账户，待确认为费用时，再借记"主营业务成本"账户，贷记"劳务成本"账户。

[例3-9] 某公司2013年1月10日接受一项设备安装任务，该安装任务可一次完成，合同总收入为3 500元，实际发生安装成本1 500元。应作会计分录如下：
确认收入时：
借：银行存款　　　　　　　　　　　　　　　　　　　3 500
　　贷：主营业务收入　　　　　　　　　　　　　　　　　　3 500
确认有关成本费用时：
借：主营业务成本　　　　　　　　　　　　　　　　　1 500
　　贷：银行存款　　　　　　　　　　　　　　　　　　　　1 500
假定上述安装任务需要持续一段时间才能完成，则应在发生有关成本费用支出时：

借:劳务成本 ×××
　　贷:银行存款 ×××

待全部安装任务完成时,再结转安装总成本1 500元:

借:主营业务成本 1 500
　　贷:劳务成本 1 500

(3) 对于不能在同一年度内开始并完成,但在资产负债表日能对交易的结果做出可靠估计的劳务,应按完工百分比法确认收入及有关的费用。对于预收的款项,应借记"银行存款"账户,贷记"预收账款"或"应收账款"账户;对于所发生的费用成本,借记"劳务成本"账户,贷记"银行存款"账户;确认本期的劳务收入时,按确认的金额借记"预收账款"或"应收账款"账户,贷记"主营业务收入"账户;确认本期的费用成本时,按确认的金额借记"主营业务成本"账户,贷记"劳务成本"账户。

采用完工百分比法确认收入时,收入和相关费用应按以下公式计算:

本年确认的收入=劳务总收入×本年末止劳务的完成程度-以前年度已确认的收入
本年确认的费用=劳务总成本×本年末止劳务的完成程度-以前年度已确认的费用

[例3-10] 某公司2013年11月1日接受一项软件开发任务,工期为3个月,合同总收入为300 000元,至年底已经预收款项220 000元,实际发生成本140 000元。2013年12月31日经专业测量师测量,软件的开发程度为70%,估计还会发生60 000元的成本。应作会计分录如下:

确定2013年应确认的收入和成本:

应确认的收入=300 000×70%-0=210 000(元)
应确认的成本=(140 000+60 000)×70%-0=140 000(元)

实际发生成本时:

借:劳务成本 140 000
　　贷:银行存款 140 000

预收款项时:

借:银行存款 220 000
　　贷:预收账款 220 000

确认收入时:

借:预收账款 210 000
　　贷:主营业务收入 210 000

结转成本时:

借:主营业务成本 140 000
　　贷:劳务成本 140 000

在核算劳务收入时,企业也可以不设置"劳务成本"账户,发生的有关成本,直接通过"主营业务成本"账户核算。但此种情况下,"主营业务成本"账户可能出现余额,不再是纯粹的损益类账户(损益类账户期末无余额)。

期末,"劳务成本"或"主营业务成本"账户如有余额,应并入资产负债表的"存货"项目中予以披露。

任务四 其他业务收入的核算

其他业务是指企业在生产经营过程中发生的除主营业务之外的其他一些零星的收支业务。主要包括原材料销售、包装物出租、固定资产出租、技术转让等业务所取得的收入和发生的相关费用。

在对其他业务收支进行核算时,企业应当设置如下两个账户:

(1)"其他业务收入"账户 该账户属于损益类账户,用于总括地核算企业除商品销售以外的其他销售或其他业务所取得的收入。该账户的贷方登记企业已实现的其他销售或其他业务的收入,期末余额在贷方,表示企业其他销售或其他业务收入的累计额。期末将该账户余额转至"本年利润"账户的贷方,结转后该账户无余额。

(2)"其他业务成本"账户 该账户属于损益类账户,用于总括地核算企业除商品销售以外的其他业务所发生的支出,包括销售成本、提供劳务而发生的相关成本费用,以及营业税金及附加等。该账户的借方登记其他业务发生的实际支出,期末余额在借方,表示企业其他业务的累计支出数。期末将该账户余额转入"本年利润"账户的借方,结转后该账户无余额。

一、材料销售的核算

一般来说,企业的材料都是为了生产产品而储备的,供自己使用,并不是为了对外销售而储备的。但若在生产中有剩余或大量积压,为减少企业被占用资金,则应及时处理,加快存货周转速度。

[例3-11] 某公司销售库存积压甲材料取得价款20 000元,增值税额3 400元,已收到款项存入银行,该材料账面价值为19 200元。应作会计分录如下:

收到价款时:

借:银行存款	23 400
贷:其他业务收入	20 000
应交税费——应交增值税(销项税额)	3 400

结转原材料成本时:

借:其他业务成本	19 200
贷:原材料——甲材料	19 200

二、资产出租的核算

资产出租的核算是指固定资产和无形资产出租的核算。

[例3-12] A公司对外出租一台机床,租金收入为5 000元,已收到租金存入银行。该机床当月应计提折旧额为450元。应作会计分录如下:

收到租金时:

借:银行存款	5 000
贷:其他业务收入	5 000

计提折旧时:

借:其他业务成本	450

贷：累计折旧　　　　　　　　　　　　　　　　　　　　　450

　[例3-13]　A公司对外转让一项专利技术的使用权，取得转让收入2 500元，已收到款项并存入银行，该项业务应交纳营业税125元。应作会计分录如下：

　　收到款项时：

　　借：银行存款　　　　　　　　　　　　　　　2 500

　　　　贷：其他业务收入　　　　　　　　　　　　　　2 500

　　确认应交纳的营业税时：

　　借：其他业务成本　　　　　　　　　　　　　　125

　　　　贷：应交税费——应交营业税　　　　　　　　　125

项目四　销售会计岗位实训

【练习】

一、单项选择题

1. 收入是指企业在销售商品、提供劳务及让渡资产使用权等（　　）。
　A. 日常经营活动中所形成的经济利益的总流入
　B. 主要经营活动中所形成的经济利益的总流入
　C. 日常经营活动中所形成的经济利益的净流入
　D. 主要经营活动中所形成的经济利益的净流入

2. 企业发生的各项罚款收入应计入（　　）。
　A. 其他业务收入　　B. 营业外收入　　C. 营业外支出　　D. 投资收益

3. 下列收入中，不属于其他业务收入的是（　　）。
　A. 罚款收入　　　　　　　　　　B. 技术转让收入
　C. 包装物出租收入　　　　　　　D. 材料销售收入

4. 下列支出中，不属于其他业务成本的是（　　）。
　A. 其他业务耗用的原材料　　　　B. 转让无形资产的成本
　C. 固定资产清理净支出　　　　　D. 其他业务应计的营业税金

二、多项选择题

1. 收入的特征表现为（　　）。
　A. 收入是从日常活动中产生，而不是从偶发的交易或事项中产生
　B. 收入可能表现为资产的增加　　　C. 收入可能表现为负债的减少
　D. 收入包括本企业经济利益的流入　E. 收入包括为第三方代收的增值税和利息

2. 下列收入中，属于其他业务收入的是（　　）。
　A. 罚款收入　　　　B. 技术转让收入　　C. 包装物出租收入
　D. 材料销售收入　　E. 固定资产出租收入

3. 收入可以表现为（　　）。
　A. 资产的增加　　　B. 负债的减少　　　C. 费用的减少
　D. 代收款的增加　　E. 预收款的增加

三、判断题

1. 增值税是企业销售收入的抵减项目。　　　　　　　　　　　　　　（　　）

2. 按现行会计制度的规定,企业发生的现金折扣应冲减营业收入。（   ）
3. 按股份有限公司会计制度的规定,企业发生的销售折让不作会计处理。（   ）
4. 完工百分比法是确认收入的一种方法,这种方法主要适用于劳务收入的确认。（   ）
5. 企业得到的保险赔偿收入是企业的其他业务收入。（   ）
6. 所有权上的主要风险和报酬随所有权凭证的转移而转移。（   ）
7. 企业确认收入后,所有发生销售退回的,均冲减退回当月的销售收入,并冲减当月销售成本。（   ）
8. 使用费收入应按合同协议的收费时间和方法确认。（   ）
9. 企业销售原材料的取得成本应计入主营业务成本。（   ）

【技能实训】

实训一　商品销售收入的核算

某公司2013年1月份发生下列经济业务：

1. 16日,支付电视台广告费1 500元,开出转账支票付讫。
2. 17日,销售给甲企业A产品一批,价款共计100 000元,增值税额17 000元。收到转账支票,已存入银行。
3. 17日,发往外地乙企业A产品一批,共计价款50 000元,B产品一批,共计价款64 000元,增值税税率为17%,代垫运杂费2 000元,已办妥托收手续。
4. 18日,收到丙企业汇来预付购货款40 000元,存入银行。
5. 20日,银行转来承付通知,收到乙企业承付的货款和代垫的运杂费。
6. 22日,发出丙企业预购的A产品一批,价款共计20 000元,B产品一批,价款共计8 000,增值税税率为17%,支付运杂费500元,预付购货款余额退回丙企业。
7. 24日,上月售给甲企业的A产品部分因质量问题退货,开出转账支票退还货款4 000元,增值税680元,甲企业代垫退货运杂费100元。
8. 26日,售给丁企业A、B产品各一批,价款共计9 000元,增值税税率17%,货款尚欠。
9. 29日,以银行存款支付B产品销售包装费500元。
10. 31日,计算本月应交纳消费税20 160元。
11. 31日,本月应交教育费附加2 000元。

要求：根据上述经济业务编制会计分录。

实训二　其他业务收入的核算

A公司2013年2月发生下列经济业务：

1. 5日,转让一项专利技术的使用权,取得转让收入5 000元,存入银行。
2. 5日,上述转让收入的营业税税率为5%,计算并交纳该项营业税。
3. 14日,出租一台车床,本月租金收入4 000元,该车床的本月折旧费为1 600元。租金收入已收到并存入银行。
4. 22日,销售企业剩余原材料一批,价款2 280元,增值税税率17%,款项已收到并存入银行。该批原材料的取得成本为1 500元。

要求：根据上述经济业务编制会计分录。

实训三　劳务收入的核算

2014年8月1日甲公司收到乙公司支付的技能培训费50 000元存入银行,甲公司派人前往,预计两个月后完成培训工作。8月30日、9月30日甲公司用银行存款支付培训人员劳务报酬分别为10 000元、8 000。10月1日培训工作结束,10月2日结转劳务成本。

要求：编制甲公司8月1日、8月30、9月30、10月1日、10月2日的会计分录。

岗位四　往来会计岗位实务

【引言】

往来结算岗位主要负责应收、应付款项账户的登记和管理工作。在实际工作中,往来款项的结算分为两种类型:一是债权类,包括应收票据、应收账款、其他应收款、预付账款等的结算;二是债务类,包括应付票据、应付账款、其他应付款、预收账款、长期应付款等的结算。

项目一　往来会计岗位职责

一、建立往来款项的清算手续制度

对购销业务及其以外的暂收、暂付、应收、应付、备用金等往来款项,要建立必要的清算手续制度,加强往来业务管理,及时清算欠款。

二、办理往来款项的结算业务

各种应收、暂付款项,要及时催收结算;对各种应付、暂收款项,要按照合同规定的期限清偿;对确实无法收回的应收款项和无法支付的应付款项,应查明原因,按照规定报经批准后处理。实行备用金制度的单位,要核对备用金定额,及时办理领用和报销手续,加强管理。

对预借的差旅费,要督促及时办理报销手续,收回余额,不得拖欠、不准挪用。要按照规定的开支标准,严格审查有关支出。

三、负责其他往来款项结算的明细核算

对于各项往来款项,要按照单位和个人分别设置明细账,根据审核后的记账凭证逐笔顺序登记,并经常核对余额,向领导或有关部门报告。

项目二 往来会计岗位核算流程

往来会计岗位核算流程如图 4.1 所示。

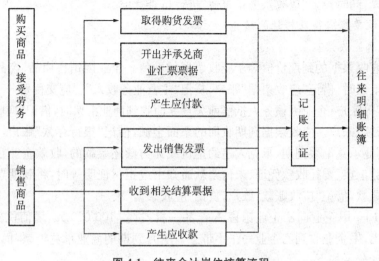

图 4.1 往来会计岗位核算流程

项目三 往来会计岗位核算任务

任务一 应收票据与应付票据的核算

一、应收票据的核算

应收票据是指企业因采用商业汇票支付方式销售商品、产品、提供劳务等而收到的商业汇票。在我国,除了商业汇票外,大部分票据都是即期票据,可以即刻收款或存入银行成为货币资金,不需要作为应收票据核算。因此,我国的应收票据即指商业汇票。

商业汇票按承兑人不同,分为商业承兑汇票和银行承兑汇票(具体见出纳岗位)。

商业汇票按其是否载明利率分为不带息商业汇票和带息商业汇票。不带息商业汇票到期时,承兑人只按票面金额(即面值)向收款人或被背书人支付款项。带息商业汇票到期时,承兑人必须按票面金额加上应计利息向收款人或被背书人支付款项。带息票据的票面上要标明利率及付息日期。

我国商业汇票的期限一般较短,最长不得超过 6 个月。用未来现金流量的现值折算入账不但计算麻烦,而且其折价还要逐期摊销,过于繁琐,因此不论票据带息与否,企业在收到票据时一律按照票据的面值入账。但对于带息的应收票据,按照现行会计制度的规定,企业应于会计期末(指中期期末和年末)对带息应收票据计提利息,增加"应收票据"的账面价值,并同时计入当期"财务费用"。

为了核算和监督应收票据的取得和收回情况,企业应设置"应收票据"总分类账户,进行总分类核算。该账户的借方登记取得的应收票据的面值和期末计提的带息应收票据的利息,贷方登记到期时或到期前向银行贴现时应收票据的账面价值,其期末借方余额反映企业持有的商业汇票的面值及应计利息。该账户应按商业汇票的种类设置明细分类账户,进行明细分类核算,同时设置"应收票据备查簿"进行备查登记。

(一) 应收票据取得及转让的核算

1) 不带息应收票据

不带息应收票据的到期价值等于应收票据的面值。企业因销售商品、产品或提供劳务等收到商业汇票时,借记"应收票据"账户,贷记"主营业务收入"、"应交税费——应交增值税(销项税额)"等账户;企业因债务人抵偿前欠货款而收到商业汇票时,借记"应收票据"账户,贷记"应收账款"账户。应收票据到期收回的票面金额,借记"银行存款"账户,贷记"应收票据"账户。商业承兑汇票到期,承兑人违约拒付或无力偿还票款的,收款企业在收到银行退回的商业承兑汇票、委托收款凭证、未付票款通知书或拒付证明等时,将到期票据的票面金额转入应收账款,借记"应收账款"账户,贷记"应收票据"账户。

[例 4-1] 甲企业向乙企业销售 A 产品一批,货款 100 000 元,增值税额 17 000 元。产品已经发出,甲企业收到乙企业一张不带息 3 个月到期的商业承兑汇票,面值为 117 000 元。应作会计分录如下:

借:应收票据　　　　　　　　　　　　　　117 000
　　贷:主营业务收入　　　　　　　　　　　　100 000
　　　　应交税费——应交增值税(销项税额)　　17 000

3 个月后,商业承兑汇票到期,收到票面金额 117 000 元存入银行,应作会计分录如下:

借:银行存款　　　　　　　　　　　　　　117 000
　　贷:应收票据　　　　　　　　　　　　　　117 000

若该票据到期,乙企业无力支付票款,甲企业应将到期票据的票面金额转入"应收账款"账户,应作会计分录如下:

借:应收账款　　　　　　　　　　　　　　117 000
　　贷:应收票据　　　　　　　　　　　　　　117 000

2) 带息应收票据

对于带息应收票据,应当计算票据利息。企业应于中期期末和年度终了,按规定计算票据利息,增加应收票据的账面价值,同时冲减"财务费用"。利息计算公式如下:

$$应收票据利息 = 应收票据面值 \times 利率 \times 期限$$

公式中的利率是票面所规定的利率,一般指年利率,全年按 360 天计算;期限是指票据签发日至到期日的时间间隔(有效期)。

票据的期限,有按月表示和按日表示两种方式:

(1) 按月表示　票据期限按月表示时,应以到期月份中与出票日相同的那一天作为到期日。例如:3 月 15 日签发的一张期限 3 个月到期的商业汇票,其到期日为 6 月 15 日。月末签发的商业汇票,不论月份大小,以到期月份的月末那一天为到期日。例如:5 月 31 日签发的一张期限 4 个月到期的商业汇票,其到期日为 9 月 30 日。同时,计算利息使用的利率要换算成月利率(年利率/12)。

(2) 按日表示 票据期限按日表示时,应从出票日起按实际经历天数计算。但出票日和到期日只能计算两者中的一天,即"算头不算尾"或"算尾不算头"。例如:5月28日签发的一张100天到期的商业汇票,其到期日为9月5日。同时,计算利息使用的利率要换算成日利率(年利率/360)。

企业收到带息商业汇票时的账务处理与收到不带息商业汇票时的账务处理相同。带息应收票据,应在期末(中期期末和年度终了)根据应收票据票面价值和确定的利率计算并提取利息,计提的利息增加了应收票据的票面余额,借记"应收票据"账户,贷记"财务费用"账户。带息应收票据收款时,应按票据的到期值(即本息和),借记"银行存款"账户,按票据的账面价值,贷记"应收票据"账户,按其差额,贷记"财务费用"账户。商业承兑汇票到期,承兑人违约拒付或无力付款,应按票据的到期值(即本息和),借记"应收账款"账户,按票据的账面价值,贷记"应收票据"账户,按其差额,贷记"财务费用"账户。

[**例 4-2**] 甲企业于2013年5月1日销售给乙企业A产品一批,增值税专用发票上注明的货款为100 000元,增值税额17 000元,产品已经发出。当日收到乙企业交来的期限5个月,票面利率6%的商业承兑汇票一张。应作会计分录如下:

收到商业承兑汇票时:

借:应收票据　　　　　　　　　　　　　　　117 000
　贷:主营业务收入　　　　　　　　　　　　　100 000
　　　应交税费——应交增值税(销项税额)　　　17 000

6月30日计提票据利息时:

$$应提利息 = 117\,000 \times 6\% \times 2 \div 12 = 1\,170(元)$$

借:应收票据　　　　　　　　　　　　　　　1 170
　贷:财务费用　　　　　　　　　　　　　　　1 170

商业承兑汇票到期收款时:

$$票据到期值 = 117\,000 \times (1 + 6\% \times 5 \div 12) = 119\,925(元)$$

借:银行存款　　　　　　　　　　　　　　　119 925
　贷:应收票据　　　　　　　　　　　　　　　118 170
　　　财务费用　　　　　　　　　　　　　　　1 755

如果该票据到期,承兑人违约拒付或无力付款,应作会计分录如下:

借:应收账款　　　　　　　　　　　　　　　119 925
　贷:应收票据　　　　　　　　　　　　　　　118 170
　　　财务费用　　　　　　　　　　　　　　　1 755

3) 应收票据转让

应收票据转让是指持票人因偿还前欠货款等原因,将尚未到期的商业汇票背书后转让给其他单位或个人的业务活动。

企业可以将自己持有的商业汇票背书转让。背书是指持票人在票据背面签字,签字人称为背书人,背书人对票据的到期付款负连带责任。

企业将持有的商业汇票背书转让以取得所需物资时,应按取得物资的实际成本,借记"原材料"、"在途物资"等账户,按专用发票上注明的增值税额,借记"应交税费——应交增值税(进项税额)"账户,按应收票据的账面价值,贷记"应收票据"账户,如有差额,则借记或贷记"银行存款"等账户。

[例4-3] 甲企业向乙企业购入原材料一批,价款120 000元,增值税额20 400元,甲企业以一张面值为100 000元、票面利率6%、期限3个月、已提利息1 000元的商业汇票抵付,余款以银行存款支付,材料已验收入库。有关计算如下:

$$票据到期利息 = 100\,000 \times 6\% \times 3 \div 12 = 1\,500(元)$$
$$票据账面余额 = 100\,000 + 1\,000 = 101\,000(元)$$

应作会计分录如下:

借:原材料		120 000
应交税费——应交增值税(进项税额)		20 400
贷:应收票据		101 000
财务费用		500
银行存款		38 900

(二)应收票据贴现的核算

在持有的应收票据到期前,如果企业出现资金短缺等情况,可以持未到期的票据向银行申请贴现,以便获得所需资金。贴现是指票据持有人将未到期的票据在背书后送交银行,银行受理后从票据到期值中扣除按银行贴现率计算确定的贴现利息,将余款付给企业的融资行为,是企业与贴现银行之间就票据权利所作的一种转让。可见,票据贴现实质上是企业融通资金的一种形式。

1) 应收票据贴现金额的计算

对于不带息票据来说,票据的到期值就是其面值。对于带息票据,其票据到期值的计算公式如下:

$$票据到期值 = 票据面值 \times (1 + 年利率 \times 票据到期天数 \div 360)$$

或

$$票据到期值 = 票据面值 \times (1 + 年利率 \times 票据到期月数 \div 12)$$

然后计算企业通过贴现能获得的资金,其计算公式如下:

$$贴现息 = 票据到期值 \times 贴现率 \times 贴现天数 \div 360$$
$$贴现天数 = 贴现日至票据到期日实际天数$$
$$贴现所得金额 = 票据到期值 - 贴现息$$

2) 应收票据贴现金额的核算

不带息应收票据的贴现,企业应按贴现所得金额,借记"银行存款"账户,按贴现利息,借记"财务费用"账户,按应收票据面值,贷记"应收票据"账户;若为带息应收票据,应按实际收到的贴现额,借记"银行存款"账户,按应收票据的账面价值,贷记"应收票据"账户,按其差额,借记或贷记"财务费用"账户。

[例4-4] 甲企业于2013年5月29日向乙企业出售产品一批,货款20 000元,增值税3 400元。收到乙公司交来的一张出票日为6月1日、面值为23 400元、期限3个月的不带息商业承兑汇票。因资金短缺,甲企业于7月1日持该票据向银行申请贴现,贴现率为8%。有关计算如下:

$$票据到期值 = 票据面值 = 23\,400(元)$$
$$贴现息 = 23\,400 \times 8\% \times 62 \div 360 = 322.4(元)$$
$$贴现所得金额 = 23\,400 - 322.4 = 23\,077.6(元)$$

应作会计分录如下：
借：银行存款　　　　　　　　　　　　　　　　　23 077.6
　　财务费用　　　　　　　　　　　　　　　　　　 322.4
　　贷：应收票据　　　　　　　　　　　　　　　　　　23 400

若本例中的票据为带息应收票据,票面利率为6%,其余条件不变,则有关计算如下：

$$贴现时票据的账面价值 = 23\,400 \times (1 + 6\% \times 1 \div 12) = 23\,517(元)$$
$$票据到期值 = 23\,400 \times (1 + 6\% \times 3 \div 12) = 23\,751(元)$$
$$贴现息 = 23\,751 \times 8\% \times 62 \div 360 = 327.24(元)$$
$$贴现所得金额 = 23\,751 - 327.24 = 23\,423.76(元)$$

应作会计分录如下：
借：银行存款　　　　　　　　　　　　　　　　23 423.76
　　财务费用　　　　　　　　　　　　　　　　　　 93.24
　　贷：应收票据　　　　　　　　　　　　　　　　　　23 517

贴现的商业汇票到期,如果承兑人的银行账户不足以支付,银行即将已贴现的票据退回申请贴现的企业,同时从贴现企业的账户中将票据款划回。此时,贴现企业应将所付票据本息转作应收账款,借记"应收账款"账户,贷记"银行存款"账户。若申请贴现企业的银行存款账户余额不足,贴现银行将作逾期贷款处理,贴现企业应按票据到期值,借记"应收账款"账户,贷记"短期借款"账户。

[例4-5] 根据[例4-4]资料,若甲企业已办理贴现的商业汇票到期,而乙企业无力向贴现银行付款,贴现银行将商业汇票退回甲企业,并从甲企业账户中将票据款划回。应作会计分录如下：
借：应收账款　　　　　　　　　　　　　　　　　23 751
　　贷：银行存款　　　　　　　　　　　　　　　　　　23 751

如果甲企业银行存款账户余额不足,贴现银行将作逾期贷款处理,应作会计分录如下：
借：应收账款　　　　　　　　　　　　　　　　　23 751
　　贷：短期借款　　　　　　　　　　　　　　　　　　23 751

二、应付票据的核算

应付票据是企业在采购商品、材料和接受劳务供应的交易过程中由于采用商业汇票结算方式而形成的一种负债,是企业根据合同进行延期付款时开出并承兑的商业汇票。商业汇票按承兑人不同,分为商业承兑汇票和银行承兑汇票。

为了核算和监督应付票据的发生和支付情况,企业应设置"应付票据"总分类账户,进行总分类核算。该账户属于负债类账户,其贷方登记企业因购买商品、材料等而开出并承兑的商业汇票金额,借方登记已支付的商业汇票金额,期末贷方余额表示尚未到期的商业汇票金额。该账户应按票据种类设置明细分类账户,进行明细分类核算。为了加强应付票据的管理,企业还应设置"应付票据登记簿"详细登记应付票据的种类、号数、签发日期、到期日、票面金额、票面利率、合同交易号、收款人姓名或单位名称,以及付款日期和金额等资料。应付票据到期结算时,应在登记簿内逐笔注销。

[例4-6] 某企业2013年3月1日购入甲材料一批,已验收入库,买价15 000元,增值税税率17%,以银行存款支付2 550元,余款开出无息商业承兑汇票一张,期限4个月。

应作会计分录如下:

借:原材料——甲材料　　　　　　　　　　　　　15 000
　　应交税费——应交增值税(进项税额)　　　　　 2 550
　　贷:银行存款　　　　　　　　　　　　　　　　　　 2 550
　　　　应付票据　　　　　　　　　　　　　　　　　　15 000

[例4-7] [例4-6]中开出并承兑的商业承兑汇票到期支付时,应作会计分录如下:

借:应付票据　　　　　　　　　　　　　　　　　15 000
　　贷:银行存款　　　　　　　　　　　　　　　　　　15 000

应付票据到期,如企业无力支付票据,应按应付票据的账面价值,转入"应付账款"账户,借记"应付票据"账户,贷记"应付账款"账户。

[例4-8] 某企业于2013年4月1日购入甲材料一批已验收入库,买价20 000元,增值税税率17%。企业开出并承兑期限为3个月,年利率为6%的商业承兑汇票一张。应作会计分录如下:

借:原材料——甲材料　　　　　　　　　　　　　20 000
　　应交税费——应交增值税(进项税额)　　　　　 3 400
　　贷:应付票据　　　　　　　　　　　　　　　　　　23 400

[例4-9] 某企业以银行存款支付[例4-8]中到期商业承兑汇票本息。应作会计分录如下:

借:应付票据　　　　　　　　　　　　　　　　　23 400
　　财务费用　　　　　　　　　　　　　　　　　　　351
　　贷:银行存款　　　　　　　　　　　　　　　　　　23 751

任务二　应收账款与应付账款的核算

一、应收账款的核算

(一)应收账款的确认

应收账款是指企业因销售商品、产品或提供劳务而形成的债权。具体地说,应收账款是指企业因销售商品、产品或提供劳务等原因,应向购货客户或接受劳务的客户收取的款项、代垫的运杂费等。

应收账款是由赊销业务所引起的,因此其入账时间与确认销售收入的时间是一致的,可以根据确认收入实现的时间来确定。

应收账款应按实际发生额计价入账(包括发票金额和代购货单位垫付的包装费、运杂费等)。但在实际的商业活动中,应收账款的计价还需要考虑商业折扣和现金折扣等因素。

1)商业折扣

商业折扣是企业最常用的促销手段,是指企业根据市场供需情况或针对不同的客户,在商品标价上给予的扣除。企业为了占领市场、扩大销售,对于批发商往往给予商业折扣,采用销量越多、价格越低的促销策略,即通常所说的薄利多销。商业折扣一般在交易发生时就已经确定,它仅是确定实际交易价格的一种手段,不需要在买卖双方任何一方的账上体现出来。因此,对有商业折扣的交易,其应收账款入账金额应按扣除商业折扣后的实际售价确认。

2)现金折扣

现金折扣是指债权人为了鼓励债务人在规定的期限内付款,而向债务人提供的债务减让。

在存在现金折扣的情况下,应收账款入账金额的确认有两种方法:一种是总价法,另一种是净价法。

(1)总价法 总价法是将未减去现金折扣前的金额作为实际售价,据以确认应收账款的入账价值。现金折扣只有客户在折扣期内支付货款时,才予以确认。在这种情况下,销售方把给予客户的现金折扣视作融资的理财费用,会计上作为"财务费用"处理。

(2)净价法 净价法是将减去现金折扣后的金额作为实际售价,据以确认应收账款的入账价值。这种方法把客户取得折扣视作正常现象,认为客户一般都会提前付款,而将由于客户超过折扣期限未能取得折扣而多收入的金额,视作提供信贷获取的收入,用以冲减"财务费用"。

我国会计实务中通常采用总价法。

(二)应收账款的账务处理

为了核算和监督企业因销售商品、产品或提供劳务而形成的各项债权,企业应设置"应收账款"总分类账户,进行总分类核算。该账户的借方登记债权的增加数,贷方登记债权的减少数,借方余额表示尚未收回的应收账款总额。该账户还应按债务单位设立明细分类账户,进行明细分类核算。

企业因销售商品、产品或提供劳务等发生应收账款时,按应收金额,借记"应收账款"账户,按实现的营业收入,贷记"主营业务收入"等账户,按专用发票上注明的增值税额,贷记"应交税费——应交增值税(销项税额)"账户;收回应收账款时,借记"银行存款"等账户,贷记"应收账款"账户。企业代客户垫付的包装费、运杂费等,借记"应收账款"账户,贷记"银行存款"等账户;收回代垫费用时,借记"银行存款"等账户,贷记"应收账款"账户。如果企业应收账款改用商业汇票结算,在收到承兑的商业汇票时,借记"应收票据"账户,贷记"应收账款"账户。

企业可分下列三种情况进行应收账款的账务处理:

1)没有商业折扣时

企业发生的应收账款,在没有商业折扣的情况下,按应收的全部金额入账。

[例4-10] 甲企业采用托收承付结算方式销售给乙企业一批产品,货款50 000元,适用的增值税税率17%,以银行存款代购货单位垫付运杂费2 000元,已办妥托收手续。应作会计分录如下:

借:应收账款	60 500
贷:主营业务收入	50 000
应交税费——应交增值税(销项税额)	8 500
银行存款	2 000

[例4-11] 假设[例4-10]中的应收账款到期,收到对方单位签发的不带息的商业汇票一张,面值55 000元,其余5 500元收妥存入银行。应作会计分录如下:

借:银行存款	5 500
应收票据	55 000

　　　　贷：应收账款　　　　　　　　　　　　　　　　　　60 500

　2) 有商业折扣时
　　企业发生的应收账款,在有商业折扣的情况下,应按扣除商业折扣后的金额入账。
　[例4-12]　甲企业向丙企业销售一批产品,按价目表上标明的价格计算,金额为30 000元,由于是批量销售,甲企业给予丙企业10%的商业折扣,金额为3 000元,适用的增值税税率为17%。应作会计分录如下:
　　　　借：应收账款　　　　　　　　　　　　　　　　　　31 590
　　　　　　贷：主营业务收入　　　　　　　　　　　　　　27 000
　　　　　　　　应交税费——应交增值税(销项税额)　　　4 590
　　甲企业收到货款时,应作会计分录如下:
　　　　借：银行存款　　　　　　　　　　　　　　　　　　31 590
　　　　　　贷：应收账款　　　　　　　　　　　　　　　　31 590

　3) 有现金折扣时
　　企业发生的应收账款,在有现金折扣的情况下,采用总价法入账,发生的现金折扣作为财务费用处理。
　[例4-13]　甲企业销售产品一批,增值税专用发票上注明的售价为10 000元,适用的增值税税率为17%。为了及早收回货款,该企业在合同中规定的现金折扣条件为:2/10,1/20,n/30,产品已交付并办妥托收手续。应作会计分录如下:
　　　　借：应收账款　　　　　　　　　　　　　　　　　　11 700
　　　　　　贷：主营业务收入　　　　　　　　　　　　　　10 000
　　　　　　　　应交税费——应交增值税(销项税额)　　　1 700
　　如果上述货款在10日内收到,应作会计分录如下:
　　　　借：银行存款　　　　　　　　　　　　　　　　　　11 466
　　　　　　财务费用　　　　　　　　　　　　　　　　　　　 234
　　　　　　贷：应收账款　　　　　　　　　　　　　　　　11 700
　　如果客户超过了现金折扣的最后期限,则按售价付款,应作会计分录如下:
　　　　借：银行存款　　　　　　　　　　　　　　　　　　11 700
　　　　　　贷：应收账款　　　　　　　　　　　　　　　　11 700

二、应付账款的核算

　　应付账款是指企业因购买商品、材料和接受劳务供应等交易应支付给供货单位而尚未结清的款项。
　　为了核算和监督应付账款的发生和偿还情况,企业应设置"应付账款"总分类账户,进行总分类核算。该账户属于负债类账户,其贷方登记应付账款的发生数,借方登记已偿还数,期末若为贷方余额表示尚未偿还的应付账款,期末若为借方余额表示供货单位尚欠本企业的货款。该账户应按供货单位设置明细分类账户,进行明细分类核算。
　[例4-14]　某企业向光明厂购入甲材料一批,发票上注明买价50 000元,增值税8 500元,甲材料已验收入库,货款未付。应作会计分录如下:
　　　　借：原材料——甲材料　　　　　　　　　　　　　　50 000
　　　　　　应交税费——应交增值税(进项税额)　　　　　 8 500

贷：应付账款——光明厂　　　　　　　　　　　　　　　　58 500

任务三　预付账款与预收账款的核算

一、预付账款的核算

　　预付账款是指企业按照购货合同的规定预先付给供货单位的货款。预付账款是由企业主动付款而形成的,属于企业短期性债权。

　　预付账款和应收账款虽然都属于企业的短期债权,但是两者产生的原因不同。应收账款是企业应收的销货款,即由销货引起的应向购货方收取的款项;而预付账款是企业的购货款,即由购货引起的预先支付给供货方的货款。因此,二者应当分别核算。

　　为了核算和监督预付货款的支出和结算情况,企业应设置"预付账款"总分类账户,进行总分类核算。该账户的借方反映向供货单位预付的货款,贷方反映企业收到所购货物时结转的预付款项。该账户期末余额一般在借方,反映企业向供货单位已预付但尚未结算的货款。该账户的期末余额有时也会在贷方,此时反映企业所购货物或劳务大于预付款项的差额,属于负债性质,是企业应补付的款项。该账户应按供货单位或个人设置明细分类账户,进行明细分类核算。

　　企业向供货方或劳务提供方预付货款时,应按预付金额借记"预付账款"账户,贷记"银行存款"账户;收到预购的材料或商品时,按材料或商品的实际成本及增值税进项税额,借记"原材料"、"应交税费——应交增值税(进项税额)"账户,贷记"预付账款"账户;收到供货方退回多付的货款时,按退回的金额,借记"银行存款"账户,贷记"预付账款"账户;补付货款时,按补付的金额,借记"预付账款"账户,贷记"银行存款"账户。

　　[例4-15]　甲企业向乙企业采购A材料一批,双方合同约定购货方需先预付货款50 000元,其余货款在销售方供货后付清。

　　甲企业根据合同规定通过银行汇款50 000元,作为预付货款。应作会计分录如下:

　　借：预付账款——乙企业　　　　　　　　　　　　　50 000
　　　贷：银行存款　　　　　　　　　　　　　　　　　　　　　50 000

　　甲企业收到乙企业随同货物发运单转来的销售发票,专用发票上注明A材料货款100 000元,增值税额17 000元,材料已验收入库。应作会计分录如下:

　　借：原材料　　　　　　　　　　　　　　　　　　　100 000
　　　　应交税费——应交增值税(进项税额)　　　　　　17 000
　　　贷：预付账款——乙企业　　　　　　　　　　　　　　　117 000

　　甲企业以银行存款67 000元补付货款。应作会计分录如下:

　　借：预付账款——乙企业　　　　　　　　　　　　　67 000
　　　贷：银行存款　　　　　　　　　　　　　　　　　　　　　67 000

　　预付账款不多的企业,也可以不设"预付账款"账户,而将预付账款业务在"应付账款"账户核算。预付货款时,借记"应付账款"账户,贷记"银行存款"账户;收到预购的材料或商品时,借记"原材料"、"应交税费——应交增值税(进项税额)"账户,贷记"应付账款"账户。

　　通过"预付账款"账户进行预付账款业务的核算,在会计期末,"预付账款"明细分类账户如有贷方余额时,应将这部分贷方余额列示在资产负债表的负债方;通过"应付账款"账户进行预付账款业务的核算,在会计期末,"应付账款"明细分类账户如果有借方余额,应将这部分借方余额列示在资产负债表的资产方。

二、预收账款的核算

预收账款是指企业在销售商品或提供劳务之前,根据购销合同预先向购货单位收取的货款。向购货单位预收的货款形成企业的一项负债,该项负债将以商品或劳务偿还。当企业发出商品或提供劳务后,该项负债就转化为收入。

为了核算和监督预收账款的发生和结算情况,企业应设置"预收账款"总分类账户,进行总分类核算。该账户属于负债类账户,其贷方登记预收账款的收入数,借方登记预收账款的结算和退还数,期末贷方余额表示企业尚未用商品或劳务偿还的负债数。该账户应按购买单位设置明细分类账户,进行明细分类核算。如果企业预收账款发生情况不多,为了简化账户设置,也可以不设"预收账款"账户,而将预收账款的货款并入"应收账款"账户核算。

[例4-16] 某企业与A商场签订一项购销合同,按合同规定向A商场预收货款80 000元。商品于次月发出。应作会计分录如下:

借:银行存款　　　　　　　　　　　　　　　　80 000
　　贷:预收账款——A商场　　　　　　　　　　　　　80 000

[例4-17] 某企业按合同规定,向A商场发出商品200 000元,增值税34 000元。不足款项A商场补足,应作会计分录如下:

销售商品时:
借:预收账款——A商场　　　　　　　　　　　　234 000
　　贷:主营业务收入　　　　　　　　　　　　　　　200 000
　　　　应交税费——应交增值税(销项税额)　　　　　34 000
收到A商场补付的货款时:
借:银行存款　　　　　　　　　　　　　　　　154 000
　　贷:预收账款——A商场　　　　　　　　　　　　154 000

任务四　其他应收款与其他应付款的核算

一、其他应收款的核算

其他应收款是指企业因非购销活动而产生的短期性债权,是除了应收账款、应收票据和预付账款以外应收、暂付其他单位和个人的各种款项。其主要内容包括:

(1)付给企业内部单位或个人周转使用的备用金。
(2)应收的各种赔款。
(3)应收的各种罚款。
(4)存出保证金,如租入、借入包装物暂付的押金。
(5)应收出租包装物的租金。
(6)应向职工收取的各种垫付款项。
(7)应收、暂付上级单位或所属单位的款项。
(8)其他不属于上述各项的其他应收款项。

为了核算和监督其他应收款的发生和结算情况,企业应设置"其他应收款"总分类账户,进行总分类核算。该账户借方登记企业发生的各项其他应收款,贷方登记企业收到或转销的各项其他应收款。期末余额在借方,表示企业尚未收回的其他应收款。该账户应按"其他应收款"的项目分类,并按不同的债务人设置明细分类账户,进行明细分类核算。

[例4-18] 甲企业材料物资因火灾被毁损,应向保险公司收取赔偿款20 000元。应作会计分录如下:

借:其他应收款——保险公司　　　　　　　　　20 000
　　贷:待处理财产损溢　　　　　　　　　　　　　　20 000

[例4-19] 甲企业因管理不善造成库存商品短缺,应由仓库保管员张力赔偿500元。应作会计分录如下:

借:其他应收款——张力　　　　　　　　　　　　500
　　贷:待处理财产损溢　　　　　　　　　　　　　　500

[例4-20] 甲企业向其他单位购买材料时借用包装物,以银行存款支付押金3 000元。应作会计分录如下:

借:其他应收款　　　　　　　　　　　　　　　3 000
　　贷:银行存款　　　　　　　　　　　　　　　　　3 000

[例4-21] 甲企业收到保险公司的赔款20 000元。应作会计分录如下:

借:银行存款　　　　　　　　　　　　　　　　20 000
　　贷:其他应收款——保险公司　　　　　　　　　　20 000

[例4-22] 职工张某出差暂借差旅费2 000元,以现金支付。应作会计分录如下:

借:其他应收款——张某　　　　　　　　　　　2 000
　　贷:库存现金　　　　　　　　　　　　　　　　　2 000

[例4-23] 张某出差回来,报销差旅费2 500元,补付现金500元。应作会计分录如下:

借:管理费用　　　　　　　　　　　　　　　　2 500
　　贷:其他应收款——张某　　　　　　　　　　　　2 000
　　　　库存现金　　　　　　　　　　　　　　　　　500

二、其他应付款的核算

其他应付款是指除了应付票据、应付账款、预收账款、应付职工薪酬、应付利息、应付股利、应交税费以外,需在1年之内偿付的应付及暂收其他单位或个人的款项,如应付经营性租入固定资产租金、暂收的出租包装物押金等。

为了核算和监督应付及暂收款项的发生和结算情况,企业应设置"其他应付款"总分类账户,进行总分类核算。该账户属于负债类账户,其贷方登记应付及暂收其他单位或个人的款项,借方登记应付及暂收其他单位或个人款项的结算和退还数,期末贷方余额反映企业应付及暂收其他单位或个人的款项。该账户应按应付及暂收款项的单位名称或个人姓名设置明细分类账户,进行明细分类核算。

[例4-24] 某企业暂收A公司的出租包装物押金12 000元,已存入银行。应作会计分录如下:

借:银行存款　　　　　　　　　　　　　　　12 000

贷: 其他应付款——A公司　　　　　　　　　　　　　12 000

任务五　坏账损失的核算

一、坏账损失的确认

坏账是指企业无法收回或收回可能性极小的应收款项。由于发生坏账而产生的损失，称为坏账损失。

企业确认坏账时，应具体分析各应收款项的特征、金额的大小、信用期限、债务人的信誉和当时的经营情况等因素。一般来讲，企业对有确凿证据表明确实无法收回的应收款项，包括无法收回的应收票据、应收账款、预付账款、其他应收款等。如债务单位已撤销、破产、资不抵债、现金流量严重不足等，根据企业管理权限，经股东大会、董事会、经理(厂长)办公会或类似机构批准作为坏账损失。企业的应收款项，符合下列条件之一的，应确认为坏账：

(1) 债务人死亡，以其遗产清偿后仍然无法收回。

(2) 债务人破产，以其破产财产清偿后仍然无法收回。

(3) 债务人较长时期内未履行其偿债义务，并有足够的证据表明无法收回或收回的可能性极小。

企业应当定期或至少于每年年度终了，分析各项应收款项的可收回性，预计可能产生的坏账损失。对预计可能发生的坏账损失，应计提坏账准备。企业应当制定计提坏账准备的政策，明确计提坏账准备的范围、计提方法、账龄的划分和提取比例。坏账准备的计提方法通常有余额百分比法、账龄分析法、个别认定法等。坏账准备计提方法一经确定，不得随意变更。如需变更，应当按会计政策、会计估计变更的程序和方法进行处理并在会计报表附注中予以说明。

在确定坏账准备的计提比例时，企业应注意考虑如下因素：

(1) 以前与债务单位发生业务往来形成的经验。

(2) 债务单位目前的实际财务状况。

(3) 债务单位现金流量情况。

(4) 债务单位的产品销售情况和市场前景。

(5) 债务单位的资信状况。

实务中，企业还应根据其本身的情况，采取不同的方式，调查和了解债务单位其他方面的情况，在综合分析各种可能影响因素的基础上，确定合理的坏账准备计提比例。除有确凿证据表明该项应收款项不能够收回或收回的可能性不大(如债务单位已撤销、破产、资不抵债、现金流量严重不足、发生严重的自然灾害等导致停产而在短时期内无法偿付的债务，以及3年以上的应收款项)之外，下列各种情况不能全额计提坏账准备：

(1) 当年发生的应收款项。

(2) 计划对应收账款进行重组。

(3) 与关联方发生的应收款项。

(4) 已逾期，但无确凿证据证明不能收回的应收款项。

如果不考虑企业的实际情况，故意设立秘密准备，则应作为重大会计差错处理。例如，企业上年度对某项应收账款计提了100%的坏账准备，而在本年度该应收账款又全额收回，就属于设立秘密准备。

对于已经确认为坏账的应收款项,企业并没有放弃追索权,一旦重新收回,应及时入账。

二、坏账损失的核算方法

对应收款项的坏账损失,一般有两种核算方法:直接转销法和备抵法。

(一)直接转销法

直接转销法是指在实际发生坏账时,确认坏账损失,计入当期损益,同时注销该笔应收款项的一种处理方法。企业按不能收回确认为坏账的实际数额,借记"资产减值损失"账户,贷记"应收账款"账户。如果已确认并转销的坏账,以后又收回时,应先转回后再按正常程序反映应收账款的收回,即借记"应收账款"账户,贷记"资产减值损失"账户,然后再借记"银行存款"账户,贷记"应收账款"账户。

[例4-25] A企业应收甲公司的货款3 700元已超过三年,屡次催收无效后断定无法收回,则应对该客户的应收账款作坏账损失处理。应作会计分录如下:

借:资产减值损失　　　　　　　　　　　　　　　3 700
　　贷:应收账款——甲公司　　　　　　　　　　　　　　3 700

已确认为坏账的应收账款,并不意味着企业放弃了追索权。上述已冲销的应收账款若又收回时,应作会计分录如下:

借:应收账款——甲公司　　　　　　　　　　　　3 700
　　贷:资产减值损失　　　　　　　　　　　　　　　　　3 700

再按正常程序反映"应收账款"的收回,应作会计分录如下:

借:银行存款　　　　　　　　　　　　　　　　　3 700
　　贷:应收账款——甲公司　　　　　　　　　　　　　　3 700

直接转销法核算的优点是账务处理简单,但忽略了坏账损失与赊销业务之间的联系,在转销坏账损失的前期,对于坏账的情况不做任何处理,不符合权责发生制及谨慎性要求,致使企业发生大量陈账、呆账、长年挂账而得不到处理,虚增了利润,也夸大了前期资产负债表上应收账款的可实现价值。因此,我国现行会计制度规定,不允许企业采用直接转销法核算坏账损失。

(二)备抵法

备抵法是按期估计坏账损失,形成坏账准备。当某一应收款项全部或部分被确认为坏账时,应根据其金额冲减坏账准备,同时转销相应的应收款项金额。我国现行会计制度规定,企业只能采用备抵法核算坏账损失。

采用备抵法,企业应设置"坏账准备"总分类账户,进行总分类核算。坏账准备可按下列公式计算:

$$\text{当期应提取的坏账准备} = \text{当期按应收款项计算应提取的坏账准备金额} - \text{"坏账准备"账户的贷方余额}$$

如果当期按应收款项计算应提取的坏账准备金额大于"坏账准备"账户的贷方余额,应按其差额提取坏账准备;如果当期按应收款项计算应提取的坏账准备金额小于"坏账准备"账户的贷方余额,应按其差额冲减已计提的坏账准备;如果当期按应收款项计算应提取的坏账准备金额为零,应将"坏账准备"账户的余额全部冲回。

企业提取坏账准备时,借记"资产减值损失"账户,贷记"坏账准备"账户。本期应提取的坏账准备大于其账面余额的,应按其差额提取;应提数小于账面余额的差额,借记"坏账准备"账户,贷记"资产减值损失"账户。

实际发生坏账时,借记"坏账准备"账户,贷记"应收账款"、"其他应收款"等账户。如果已经确认并已转销的坏账以后又收回的,则应当按收回的金额,借记"应收账款"、"其他应收款"等账户,贷记"坏账准备"账户,然后借记"银行存款"账户,贷记"应收账款"、"其他应收款"等账户。

企业采用备抵法进行坏账核算时,需要按期估计坏账损失,估计坏账损失主要有两种方法:余额百分比法和账龄分析法。

(1) 余额百分比法 采用余额百分比法,是根据会计期末应收款项的余额和估计的坏账率计提坏账准备的方法。估计坏账率应当根据企业以往的经验、债务单位的实际财务状况以及其他相关信息合理估计。从理论上讲,这一比例应按坏账占应收款项的比例计算。企业发生的坏账多,比例相应就高一些,反之则低一些。

[例 4 - 26] 甲企业从 2012 年开始计提坏账准备。2012 年年末应收账款余额为 1 200 000元,该企业坏账准备的提取比例为5‰。当年计提的坏账准备为:

$$坏账准备提取额 = 1\,200\,000 \times 5‰ = 6\,000(元)$$

应作会计分录如下:

借:资产减值损失　　　　　　　　　　　　　　　　6 000
　　贷:坏账准备　　　　　　　　　　　　　　　　　　　6 000

2013 年 9 月,企业发现有 2 000 元的应收账款无法收回,按有关规定确认为坏账损失。应作会计分录如下:

借:坏账准备　　　　　　　　　　　　　　　　　　2 000
　　贷:应收账款　　　　　　　　　　　　　　　　　　　2 000

2013 年年末,甲企业应收账款余额为 1 440 000 元。按本年年末应收账款余额,应计提的坏账准备金额(即坏账准备的余额)为:

$$1\,440\,000 \times 5‰ = 7\,200(元)$$

年末计提坏账准备前,"坏账准备"账户的贷方余额为:

$$6\,000 - 2\,000 = 4\,000(元)$$

本年度应补提的坏账准备金额为:

$$7\,200 - 4\,000 = 3\,200(元)$$

应作会计分录如下:

借:资产减值损失　　　　　　　　　　　　　　　　3 200
　　贷:坏账准备　　　　　　　　　　　　　　　　　　　3 200

2014 年 4 月 18 日,接开户银行通知,甲企业上年度已冲销的 2 000 元应收账款又收回,款项已经存入银行。应作会计分录如下:

借:应收账款　　　　　　　　　　　　　　　　　　2 000
　　贷:坏账准备　　　　　　　　　　　　　　　　　　　2 000
借:银行存款　　　　　　　　　　　　　　　　　　2 000

贷：应收账款　　　　　　　　　　　　　　　　　　　　　　　　　2 000

2014年年末,甲企业应收账款余额为1 000 000元。

2014年年末坏账准备余额应为:

$$1\,000\,000 \times 5‰ = 5\,000(元)$$

年末计提坏账准备前,"坏账准备"账户的贷方余额为:

$$7\,200 + 2\,000 = 9\,200(元)$$

本年度应当冲销多提的坏账准备金额为:

$$9\,200 - 5\,000 = 4\,200(元)$$

应作会计分录如下:

　　借：坏账准备　　　　　　　　　　　　　　　　　　　　　　　　　4 200
　　　贷：资产减值损失　　　　　　　　　　　　　　　　　　　　　　 4 200

收回的已经作为坏账核销的应收账款,应贷记"坏账准备"账户,而不直接冲减"资产减值损失"账户。虽然先贷记"坏账准备"账户,然后再在年末时少提或冲销坏账准备,以减少资产减值损失,最终结果是一样的,但采用贷记"坏账准备"账户的做法,能够使"资产减值损失"账户仅反映企业提取或冲回多提的坏账准备数额。而"坏账准备"账户则集中反映了坏账准备的提取、坏账准备的核销、收回已作为坏账核销的应收账款情况。这样处理,使得坏账准备的相关信息反映得更为清楚,便于分析利用。

　　(2)账龄分析法　账龄分析法,是根据应收账款账龄的长短来估计坏账的方法。账龄是指客户所欠账款的时间。采用这种方法,企业利用账龄分析表所提供的信息,确定坏账准备金额。确定的方法按各类账龄分别估计其可能成为坏账的部分。虽然应收账款能否收回以及能够收回多少,并不完全取决于时间的长短,但一般来说,账款拖欠的时间越长,发生坏账的可能性就越大。

[**例4-27**] 甲企业2013年12月31日应收账款账龄及估计坏账损失如表4.1所示。

表4.1　应收账款账龄及估计坏账损失表

应收账款账龄	应收账款金额	估计损失(%)	估计损失金额
未到期	60 000	0.5	300
过期1个月	40 000	1	400
过期2个月	30 000	2	600
过期3个月	20 000	3	600
过期3个月以上	10 000	5	500
合　计	160 000		2 400

如表4.1所示,该企业2013年12月31日估计的坏账损失为2 400元,因此,"坏账准备"账户的账面余额应为2 400元。

假设在估计坏账损失前,"坏账准备"账户有贷方余额400元,则甲企业还应该计提2 000元(2 400-400)坏账准备。应作会计分录如下:

　　借：资产减值损失　　　　　　　　　　　　　　　　　　　　　　　2 000

贷：坏账准备　　　　　　　　　　　　　　　　　　　　　　　2 000

　　若甲企业在估计坏账损失前，"坏账准备"账户有贷方余额3 000元，则该企业应该冲减600元(3 000－2 400)坏账准备。应作会计分录如下：

　　借：坏账准备　　　　　　　　　　　　　　　　　　　　　　　600
　　贷：资产减值损失　　　　　　　　　　　　　　　　　　　　　600

　　应当指出的是，采用账龄分析法计提坏账准备时，收到债务单位当期偿还的部分债务后，剩余的应收账款，不应改变其账龄，仍应按原账龄加上本期应增加的账龄确定。在存在多笔应收账款且各笔应收账款账龄不同的情况下，收到债务单位当期偿还的部分债务，应当逐笔认定收到的是哪一笔应收账款；如果确实无法认定的，按照先发生先收回的原则确定，剩余应收账款的账龄按上述同一原则确定。

　　应当特别说明的是，在采用余额百分比法、账龄分析法等方法的同时，能否采用个别认定法，应当视具体情况而定。如果某项应收账款的可收回性与其他各项应收账款存在明显的差别（例如，债务单位所处的特定地区等），导致该项应收账款如果按照与其他各项应收账款同样的方法计提坏账准备，将无法真实地反映其可收回金额的，可对该项应收账款采用个别认定法计提坏账准备。企业应根据应收账款的实际可收回情况，合理计提坏账准备，不得多提或少提。在同一会计期间内运用个别认定法的应收账款应从用其他方法计提坏账准备的应收账款中剔除。

任务六　应交税费的核算

　　税收是国家财政收入的主要来源，企业必须按税法规定，及时计交税金。企业应交纳的税费主要有增值税、消费税、营业税、资源税、城市维护建设税、土地使用税、房产税、车船使用税、所得税、教育费附加等。

　　为了核算和监督各种税金的应交和实际交纳情况，企业应设置"应交税费"总分类账户，进行总分类核算。该账户的借方登记企业已交纳的各种税费，贷方登记企业应交纳的各种税费，期末借方余额反映企业多交待扣的税费，贷方余额反映企业应交未交的税费。该账户应按"应交增值税"、"应交消费税"、"应交营业税"、"应交城市维护建设税"等设置明细分类账户，进行明细分类核算。

一、应交增值税的核算

　　增值税是对在我国境内销售货物或者提供加工、修理、修配劳务以及进口货物的单位和个人，就其取得的货物或应税劳务的销售额以及进口货物的金额计算税款，并实行税款抵扣制的一种流转税。增值税的征收范围是商品的生产、批发、零售和进口，以及加工、修理、修配，基本税率为17%。对于粮食、食用植物油和饲料、自来水、煤气、石油液化气、天然气、居民用煤炭制品、饲料、化肥、农膜、农机、农药采用低税率13%，报关出口货物的税率为零。

　　增值税实行价外计税的办法，即以不包括增值税的商品价格为计税依据，并根据专用发票注明税金进行税额抵扣的制度，应纳税额为当期销项税额减去当期进项税额。对于生产经营规模较小，从事生产的年销售额在100万元以下，而且会计核算不健全的小规模纳税人，采用按销售收入全额及征收率为6%计征增值税的简便办法。增值税的计算方法有以下三种：

(1) 一般纳税人销售货物或应税劳务应纳增值税额的计算：

应纳税额＝当期销项税额－当期进项税额
当期销项税额＝销售额×税率
销售额＝含税销售额÷(1＋税率)

进项税额的计算分以下三种情况：购进免税农业产品的，按买价和10%的扣除率计算；进口货物，按海关取得的免税凭证上注明的增值税额计算；其他情况，按从销售方取得的增值税专用发票上注明的增值税额计算。

(2) 小规模纳税人销售货物或应税劳务应纳增值税额的计算：

应纳税额＝销售额×征收率(6%)
销售额＝含税销售额÷(1＋征收率)

(3) 进口货物应纳增值税额的计算：

应纳税额＝组成计税价格×税率
组成计税价格＝关税完税价格＋关税＋消费税

企业应交的增值税，应在"应交税费——应交增值税"账户下分别设置"进项税额"、"已交税金"、"销项税额"、"出口退税"、"进项税额转出"等专栏。小规模纳税人不需要设置上述专栏。

"进项税额"专栏登记企业购入货物或接受应税劳务而支付的，应从销项税额中抵扣的增值税额。

"已交税金"专栏登记企业已交纳的增值税额。

"销项税额"专栏登记企业销售货物或提供应税劳务应收取的增值税额。

"出口退税"专栏登记企业出口适用零税率的货物，向海关办理报关出口手续后，凭出口报关单等有关凭证，向税务机关申报办理出口退税而收到退回的税款。

"进项税额转出"专栏登记企业购进的货物、在产品、产成品等发生非正常损失以及其他原因而不应从销项税额中抵扣按规定转出的进项税额。

国内采购货物和接受应税劳务取得的发票有两种：专用发票和普通发票。按规定，一般纳税人除向消费者销售货物或应税劳务和销售免税货物外，都应向购买者开具增值税专用发票；小规模纳税人销售货物或者应税劳务不得开具专用发票，只能开具普通发票。

[例4-28] 某企业购入甲材料一批尚未入库，专用发票注明价款为10 000元，增值税1 700元，均以银行存款付讫。应作会计分录如下：

借：在途物资——甲材料 10 000
　　应交税费——应交增值税（进项税额） 1 700
　贷：银行存款 11 700

[例4-29] 某企业从一小规模企业购入乙材料一批尚未入库，普通发票注明全部价款为4 452元（其中应计增值税为252元），货款未付。应作会计分录如下：

借：在途物资——乙材料 4 452
　贷：应付账款 4 452

按增值税有关条例规定，小规模纳税人应纳增值税额不得抵扣进项税额。因此，小规模纳税人采购货物或应税劳务时，无论取得的是专用发票还是普通发票，都必须按发票上的合计金额记入采购或加工、修理的成本。

[**例 4-30**] 某企业(一般纳税人)销售 A 产品,收到银行存款 23 400 元。

$$销售额 = 23\,400 \div (1+17\%) = 20\,000(元)$$
$$增值税额 = 20\,000 \times 17\% = 3\,400(元)$$

借:银行存款	23 400
贷:主营业务收入——A 产品	20 000
应交税费——应交增值税(销项税额)	3 400

小规模纳税人销售货物或提供劳务时只能开具普通发票,在核算时必须将销售额和税金分开。

[**例 4-31**] 某企业(小规模纳税人)销售 B 产品一批,含税销售额为 53 000 元,货款尚未收到。

$$销售额 = 53\,000 \div (1+6\%) = 50\,000(元)$$
$$增值税额 = 50\,000 \times 6\% = 3\,000(元)$$

借:应收账款	53 000
贷:主营业务收入	50 000
应交税费——应交增值税	3 000

纳税人出口适用零税率的货物,不计算销售收入应交纳的增值税,但在办理出口手续后,可凭出口报关单等有关凭证向税务部门申请办理出口退税。在会计核算上,对出口退税业务使用收付实现制,即以收到出口退税款时作为入账时间。

[**例 4-32**] 某企业购入 50 万元丙商品,进项税额为 8.5 万元,现将丙商品全部出口。该企业收到退回的进项税额时,应作会计分录如下:

借:银行存款	85 000
贷:应交税费——应交增值税(出口退税)	85 000

企业对"进项税额转出"的核算,应考虑以下两种情况:一是购进的货物发生非正常损失,因不属于销售行为,所以不交增值税;原已入账的进项税额不应留在账面上冲减其他货物的销项税额,应连同成本一并转入"待处理财产损溢"账户。二是购进的货物改变用途,即原购入的货物是用于制造产品或直接销售,现用于非应税项目、免税项目、集体福利或个人消费时,也应将原已入账的进项税额转出。

[**例 4-33**] 某企业发生火灾,库存价值 20 万元的乙材料全部被烧毁。乙材料的进项税额是 3.4 万元。应作会计分录如下:

借:待处理财产损溢	234 000
贷:原材料——乙材料	200 000
应交税费——应交增值税(进项税额转出)	34 000

[**例 4-34**] 某企业将原购入用于产品生产的甲材料 100 000 元转用于建厂房。甲材料的进项税额是 1.7 万元。应作会计分录如下:

借:在建工程	117 000
贷:原材料——甲材料	100 000
应交税费——应交增值税(进项税额转出)	17 000

月份终了,企业应将本月应交未交增值税自"应交增值税"明细账户转入"未交增值税"

明细账户,借记"应交税费——应交增值税(转出未交增值税)"账户,贷记"应交税费——未交增值税"账户;将本月多交的增值税自"应交增值税"明细账户转入"未交增值税"明细账户,借记"应交税费——未交增值税"账户,贷记"应交税费——应交增值税(转出多交增值税)"账户。

二、应交消费税的核算

消费税是以特定消费品为课税对象所征收的一种税,属于流转税的范畴。它是在对货物普遍征收增值税的基础上,选择少数消费品再征收一道消费税,目的是为了调节产品结构,引导消费方向,保证国家财政收入。消费税采用从价定率和从量定额两种征收办法。从价定率办法是根据商品销售价格和税法规定的税率计算征收。从量定额办法是根据商品销售数量和单位商品应负担的税额计算征收。计算公式是:

$$从价定率应纳税额=销售额\times 税率$$
$$从量定额应纳税额=销售数量\times 单位税额$$

[**例4-35**] 某酒厂2月份销售粮食白酒收入30万元(消费税率25%),销售啤酒50吨(单位消费税额220元)。

应纳税额=300 000×25%+220×50=86 000(元)

借:营业税金及附加　　　　　　　　　　　　86 000
　　贷:应交税费——应交消费税　　　　　　　　　　86 000

三、应交营业税的核算

营业税是对在我国境内提供应税劳务、转让无形资产或者销售不动产的单位和个人征收的一种流转税。营业税实行比例税率。计算公式是:

$$应纳税额=营业额\times 适用税率$$

工业企业对外提供劳务、转让无形资产和销售不动产时,应按其收入和适用税率计算应纳营业税,借记"其他业务成本"账户,贷记"应交税费——应交营业税"账户。

四、应交城市维护建设税的核算

城市维护建设税是为了加强城市的维护建设,扩大和稳定城市建设资金的来源而征收的税种。按流转税的一定比例计算,并与流转税一起交纳。计算公式是:

$$应交纳城市维护建设税=(应纳增值税+消费税+营业税)\times 城市维护建设税率$$

工业企业计算应交纳城市维护建设税时,借记"营业税金及附加"或"其他业务成本"账户,贷记"应交税费——应交城市维护建设税"账户。

五、教育费附加

教育费附加是国家为了发展教育事业,提高人民的文化素质而征收的一项费用。它按企业交纳流转税的一定比例计算,并与流转税一起交纳。计算公式是:

$$应交教育费附加=(应纳增值税+消费税+营业税)\times 教育费附加率$$

[**例4-36**] 某制造企业根据应交纳增值税和消费税,按3%计算交纳教育费附加1 200元。应作会计分录如下:

计算时:
借:营业税金及附加　　　　　　　　　　　　　　1 200
　　贷:应交税费——教育费附加　　　　　　　　　　　1 200
交纳时:
借:应交税费——教育费附加　　　　　　　　　　　1 200
　　贷:银行存款　　　　　　　　　　　　　　　　　　1 200

六、其他税费

企业按规定计算应交的房产税、土地使用税、车船税、矿产资源补偿费,借记"管理费用",贷记"应交税费"科目。

任务七　长期应付款的核算

一、长期应付款概述

长期应付款是指在企业中,除长期借款和应付债券以外的其他各种长期应付款项,主要包括补偿贸易方式引进国外设备款、融资租入固定资产的租赁费和分期付款方式购入固定资产款等。在这些情况下资产先使用,后支付款项,因此在尚未偿还款项和支付租赁费之前,构成企业的一项非流动负债。

补偿贸易是指企业从国外引进设备,再用该设备生产的产品归还设备价款。引进设备时,应将设备和零部件的价款以及国外运杂费的外币金额按折合率折合成人民币记账。相应的利息支出和外币折合差额,在设备投产前发生的应予以资本化,计入设备成本;在设备投产后发生的计入当期损益。应付补偿贸易引进设备款用加工、装配劳务和返销出口产品的收入偿还。

融资租入固定资产的租赁费是指企业采用融资租赁方式租入固定资产而形成的非流动负债。该种方式通常用于价值较高的大型或高精尖设备,在租赁期内企业没有所有权,但由于风险和报酬已经实质转移,并且租赁期几乎接近于设备的使用期,承租方按期交纳租金,全部租金的现值即为出租方垫付的资本。租赁期满承租企业支付名义转让费即能取得租赁资产的所有权,故应视同自有固定资产核算。

二、长期应付款的核算方法

(一)应付补偿贸易引进设备款的核算

企业以补偿贸易方式引进设备,一般情况下,设备的引进和偿还设备款不涉及现金的流入和流出。引进设备的资产价值以及相应的负债,作为企业的一项资产和一项负债,分别列入"固定资产"和"长期应付款"账户。企业用引进设备生产的产品偿还这项负债时,应列为产品销售处理。

[**例4-37**] 某企业在2013年1月10日按补偿贸易方式从国外引进一套设备(设备不需要安装),价款为100 000美元,国外运杂费30 000美元,保险费1 000美元,当日汇率为

7.20。该设备的进口关税和国内运杂费共计人民币 13 400 元。按协议企业需以设备所生产的产品归还引进设备款(当日汇率 7.25)。设备投产后企业生产一批产品用于出口,价款 50 000 美元,全部用于还款。应作会计分录如下:

2013 年 1 月 10 日:

引进设备的入账价值=(100 000+30 000+1 000)×7.20+13 400=956 600(元)

借:固定资产　　　　　　　　　　　　　　　　　956 600
　　贷:长期应付款——应付补偿贸易引进设备款(美元户)　　943 200
　　　　银行存款　　　　　　　　　　　　　　　　　　　　13 400

设备投产后,生产出一批产品价款 50 000 美元,按合同规定全部用于还款:

借:应收账款——美元户　　　　　($50 000×7.25)362 500
　　贷:主营业务收入　　　　　　　　　　　　　　　　　362 500
借:长期应付款——应付补偿贸易引进设备款(美元户)
　　　　　　　　　　　　　　　　　($50 000×7.25)362 500
　　贷:应收账款——美元户　　　　　　　　　　　　　　362 500

(二)融资租入固定资产应付款的核算

企业采用融资租赁方式租入固定资产,应在租赁开始日,将租赁开始日租赁资产公允价值与最低租赁付款额现值两者中较低者,加上初始直接费用,作为租入资产的入账价值,借记"固定资产"等账户,按最低租赁付款额,贷记"长期应付款"账户,按发生的初始直接费用,贷记"银行存款"等账户,按其差额,借记"未确认融资费用"等账户。

企业在计算最低租赁付款额的现值时,能够取得出租人租赁内含利率的,应当采用租赁内含利率作为折现率;否则,应当采用租赁合同规定的利率作为折现率,租赁合同没有规定利率的,应当采用同期银行贷款利率作为折现率。

未确认融资费用应当在租赁期内各个期间进行分摊。企业应当采用实际利率法计算确认当期的融资费用。

[例 4-38] 某企业融资租入一条程控生产线,融资租赁合同约定,租赁开始日为 2011 年 1 月 1 日、租赁期 3 年,每年年末支付租金 1 000 000 元。该生产线于 2010 年 12 月 31 日运抵企业即投入使用,企业采用年限平均法计提折旧,每年年末一次确认融资费用,并计提折旧。假设租赁开始日该生产线公允价值为 2 600 000 元,租赁合同规定利率 8%,2013 年 12 月 31 日,租赁期满该生产线转为企业所有。

① 2010 年 12 月 31 日,租入固定资产

$$最低租赁付款额现值 = 1\,000\,000 \times (P/A, 8\%, 3)$$
$$= 1\,000\,000 \times 2.577\,1 = 2\,577\,100(元)$$

最低租赁付款额现值低于公允价值(2 600 000 元),融资租入固定资产入账价值为最低租赁付款额现值 2 577 100 元。

未确认融资费用分摊如表 4.2 所示。

表 4.2 未确认融资费用分摊表(实际利率法)

日期①	租金②	确认的融资费用③ ③=期初⑤×8%	应付本金减少额④ ④=②-③	应付本金余额⑤ 期末⑤=期初⑤-④
2011.1.1	1 000 000			2 577 100
2011.12.31	1 000 000	206 168	793 832	1 783 268
2012.12.31	1 000 000	142 661.44	857 338.56	925 929.44
2013.12.31	1 000 000	74 070.56	925 929.44	0
合计	3 000 000	422 900	2 577 100	

未确认融资费用=1 000 000×3-2 577 100=422 900(元)

借:固定资产——融资租入固定资产　　　　　　　　2 577 100
　　未确认融资费用　　　　　　　　　　　　　　　　422 900
　贷:长期应付款——应付融资租赁款　　　　　　　　　　　　3 000 000

② 2011年12月31日,支付租金,分摊融资费用并计提折旧

支付租赁费用:
借:长期应付款——应付融资租赁款　　　　　　　　1 000 000
　贷:银行存款　　　　　　　　　　　　　　　　　　　　1 000 000

分摊未确认融资费用:
借:财务费用　　　　　　　　　　　　　　　　　　　206 168
　贷:未确认融资费用　　　　　　　　　　　　　　　　　206 168

企业计提折旧　2 577 100÷3=859 033.33(元)

借:制造费用　　　　　　　　　　　　　　　　　　　859 033.33
　贷:累计折旧　　　　　　　　　　　　　　　　　　　　859 033.33

2012年至2013年企业支付租金、分摊融资费用并计提折旧的账务处理与2011年相同。

2013年12月31日租赁期满,企业留购租赁资产
借:固定资产——生产用固定资产　　　　　　　　　2 577 100
　贷:固定资产——融资租入固定资产　　　　　　　　　2 577 100

项目四　往来会计岗位实训

【练习】

一、单项选择题

1.下列项目中,属于应收账款范围的是(　　)。
　　A. 应向接受劳务单位收取的款项　　　　B. 应收外单位的赔偿款
　　C. 应收存出保证金　　　　　　　　　　D. 应向职工收取的各种垫付款项

2.企业某应收账款100 000元,现金折扣条件2/10,1/20,n/30,客户在10天内付款,该企业实际收到的款项金额为(　　)。

A. 98 000元　　　　B. 98 500元　　　　C. 99 000元　　　　D. 100 000元
3. 对于签发并承兑的商业承兑汇票到期无法偿付的票款,企业应当进行的处理是(　　)。
　　A. 转作应付账款　　B. 转作短期借款　　C. 不进行处理　　D. 转作其他应付款
4. 短期借款利息采取按月预提方式的,则实际支付利息时,应该(　　)。
　　A. 借记"财务费用"账户　　　　　　　B. 借记"应付利息"账户
　　C. 贷记"应付利息"账户　　　　　　　D. 借记"短期借款"账户
5. 企业购进货物用于非应税项目(如在建工程等)时,不论是否取得专用发票,该货物负担的增值税额均计入(　　)。
　　A. 应交税费——应交增值税　　　　　B. 货物的采购成本
　　C. 营业外支出　　　　　　　　　　　D. 管理费用

二、多项选择题

1. 坏账损失的核算方法有(　　)。
　　A. 总价法　　　B. 净价法　　　C. 直接转销法　　　D. 备抵法
　　E. 账龄分析法
2. 下列项目中,应计提坏账准备的有(　　)。
　　A. 应收账款　　B. 应收票据　　C. 其他应收款　　D. 预付账款
　　E. 到期不能收回转入应收账款的票据
3. 计算带息商业汇票的到期值,应考虑的因素有(　　)。
　　A. 票面价值　　B. 票据期限　　C. 票面利率　　D. 贴现利率
　　E. 贴现天数
4. 下列属于应交税费的有(　　)。
　　A. 应交教育费附加　　　　　　　　　B. 代扣代交的个人所得税
　　C. 应交矿产资源补偿费　　　　　　　D. 计提工会经费
　　E. 应交印花税
5. 计算城市维护建设税的基数包括的流转税有(　　)。
　　A. 应交增值税　　　B. 应交消费税　　　C. 应交营业税
　　D. 应交资源税　　　E. 应交土地使用税

三、判断题

1. 企业预付款项给供货单位形成的债权,应在"预付账款"或"应付账款"账户核算。　　(　　)
2. 在存在商业折扣的情况下,应收账款应按发票价格减去商业折扣后的净额确认。　　(　　)
3. 企业收到商业汇票,无论是否带息,均按票据的票面价值入账。　　(　　)
4. 企业应按其销售收入额计交城市维护建设税。　　(　　)

【技能实训】

实训一　应收票据的核算

(一) A公司2013年6月30日向B公司销售一批商品,含税货款为23 400元(增值税税率为17%),该批商品销售成本为16 000元,同日收到B公司开出并承兑的带息商业承兑汇票,该票据面值为23 400元,票面利率为6%,60天到期。7月15日,A公司因资金紧张,用该票据向银行贴现,贴现率为8%。
　　要求:根据上述资料,编制A公司相关会计分录。
(二) 甲公司有关资料如下:2013年6月5日,甲公司收到乙公司当日签发的带息商业汇票一张,用以偿还前欠货款,该票据的面值为100 000元,期限90天,年利率为6%。2014年7月15日,甲公司因急需资金,将该商业汇票向银行贴现,年贴现率为9%,贴现收入存入银行。
　　要求:
1. 计算甲公司该项应收票据的贴现期、到期值、贴现利息和贴现收入。

2. 编制甲公司取得和贴现该项应收票据的会计分录。(列出计算过程)

实训二　应收及预付款项的核算

资料：乙公司为一般纳税人，适用的增值税税率为17%。2013年发生如下经济业务：

1. 4月20日向B公司赊销商品一批，该批商品价税合计为50 000元，销售成本为40 000元，现金折扣条件为：2/10、n/30，销售时用银行存款代垫运杂费500元。

2. 5月20日，B公司用银行存款支付上述代垫运杂费500元，并开出一张面值为50 000元，票面利率为6%，期限为4个月的带息商业汇票偿付上述货款和增值税。

3. 乙公司用银行存款向C公司预付材料款10 000元。

4. 乙公司收到C公司发来的材料，材料价款为20 000元，增值税为3 400元。

5. 开出转账支票补付应付C公司不足的材料款。

要求：编制上述业务的会计分录(列出计算过程)。

实训三　坏账准备的核算

资料：丙公司采用应收账款余额百分比法核算坏账损失，坏账准备的提取比率为5‰。公司2011年末应收账款余额为600 000元；2012年末应收账款余额为800 000元；2013年6月1日将经确认无法收回的应收账款3 000元列为坏账，2013年末应收账款余额为1 100 000元；2014年9月5日收回上年6月1日已确认为坏账的应收账款1 000元，2014年末应收账款余额为700 000元。

要求：根据上述资料，编制丙公司从2011年开始计提坏账准备并处理坏账损失的有关会计分录。

实训四　增值税的核算

资料：某企业本月发生经济业务如下：

1. 购入材料一批，专用发票上注明货款500万元，增值税85万元。材料入库，货款尚未支付。

2. 销售产品一批，计销售收入1 200 000元，增值税204 000元，价税款收存银行。

3. 以银行存款上交增值税100 000元。

要求：编制有关会计分录。

岗位五　固定资产与无形资产会计岗位实务

【引言】

固定资产与无形资产是企业重要的劳动资料,是生产经营过程中不可缺少的劳动手段。在资产总额中固定资产所占的比重最大。做好固定资产、无形资产会计岗位工作,是会计人员的一项重要的工作。

项目一　固定资产与无形资产会计岗位职责

根据《会计法》《会计基础工作规范》等会计法规规定,固定资产与无形资产会计岗位有以下职责:

(1) 按制度规定,结合企业固定资产的配置情况,会同有关职能部门,建立健全固定资产、在建工程、无形资产的管理与核算办法;依照企业经营管理的要求,制定固定资产目录。

(2) 依照制度规定,设置固定资产登记簿,组织填制固定资产卡片,按固定资产类别、使用部门和每项固定资产进行明细核算。融资租入的固定资产应单独设明细账户核算,属于临时租入的固定资产专设备查簿,登记租入、使用和交还等情况。

(3) 根据国家统一规定,按取得固定资产的不同来源,正确计算和确定固定资产的原始价值,及时计价入账;对已入账的固定资产,除发生有明确规定的情况外,不得任意变动。

(4) 会同有关职能部门完善固定资产管理的基础工作,建立严格的固定资产明细核算凭证传递手续,加强固定资产增减的日常核算与监督。

(5) 按国家的有关规定选择固定资产折旧方法,及时计提折旧。

(6) 负责对在建工程的预决算管理。对自营工程、在建工程要严格审查工程预算;施工中要正确处理试运转所发生的支出和收入;完工交付使用时要按规定编制竣工决算,并参与办理竣工验收和交接手续;对出包工程,要参与审查工程承包合同,按规定审批预付工程款;完工交付使用时要认真审查工程决算,办理工程款清算。

(7) 对被清理的固定资产,要分别按有偿转让、报废、毁损等不同情况进行账务处理。

(8) 会同有关部门定期组织固定资产清查盘点工作,汇总清查盘点结果,发现问题,查明原因,及时妥善处理;按规定的报批程序,办理固定资产盘盈、盘亏的审批手续,经批准后办理转销的账务处理。

(9) 经常了解主要固定资产的使用情况,运用有关核算资料分析固定资产的利用效果,改善固定资产的管理工作,并向企业提供有价值的会计信息或建议。

(10) 负责核算各种无形资产的计价,正确处理无形资产的转让和投资,并按规定确定各种无形资产的摊销期。

项目二 固定资产与无形资产会计岗位核算流程

固定资产与无形资产会计岗位核算流程如图 5.1 所示。

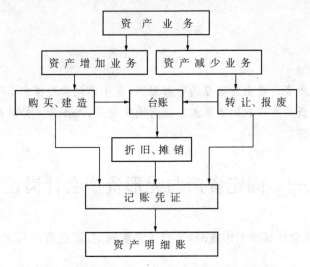

图 5.1 固定资产与无形资产会计岗位核算流程

项目三 固定资产与无形资产会计岗位核算任务

任务一 固定资产的核算

一、固定资产概述

固定资产是指同时具有下列特征的有形资产:为生产商品、提供劳务、出租或经营管理而持有的,使用寿命超过一个会计年度。

(一)固定资产的特点

从固定资产的定义看,固定资产具有以下三个特点:

(1)固定资产是为生产商品、提供劳务、出租或经营管理而持有 企业持有固定资产的目的是为了生产商品、提供劳务、出租或经营管理。这意味着,企业持有的固定资产是企业的劳动工具或手段,而不是直接用于出售的产品。其中"出租"的固定资产,指用以出租的机器设备类固定资产,不包括以经营租赁方式出租的建筑物,后者属于企业的投资性房地产,不属于固定资产。

(2)固定资产使用寿命超过一个会计年度 通常情况下固定资产的使用寿命是指使用固定资产的预计期间。固定资产使用寿命超过一个会计年度,意味着固定资产属于长期资产,随着使用和磨损,通过计提折旧方式逐渐减少账面价值。

(3) 固定资产为有形资产　固定资产具有实物特征,这一特征将固定资产与无形资产区别开来。有些无形资产可能同时符合固定资产的其他特征,如无形资产为生产商品、提供劳务而持有,使用寿命超过一个会计年度,但是,由于其没有实物形态,所以不属于固定资产。工业企业所持有的工具、用具、备品备件、维修设备等资产,尽管该类资产具有固定资产的某些特征,如使用期限超过一年,也能够带来经济利益,但由于数量多、单价低,考虑到成本效益原则,在实务中,通常确认为存货。

(二) 固定资产的分类

企业的固定资产种类繁多,规格不一。为加强管理,便于组织会计核算,企业有必要对固定资产进行科学、合理的分类。根据不同的管理需要和分类标准以及不同的核算要求,可以对固定资产进行不同的分类。固定资产的分类主要有以下几种:

1) 按固定资产的经济用途分类

按固定资产的经济用途分类,可分为生产经营用固定资产和非生产经营用固定资产。

(1) 生产经营用固定资产　是指直接服务于企业生产、经营过程的各种固定资产。如生产经营用的房屋、建筑物、机器、设备、器具、工具等。

(2) 非生产经营用固定资产　是指不直接服务于生产、经营过程的各种固定资产。如职工宿舍、食堂、浴室、理发室等使用的房屋、设备和其他固定资产等。

按照固定资产的经济用途分类,可以归类反映和监督企业经营用固定资产和非经营用固定资产之间,以及经营用各类固定资产之间的组成和变化情况,借以考核和分析企业固定资产的利用情况以及企业各类固定资产配备的合理性,以充分发挥固定资产的效用。

2) 按固定资产使用情况分类

按固定资产使用情况分类,可分为使用中固定资产、未使用固定资产和不需用固定资产。

(1) 使用中固定资产　是指正在使用中的经营性和非经营性固定资产。由于季节性经营或大修理等原因,暂时停止使用的固定资产仍然属于企业使用中的固定资产。企业出租(指经营性租赁)给其他单位使用的固定资产和内部替换使用的固定资产也属于使用中的固定资产。

(2) 未使用固定资产　是指已完工或已购建的尚未交付使用的新增固定资产以及因进行改建、扩建等原因暂停使用的固定资产。如企业购建的尚未正式使用的固定资产、经营任务变更停止使用的固定资产以及主要的备用设备等。

(3) 不需用固定资产　是指本企业多余或不适用的各种固定资产。

这种分类方法有利于反映固定资产的使用情况及其比例关系,便于分析固定资产的有效利用程度,挖掘固定资产的使用潜力,促进企业合理使用固定资产。

3) 按固定资产的所有权分类

根据固定资产的所有权分类,可以分为自有固定资产和租入固定资产。

(1) 自有固定资产　是指企业拥有的可供企业自由支配使用的固定资产。

(2) 租入固定资产　是指企业采用租赁方式从其他单位租入的固定资产。企业对租入固定资产按照租赁合同拥有使用权,同时负有支付租金的义务,但资产的所有权属出租单位。租入固定资产可分为经营性租入固定资产和融资性租入固定资产两类。

按照固定资产的所有权进行分类,便于分析、考核企业固定资产的实有数。

4) 按固定资产的经济用途和使用情况综合分类

采用这一分类方法,可把企业的固定资产分为7大类:

(1) 生产经营用固定资产。

(2) 非生产经营用固定资产。

(3) 租出固定资产,是指在经营性租赁方式下出租给外单位使用的固定资产。

(4) 未使用固定资产。

(5) 不需用固定资产。

(6) 土地,是指过去已经估价单独入账的土地。因征地而支付的补偿费,应计入与土地有关的房屋、建筑物的价值内,不单独作为土地价值入账。企业取得的土地使用权不能作为固定资产管理。

(7) 融资租入固定资产,是指企业以融资租赁方式租入的固定资产,在租赁期内,应视同自有固定资产进行管理。

按照固定资产的经济用途和使用情况综合分类,既具有按经济用途分类的优点,又具有按使用情况分类的优点,更具有完整性。

由于企业的经营性质不同,经营规模各异,对固定资产的分类不可能完全一致,也没有必要强求统一。企业可以根据各自的具体情况和经营管理、会计核算的需要进行分类。

二、固定资产的初始计量

固定资产的初始计量,是指固定资产初始成本的确定。固定资产的成本,是指企业购建某项固定资产达到预定可使用状态前发生的一切合理、必要的支出。

固定资产的取得方式主要包括购买、自行建造、融资租入等,取得的方式不同,初始计量方法也各不相同。

为了核算和监督固定资产的增减变化及其结存情况,企业应设置"固定资产""累计折旧""在建工程""工程物资"等总分类账户,进行总分类核算。

(1)"固定资产"账户 该账户核算企业固定资产的原价,借方登记企业增加的固定资产原价,贷方登记企业减少的固定资产原价,期末借方余额反映企业期末固定资产的账面原价。同时应按固定资产类别和使用部门设置明细分类账户,进行明细分类核算。

(2)"累计折旧"账户 该账户核算企业固定资产累计折旧数额,是"固定资产"账户的备抵调整账户,其贷方登记按月计提的固定资产折旧额,借方登记转出减少的固定资产折旧额,期末贷方余额反映企业提取的固定资产折旧累计数。该账户只进行总分类核算,不进行明细分类核算。

(3)"在建工程"账户 该账户核算企业进行各项工程所发生的实际支出,借方登记企业发生的各项在建工程的实际支出,贷方登记转出完工工程的实际成本,期末借方余额反映企业尚未完工的基建工程发生的各项实际支出。该账户应设置"建筑工程""安装工程""技术改造工程""大修理工程""其他支出"等明细分类账户,进行明细分类核算。

(4)"工程物资"账户 该账户核算企业为基建工程、更新改造工程和大修理工程准备的各种物资的实际成本,包括为工程准备的材料、尚未交付安装的需要安装设备的实际成本,以及预付大型设备款和基建期间根据项目概算购入为生产准备的工具及器具等的实际成本。该账户借方登记购入工程物资的实际成本,贷方登记发出工程物资的实际成本,期末余额在借方,反映企业为工程购入但尚未领用的专用材料的实际成本、购入需要安装设备的实际成本以及为生产准备但尚未交付的工具及器具的实际成本等。该账户应设置"专用材料""专用设备""预付大型设备款""为生产准备的工具及器具"等明细分类账户,进行明细分类核算。

(一) 购入固定资产的核算

1) 购入不需要安装的固定资产

购入不需要安装的固定资产,是指企业购入的固定资产不需要安装就可以直接交付使用。按照实际支付的价款和相关税费,借记"固定资产"账户,按照实际支付的增值税进项税额,借记"应交税费——应交增值税(进项税额)"账户,按照实际支付的款项,贷记"银行存款"等账户。从2009年1月1日开始,全国的增值税纳税人购入的固定资产(不包括缴纳消费税的摩托车、汽车、游艇和房屋建筑物)都有资格抵扣进项税额;从2013年8月1日开始,全国的增值税纳税人购入的固定资产(不包括房屋建筑物)都有资格抵扣进项税额。

[例5-1] 2013年3月,甲企业购入一台不需要安装的生产型机器,取得的增值税专用发票上载明:价款100 000元,税金17 000元。另发生运输费1 000元(运输费的7%可作为进项税额抵扣),包装费800元。款项以银行存款支付,机器已交付使用。应作会计分录如下:

借:固定资产　　　　　　　　　　　　　　　　　101 730
　　应交税费——应交增值税(进项税额)　　　　 17 070
　贷:银行存款　　　　　　　　　　　　　　　　　　　118 800

2) 购入需要安装的固定资产

购入需要安装的固定资产,是指购入的固定资产需要经过安装以后才能交付使用。在会计核算上,企业购入的固定资产以及发生的安装费等均应通过"在建工程"账户核算,待安装完毕交付使用时,再由"在建工程"账户转入"固定资产"账户。

企业在购入时,按实际发生的买价、包装费、运输费、交纳的有关税金等支出,借记"在建工程"账户,按照实际支付的增值税进项税额,借记"应交税费——应交增值税(进项税额)"账户,按照实际支付的款项,贷记"银行存款"等账户。

安装过程中,按照支付的安装费用,借记"在建工程"账户,贷记"银行存款""原材料"等账户。

安装完毕交付使用时,将采购成本和安装成本结转计入固定资产价值,借记"固定资产"账户,贷记"在建工程"账户。

[例5-2] 2013年3月,甲企业购入一台需要安装的生产型设备,取得的增值税专用发票上注明设备的买价为50 000元,增值税额8 500元,运杂费1 500元,领用生产产品用材料物资价值1 000元(购进该批材料时支付的增值税额为170元),支付工资2 000元,所有费用均以银行存款支付。应作会计分录如下:

支付设备价款、税金、运杂费合计为60 000元:

借:在建工程　　　　　　　　　　　　　　　　　　51 500
　　应交税费——应交增值税(进项税额)　　　　　8 500
　贷:银行存款　　　　　　　　　　　　　　　　　　　60 000

领用安装材料,支付工资等费用:

借:在建工程　　　　　　　　　　　　　　　　　　3 170
　贷:原材料　　　　　　　　　　　　　　　　　　　　1 000

```
        应交税费——应交增值税(进项税额转出)           170
        应付职工薪酬                                2 000
```
设备安装完毕交付使用,确定固定资产的价值为54 670元(51 500+3 170):
```
借:固定资产                                  54 670
    贷:在建工程                                      54 670
```

(二)自行建造固定资产的核算

企业自行建造的固定资产应按建造该项资产达到预定可使用状态前所发生的全部支出作为入账价值。自建的固定资产应先通过"在建工程"核算,工程完工交付使用时,再从"在建工程"账户转入"固定资产"账户。自行建造的固定资产可以分为自营工程和出包工程两种方式,由于采用的施工方式不同,其账务处理也不相同。

1)自营工程

自营工程是指企业自行组织工程物资采购、自行组织施工人员施工的工程。自营建造的固定资产的入账价值,按照建造该项固定资产达到预定可使用状态前发生的必要支出确定,包括直接材料、直接人工、直接机械施工费等。自营建造的固定资产主要通过"工程物资"和"在建工程"科目进行核算。根据2009年1月1日起实行的增值税暂行条例,企业构建固定资产应区分在建工程和不动产在建工程核算。不动产在建工程是指纳税人新建、改建、扩建、修缮、装饰不动产的工程。企业的不动产在建工程属于非增值税应税项目,支付的增值税进项税额不得抵扣,应直接计入工程成本。

购入工程物资时,应区分一般固定资产构建和不动产在建工程分别核算。自建一般固定资产购入的工程物资,按照实际支付的买价、支付的增值税以外的税金、包装费、运输费等,借记"工程物资"账户;按照支付的增值税进项税额,借记"应交税费——应交增值税(进项税额)"账户;按照实际支付的款项,贷记"银行存款"等账户。不动产在建工程购入的工程物资,应按照实际支付的买价、税金、包装费、运输费等,借记"工程物资"账户;按照实际支付的款项,贷记"银行存款"等账户。

领用工程物资时,按照实际成本,借记"在建工程"账户,贷记"工程物资"账户;在建工程领用本企业外购的原材料时,借记"在建工程"账户,贷记"原材料""应交税费——应交增值税(进项税额转出)""材料成本差异"等账户;在建工程领用本企业生产的产品时,借记"在建工程"账户,贷记"库存商品""应交税费——应交增值税(销项税额)""应交税费——应交消费税"等账户;自营工程发生的其他费用(如支付职工工资、计提借款利息等),借记"在建工程"账户,贷记"银行存款""应付职工薪酬""应付利息""生产成本——辅助生产成本"等账户。

自营工程完工交付使用时,按实际发生的全部支出,借记"固定资产"账户、贷记"在建工程"账户。

[例5-3] 甲企业自行建造厂房一座,购入为厂房工程准备的各种专用物资等共计200 000元,支付的增值税进项税额34 000元,实际领用工程物资(含税)210 600元,剩余物资转作企业存货;另外还领用了企业生产用的原材料一批,实际成本为30 000元,应转出的增值税为5 100元;领用本企业生产的产成品一批,实际成本32 000元,组成计税价格40 000元,增值税税率17%;支付工程人员工资50 000元,企业辅助生产车间为工程提供的有关劳务支出为10 000元;为工程借款而发生的利息支出为15 000元。工程达到预定可使用状态并交付使用。应作会计分录如下:

购入工程专用材料:

借：工程物资——专用材料　　　　　　　　　　　　234 000
　　贷：银行存款　　　　　　　　　　　　　　　　　　　234 000
工程领用物资：
借：在建工程——建筑工程(厂房)　　　　　　　　210 600
　　贷：工程物资——专用材料　　　　　　　　　　　　210 600
工程领用原材料：
借：在建工程——建筑工程(厂房)　　　　　　　　 35 100
　　贷：原材料　　　　　　　　　　　　　　　　　　　 30 000
　　　　应交税费——应交增值税(进项税额转出)　　　 5 100
工程领用产成品时：
借：在建工程——建筑工程(厂房)　　　　　　　　 38 800
　　贷：库存商品　　　　　　　　　　　　　　　　　　 32 000
　　　　应交税费——应交增值税(销项税额)　　　　　 6 800
支付工程人员工资：
借：在建工程——建筑工程(厂房)　　　　　　　　 50 000
　　贷：应付职工薪酬　　　　　　　　　　　　　　　　 50 000
辅助生产车间为工程提供的劳务支出：
借：在建工程——建筑工程(厂房)　　　　　　　　 10 000
　　贷：生产成本——辅助生产成本　　　　　　　　　　 10 000
计提工程借款的利息：
借：在建工程——建筑工程(厂房)　　　　　　　　 15 000
　　贷：应付利息　　　　　　　　　　　　　　　　　　 15 000
工程达到预定可使用状态并交付使用：
借：固定资产——厂房　　　　　　　　　　　　　　359 500
　　贷：在建工程——建筑工程(厂房)　　　　　　　　 359 500
剩余工程物资转作企业存货：
借：原材料　　　　　　　　　　　　　　　　　　 20 000
　　应交税费——应交增值税(进项税额)　　　　　　 3 400
　　贷：工程物资——专用材料　　　　　　　　　　　　 23 400

2) 出包工程

出包工程是指企业通过招标等方式将工程项目发包给建造商,由建造商组织施工的工程。企业采用出包方式进行的固定资产工程,其工程的具体支出在承包单位核算。在这种方式下,"在建工程"账户实际成为企业与承包单位的结算账户,企业与承包商结算的工程价款作为工程成本,通过"在建工程"账户核算。企业按合同约定预付承包商的工程价款时,借记"预付账款"账户,贷记"银行存款"账户;工程完工补付或补记工程价款时,借记"在建工程"账户,贷记"银行存款"、"预付账款"等账户;工程完工交付使用时,按工程实际发生的全部支出,借记"固定资产"账户,贷记"在建工程"账户。

[例 5-4]　甲企业将一幢新建厂房的工程出包给某企业承建,按规定先向承包单位预付工程价款 200 000 元,工程完工后,收到承包单位的有关工程结算单据,补付工程款 86 000 元,工程完工经验收后交付使用。应作会计分录如下：

预付工程价款时：
借：预付账款 200 000
　　贷：银行存款 200 000

补付工程款时：
借：在建工程——建筑工程（厂房） 286 000
　　贷：银行存款 86 000
　　　　预付账款 200 000

工程完工交付使用：
借：固定资产——厂房 286 000
　　贷：在建工程——建筑工程（厂房） 286 000

（三）投资者投入和接受捐赠固定资产的核算

1) 投资者投入固定资产

企业对投资者投资转入的机器设备等固定资产的核算，一方面要反映本企业固定资产的增加，另一方面要反映投资者投资额的增加。投入的固定资产按投资各方确认的价值入账。按照投资合同或协议约定的价值，借记"固定资产"账户；按照投资各方确认的价值在其注册资本中所占的份额，贷记"实收资本"或"股本"账户；按照投资各方确认的价值与确认为实收资本或股本等差额，确认为资本公积，贷记"资本公积——资本溢价"账户。

[例 5-5]　甲企业收到乙企业作为资本投入的不需要安装的机器一台，该机器的账面原价为 100 000 元，已提折旧 30 000 元；甲企业接受投资时，双方同意按 80 000 元确认投资额。应作会计分录如下：

借：固定资产——生产经营用固定资产 80 000
　　贷：实收资本——乙企业 80 000

2) 接受捐赠固定资产

企业接受捐赠的固定资产，应按照确定的入账价值，借记"固定资产"账户，贷记"营业外收入"账户。

[例 5-6]　甲企业接受捐赠一台不需要安装的新设备，根据捐赠设备的发票等有关单据确定其价值为 120 000 元；另外，企业用银行存款支付包装费、运输费等相关税费共计 2 000元。应作会计分录如下：

借：固定资产 122 000
　　贷：营业外收入 122 000

此例中，若接受捐赠的是一台旧设备，估计折旧额为 20 000 元。应作会计分录如下：

借：固定资产 102 000
　　贷：营业外收入 102 000

（四）租入固定资产的核算

企业在生产经营过程中，由于生产经营的临时性或季节性需要，或者出于融资等方面的考虑，对于生产经营所需要的固定资产可以采用租赁的方式取得。租赁按其性质和形式的不同，可以分为经营租赁和融资租赁两种。

1) 经营租赁

经营租赁是指除融资租赁以外的其他租赁。承租企业为了满足生产经营上的临时性或季节性需要，从其他企业租入固定资产，并按合同支付租金的固定资产租赁就属于经营租赁。

从承租人的角度看,采用经营租赁方式租入的资产,主要是为了解决生产经营的季节性、临时性的需要,并不打算长期拥有,租赁期限相对较短;与资产所有权有关的主要风险和报酬实质上并未转移,资产的所有权仍属于出租方;租赁期满,企业将资产退还给出租方。鉴于经营租赁的这些特点,作为承租人的企业,对租入的资产不需要也不应该作为本企业的资产计价入账,只需要在"租入固定资产备查簿"中进行登记,也无需计提折旧。

[例5-7] 甲企业属于季节性生产企业,每年的10月至12月为生产月份。为了满足生产,需要在生产月份租入一批设备。根据租赁协议,设备租赁期限为3个月,每个月应支付租金10 000元,另外,租入固定资产时需要支付押金80 000元。应作会计分录如下:

支付押金,租入固定资产:

借:其他应收款——存出保证金　　　　　　　　　　80 000
　　贷:银行存款　　　　　　　　　　　　　　　　　　　　80 000

同时,在"租入固定资产备查簿"中进行登记。

支付10月份租金:

借:制造费用　　　　　　　　　　　　　　　　　　10 000
　　贷:银行存款　　　　　　　　　　　　　　　　　　　　10 000

11、12月份支付租金的账务处理同上。

租赁期满,收回押金,退还固定资产:

借:银行存款　　　　　　　　　　　　　　　　　　80 000
　　贷:其他应收款——存出保证金　　　　　　　　　　　　80 000

同时,在"租入固定资产备查簿"中予以注销。

2) 融资租赁

融资租入的固定资产,是指企业从经营融资租赁业务的公司租入的固定资产。其特点主要表现为:租赁期限较长;租赁合同一般不得取消;租赁费用包括了设备的价款、借款利息和租赁手续费等;租赁期满,承租人有优先选择廉价购买租赁设备的权利。也就是说,在融资租赁的方式下,与租赁资产有关的全部风险和报酬已经由出租人转归承租人。

可见,企业采用融资租赁方式租入固定资产,尽管从法律形式上看资产的所有权仍然属于出租方,但是由于资产租赁期基本上包括了资产的全部有效使用年限,承租人实质上获得了租赁资产所提供的全部经济利益,同时承担了与租赁资产有关的全部风险。因此,根据"实质重于形式"要求,企业应将融资租入固定资产作为一项固定资产计价入账,同时确认相应的负债,并计提固定资产折旧。

为了区别融资租入固定资产和企业自有固定资产,企业应对融资租入的固定资产单独设置"融资租入固定资产"明细分类账户,进行明细分类核算。企业应在租赁开始日,按租赁开始日租赁资产的公允价值与最低租赁付款额的现值两者中较低者,加上在租赁谈判和签订租赁合同过程中发生的、可直接归属于租赁项目的手续费、律师费、差旅费、印花税等初始直接费用,作为入账价值,借记"在建工程"或"固定资产"账户,按最低租赁付款额,贷记"长期应付款——应付融资租赁款"账户,按其差额,借记"未确认融资费用"账户;发生运输费、包装费、途中保险费、安装调试费时,借记"在建工程"或"固定资产"账户,贷记"银行存款"等账户;工程完工交付使用时,按其实际发生的支出,借记"固定资产"账户,贷记"在建工程"账户;每期支付融资租赁款时,借记"长期应付款——应付融资租赁款"账户,贷记"银行存款"

账户;每期采用实际利率法分摊未确认融资费用时,按当期应分摊的未确认融资费用金额借记"财务费用"账户,贷记"未确认融资费用"账户;租赁期满时,如合同规定将设备所有权转归承租企业,应进行转账,将固定资产从"融资租入固定资产"明细账户转入有关明细账户。融资租入的固定资产由承租企业计提折旧。

最低租赁付款额是指在租赁期内,承租人应支付或可能被要求支付的各种款项(不包括或有租金和履约成本),加上由承租人或与其有关的第三方担保的资产余值。这里的资产余值是指在租赁开始日估计的租赁期届满时租赁资产的公允价值。

企业在计算最低租赁付款额的现值时,如果知悉出租人的租赁内含利率,应采用出租人的内含利率作为折现率;否则,应采用租赁合同规定的利率作为折现率。如果上述两利率均无法知悉,应当采用同期银行贷款利率作为折现率。

[例5-8] 2011年12月1日,甲公司与乙公司签订了一份矿泉水生产线融资租赁合同。租赁合同规定:租赁期开始日为2011年12月31日;租赁期3年,每年年末支付租金2 000 000元;租赁期届满,矿泉水生产线的估计残余价值为400 000元,其中甲公司担保值为300 000元,未担保余值为100 000元。该矿泉水生产线于2011年12月31日运抵甲公司,当日投入使用;甲公司采用年限平均法计提固定资产折旧,于每年年末一次确认融资费用并计提折旧。假定该矿泉水生产线为全新生产线,租赁开始日的公允价值为6 000 000元,租赁内含利率为6%。2014年12月31日,甲公司将该矿泉水生产线归还给乙租赁公司。甲公司的账务处理如下:

(1) 2011年12月31日,租入固定资产

最低租赁付款额现值 = 2 000 000 × (P/A, 6%, 3) + 300 000 × (P/F, 6%, 3)
= 2 000 000 × 2.673 0 + 300 000 × 0.839 6
= 5 597 880(元)

融资租入固定资产入账价值 = 5 597 880(元)

未确认融资费用 = 6 300 000 - 5 597 880 = 702 120(元)

借:固定资产——融资租入固定资产　　　　　　　　　5 597 880
　　未确认融资费用　　　　　　　　　　　　　　　　702 120
　　贷:长期应付款　　　　　　　　　　　　　　　　　　　6 300 000

(2) 2012年12月31日,支付租金、分摊融资费用并计提折旧未确认融资费用的分摊结果如表5.1所示。

表5.1 未确认融资费用分摊表

日期	租金①	确认的融资费用② ②=期初④×6%	应付本金减少额③ ③=①-②	应付本金余额④ ④=期初④-③
2012年初				5 597 880
2012年末	2 000 000	335 872.80	1 664 127.20	3 933 752.80
2013年末	2 000 000	236 025.17	1 763 974.83	2 169 777.97
2014年末	2 000 000	130 222.03*	1 869 777.97	300 000
合计	6 000 000	702 120	5 297 880	

*尾数调整

应计提折旧=(5 597 880-300 000)÷3=1 765 960(元)

借:长期应付款　　　　　　　　　　　　　　　　2 000 000
　　贷:银行存款　　　　　　　　　　　　　　　　　　　2 000 000
借:财务费用　　　　　　　　　　　　　　　　　　335 872.80
　　贷:未确认融资费用　　　　　　　　　　　　　　　　335 872.80
借:制造费用　　　　　　　　　　　　　　　　　　1 765 960
　　贷:累计折旧　　　　　　　　　　　　　　　　　　　1 765 960

2013年及2014年支付租金,分摊融资费用并计提折旧的账务处理,比照2012年相关账务处理。

(3) 2014年12月31日,归还矿泉水生产线

借:长期应付款　　　　　　　　　　　　　　　　300 000
　　累计折旧　　　　　　　　　　　　　　　　　5 297 880
　　贷:固定资产——融资租入固定资产　　　　　　　　　5 597 880

(五)以非现金资产抵债换入固定资产的核算

企业接受的债务人以非现金资产抵偿债务方式取得的固定资产,或以应收债权换入的固定资产,按应收债权的账面价值加上应支付的相关税费,作为入账价值,借记"固定资产"账户,按该项应收债权已计提的坏账准备,借记"坏账准备"账户,按应收债权的账面净额,贷记"应收账款"等账户。如果涉及补价的,按以下规定确定受让固定资产的入账价值:

(1)企业收到对方支付的补价按应收债权的账面价值减去补价,加上应支付的相关税费,作为入账价值。借记"固定资产"账户,按收到的补价,借记"银行存款"等账户,按该项应收债权已计提的坏账准备,借记"坏账准备"账户,按应收债权的账面净额,贷记"应收账款"等账户,按应支付的相关税费,贷记"银行存款"、"应交税费"等账户。

(2)企业向对方支付补价按应收债权的账面价值加上支付的补价和应支付的相关税费,作为入账价值。借记"固定资产"账户,按该项应收债权已计提的坏账准备,借记"坏账准备"账户,按应收债权的账面净额,贷记"应收账款"等账户,按支付的补价和相关税费,贷记"银行存款"、"应交税费"等账户。

[例5-9] 甲企业有一笔100 000元的应收账款系乙公司所欠,因乙公司无力支付,双方协商同意由乙公司以一台机器抵偿。该笔应收账款账面已提坏账准备1 000元。甲企业支付运费2 000元,并向乙公司支付补价25 000元。

该机器的取得成本=100 000-1 000+2 000+25 000=126 000(元)

应作会计分录如下:

借:固定资产　　　　　　　　　　　　　　　　　126 000
　　坏账准备　　　　　　　　　　　　　　　　　　1 000
　　贷:应收账款　　　　　　　　　　　　　　　　　　100 000
　　　　银行存款　　　　　　　　　　　　　　　　　　27 000

三、固定资产折旧的核算

固定资产折旧是指固定资产在使用期限内因不断地发生损耗而逐渐转移到产品成本或有关费用中去的那部分价值。

(一) 固定资产折旧概述

1) 固定资产折旧的性质

企业的固定资产可以长期参加生产经营过程而仍保持其原有的实物形态,但其价值将随着固定资产的使用而逐渐转移到生产的产品成本中,或构成企业的费用。这部分随着固定资产磨损而逐渐转移的价值即称为固定资产的折旧。引起固定资产折旧的原因可以归结于两个方面:一是固定资产的有形损耗;二是固定资产的无形损耗。

(1) 有形损耗又称物质损耗,是指固定资产由于使用和自然力的影响而引起的使用价值的损失。

(2) 无形损耗又称精神损耗,是指由于科学技术进步等原因引起的固定资产价值的贬值,或者由于生产规模扩大,原有的固定资产不能满足需要,或者由于消费者的偏好发生变化,引起产品淘汰,使原有固定资产废弃等。

固定资产的价值应在其使用期内,按其取得时的成本分期计入各个受益期间。所以,固定资产折旧实质上是一个固定资产成本的摊销过程。从本质上讲,折旧也是一种费用。固定资产折旧的过程中,企业占用固定资产形态上的资金因固定资产价值的逐步转移而不断减少,并以折旧方式转化为成本费用和随着收入的实现得到补偿。

2) 影响固定资产折旧的因素

企业计算各期折旧额的依据也即影响折旧的因素主要有以下 4 个方面:

(1) 固定资产折旧的基数　一般为取得固定资产的原始价值或固定资产的账面净值。

(2) 固定资产的净残值　是指预计的固定资产报废时可以收回的残余价值扣除预计清理费用后的数额。净残值是在固定资产报废时对固定资产支出的一种价值回收,将固定资产原值减去报废时预计的净残值,即为固定资产在整个使用期间的应提折旧总额。由于在计算折旧时,对固定资产的净残价值清理费用只能人为估计,不可避免地存在主观随意性。为了避免人为调整净残值的数额从而人为地调整计提折旧额,我国财务制度规定:预计残值比例在原价的 3‰～5‰ 以内,由企业自行在规定的范围内确定;由于情况特殊需要调整的,应报有关部门备案。

(3) 固定资产的使用年限　是指固定资产从投入使用开始到报废为止的估计有效使用时间。企业在确定固定资产使用年限时,主要应当考虑以下因素。

① 该资产的预计生产能力或实物产量。

② 该资产预计的有形损耗。

③ 该资产预计的无形损耗,如因新技术的出现而使现有的技术水平相对低下和因市场需求的变化使产品过时等。

④ 有关资产使用的法律或类似规定的限制。

具体到某一固定资产的预计使用年限,企业应在考虑上述因素的基础上,结合不同固定资产的性质、消耗方式、所处环境等因素作出判断。在相同环境条件下,对于同样的固定资产预计使用年限应具有相同的预期。

(4) 折旧方法　固定资产每期损耗的价值很难准确计算,必须采用一定的方法合理估计。不同折旧方法计算的每期应提折旧额是不相同的。不同的折旧方法会对企业的成本费用、利润产生不同的影响,所以固定资产折旧方法一经确定,不得随意变更。

有关固定资产的预计使用年限、净残值、折旧方法等由企业自行确定,并按照管理权限批准作为计提折旧依据,一经确定不得随意变更。

3) 固定资产折旧计提的范围

现行会计制度规定,除以下情况外,企业应对所有固定资产计提折旧:

(1) 已提足折旧仍继续使用的固定资产。

(2) 按规定单独估价作为固定资产入账的土地。

已达到预定可使用状态的固定资产,如果尚未办理竣工决算的,应当按照估计价值暂估入账,并计提折旧;待办理了竣工决算手续后,再按照实际成本调整原来的暂估价值,同时调整已计提的折旧额。

融资租入的固定资产,应当采用与自有应计折旧资产一致的折旧政策。能够合理确定租赁期届满时将会取得租赁资产所有权的,应当在租赁资产尚可使用年限内计提折旧;无法合理确定租赁期届满时能够取得租赁资产所有权的,应当在租赁期与租赁资产尚可使用年限两者较短的期间内计提折旧。

企业因进行大修理而停用的固定资产,应当照提折旧,计提的折旧应计入相关的成本费用。

对于接受捐赠的固定资产,企业应当按照规定的固定资产入账价值、预计尚可使用年限、预计净残值,以及企业所选用的折旧方法计提折旧。

企业对固定资产进行更新改造时,应将更新改造的固定资产的账面价值转入在建工程,并在此基础上确定经更新改造后的固定资产原价。处于更新改造过程而停止使用的固定资产,因已转入在建工程,因此不计提折旧,待更新改造项目达到预定可使用状态转入固定资产后,再按重新确定的折旧方法和该项固定资产尚可使用年限计提折旧。

企业一般应当按月计提折旧,当月增加的固定资产,当月不提折旧,从下月起计提折旧;当月减少的固定资产,当月仍提折旧,从下月起停止计提折旧。固定资产提足折旧后,不论能否继续使用,均不再计提折旧;提前报废的固定资产,也不再补提折旧。根据《企业会计准则——固定资产》的规定,企业对未使用、不需用的固定资产也应计提折旧,计提的折旧计入当期管理费用。

(二) 固定资产折旧的方法

会计上计算折旧的方法很多,常用的有直线折旧法和加速折旧法。由于固定资产折旧方法的选用直接影响到企业成本、费用的计算,也影响到企业的利润和纳税,从而影响到国家的财政收入,因此,对固定资产折旧方法的选用有比较严格的规定。下面介绍几种常见的折旧方法。

1) 使用年限法

使用年限法又称直线法或平均年限法,它是假设固定资产的服务潜力随着时间的推移而逐渐递减,与使用程度无关,因此,固定资产的成本可以均衡地分摊到其使用期内的各个会计期间。采用这种方法计算的每期折旧额均是等额的。其计算公式如下:

$$固定资产年折旧额 = \frac{固定资产原值 - 预计净残值}{预计使用年限}$$

$$固定资产月折旧额 = 固定资产年折旧额 \div 12$$

在实际工作中,企业往往采用固定资产的折旧率计算某项固定资产的折旧额。固定资产折旧率是指固定资产折旧额与固定资产原值的百分比。其计算公式如下:

$$固定资产年折旧率 = \frac{固定资产年折旧额}{固定资产原值} \times 100\%$$

或 $= \dfrac{1-预计净残值率}{预计使用年限} \times 100\%$

固定资产月折旧率＝固定资产年折旧率÷12

固定资产月折旧额＝固定资产原值×固定资产月折旧率

上述公式中,如按某项固定资产单独计算的折旧率称为个别折旧率;如按某类固定资产计算的折旧率称为分类折旧率;如按全部固定资产综合计算的折旧率称为综合折旧率。在实际工作中,通常采用分类折旧率来计算固定资产折旧额。

[例5-10] 甲企业一项固定资产的原始价值为150 000元,预计可使用10年,按照有关规定,该固定资产报废时的净残值率为4%。该固定资产的折旧率和折旧额计算如下:

$$年折旧率 = \dfrac{1-4\%}{10} \times 100\% = 9.6\%$$

$$月折旧率 = 9.6\% \div 12 = 0.8\%$$

$$月折旧额 = 150\,000 \times 0.8\% = 1\,200(元)$$

使用年限法的优点是简单、易行、明了,但它也存在着一定的局限性。第一,固定资产在不同使用年限提供的经济效益不同。一般而言,固定资产在其使用早期工作效率相对较高,给企业带来的经济效益较多;而在其使用后期工作效率则逐渐降低,给企业带来的经济利益也就逐渐减少。使用年限法未考虑这一事实,显然是不合理的。第二,使用年限法只考虑资产使用时间的长短,没有考虑资产的使用强度及磨损程度的差异。固定资产使用时间越长,磨损程度越严重,维护保养费就越多,而使用年限法计算的折旧额每期相同,这就导致在固定资产使用后期、计入产品成本的资产折旧费用和修理费用高于使用前期,从而使固定资产成本在各期的分摊不均衡。因而,使用年限法主要适用于受自然力侵蚀影响较大的固定资产,如房屋、建筑物,以及室外的机器设备等。

2) 工作量法

工作量法又称作业量法,它是按固定资产的实际工作量计提折旧的方法。工作量法假定固定资产的服务潜力随着使用程度的增加而减弱,因此,固定资产的成本应按照该项固定资产的实际工作量摊配于各个会计期间。其计算公式如下:

$$单位工作量折旧额 = \dfrac{应提的折旧总额}{预计总工作量}$$

某项固定资产月折旧额＝该项固定资产当月实际完成的工作量×单位工作量折旧额

[例5-11] 甲企业有一辆运货用的卡车,原价为120 000元,预计净残值率为5%,预计行驶总里程为200 000千米,本月行驶5 000千米。

$$单位里程折旧额 = \dfrac{120\,000 \times (1-5\%)}{200\,000} = 0.57(元/千米)$$

本月折旧额＝0.57×5 000＝2 850(元)

3) 加速折旧法

加速折旧法又称递减折旧法,是指在固定资产使用初期多提折旧,以后逐年递减,以使固定资产的取得成本尽快得以补偿的方法。加速折旧法主要包括双倍余额递减法和年数总和法。

加速折旧法有以下优点:

① 一般而言,固定资产早期效率高,生产能力大,效益多,采用加速折旧法,早期多提折

旧能够更好地体现收入与费用配比。

② 在固定资产使用早期，维修费用较少，而在使用后期则维修费用较多，在维修费用少的早期多提折旧，在维修费用多的后期少提折旧，可以使固定资产的使用费用在前后期大体保持平衡。

③ 在当今科学技术高速发展的情况下，一些更新换代较快的资产，其无形损耗已经成为确定折旧时必须考虑的重要因素之一。加速折旧法充分考虑到了固定资产无形损耗因素，实行加速折旧法可以在较短的时期内尽快收回大部分投资，从而减少旧技术淘汰时发生的损失。

④ 采用加速折旧法，最初几年的折旧费用较多，相应减少了企业在这一期间的收益，从而减少了所得税的负担。虽然从固定资产的全部使用期来看，折旧总额不变，企业的净利润总额也不变，企业交纳的所得税总额也没有减少，但由于交纳时间的推迟，企业相当于从政府那里得到了一笔无息贷款，这对于降低投资风险、刺激生产、推动经济增长具有一定的积极作用。

(1) 双倍余额递减法　就是以双倍直线法折旧率乘以每期固定资产账面余额来计算每期应计提的折旧额。企业在选用双倍余额递减法计提折旧时，残值不能从固定资产价值中抵减。其计算公式如下：

某固定资产年折旧额＝该固定资产年初账面净值×年折旧率

某固定资产年初账面净值＝该固定资产原值－该固定资产累计折旧

$$年折旧率 = 2 \times \frac{1}{该固定资产预计使用年限} \times 100\%$$

由于固定资产账面价值随着使用而逐年下降，所以每年计提的折旧额也随之递减。在使用这一方法时要注意的是：实行双倍余额递减法计提折旧的固定资产，没有考虑预计净残值，应当在其折旧年限到期前两年内，将固定资产账面净值扣除预计净残值后的净额在剩余的两年内平均摊销，使固定资产在使用期满时，其账面价值等于预计净残值。

[例 5-12]　甲企业的某项设备，原始价值 50 000 元，预计净残值率为 4%，预计使用年限为 5 年，用双倍余额递减法计算折旧。

$$年折旧率 = 2 \times 1 \div 5 \times 100\% = 40\%$$

折旧计算如表 5.2 所示。

表 5.2　折旧计算表（双倍余额递减法）　　　　　　　　　　　单位：元

年份	期初账面折余价值	折旧率	折旧额	累计折旧额	期末账面折余价值
1	50 000	40%	20 000	20 000	30 000
2	30 000	40%	12 000	32 000	18 000
3	18 000	40%	7 200	39 200	10 800
4	10 800		4 400	43 600	6 400
5	6 400		4 400	48 000	2 000

(2) 年数总和法　年数总和法又称年数比例法或合计年限法，是用固定资产的原值减去净残值后的应计折旧总额乘以一个逐年递减的分数来计算折旧额的方法。这个递减分数的分母代表使用年限的逐年数字总和，分子代表固定资产尚可使用的年数。其计算公式如下：

$$年折旧率 = \frac{预计使用年限 - 已使用年限}{预计使用年限 \times (预计使用年限 + 1) \div 2} \times 100\%$$

$$或 = \frac{尚可使用年限}{预计使用年限逐年数字总和} \times 100\%$$

月折旧额 = (固定资产原值 - 预计净残值) × 月折旧率

资料如[例5-12],采用年数总和法计提折旧,则分数的分母为15,即(5+4+3+2+1),第1年的折旧率为5/15,第二年4/15,第三年3/15,第四年2/15,第五年1/15。

各年折旧率和折旧额计算如表5.3所示。

表5.3 折旧计算表(年数总和法)   单位:元

年 份	应提折旧总额	年折旧率	年折旧额	累计折旧额
1	48 000	5/15	16 000	16 000
2	48 000	4/15	12 800	28 800
3	48 000	3/15	9 600	38 400
4	48 000	2/15	6 400	44 800
5	48 000	1/15	3 200	48 000

(三)固定资产折旧的账务处理

企业计提的固定资产折旧,应根据固定资产的使用地点和用途,计入有关成本费用账户。对于生产车间固定资产计提的折旧,记入"制造费用"账户;行政管理部门计提的折旧,记入"管理费用"账户;经营租赁方式租出的固定资产计提的折旧,记入"其他业务成本"账户。

[例5-13] 甲企业采用平均年限法计提固定资产折旧。2013年10月份根据"固定资产折旧计算表"确定的各车间及行政管理部门应分配的折旧额为:一车间10 000元,二车间12 000元,三车间15 000元,厂部管理部门8 000元。应作会计分录如下:

```
借:制造费用——一车间                    10 000
        ——二车间                    12 000
        ——三车间                    15 000
   管理费用                            8 000
   贷:累计折旧                              45 000
```

四、固定资产的后续支出

固定资产的后续支出,是指固定资产在使用过程中发生的更新改造支出、修理费用等。企业的固定资产投入使用后,为了适应新技术发展的需要,或者为了维护或提高固定资产的使用效能,往往需要对现有的固定资产进行维护、改建、扩建或者改良,这些支出就是固定资产的后续支出。固定资产的后续支出通常包括固定资产在使用过程中发生的日常修理费、大修理费、更新改造支出、房屋的装修费等。

如果固定资产的后续支出增强了固定资产获取未来经济利益的能力,如延长了固定资产的使用寿命、使产品质量实质性提高或使产品成本实质性降低、使可能流入企业的经济利益超过了原先的估计,则应将该支出资本化,计入固定资产的账面价值,否则,应将这些后续支出予以费用化。

(一)费用化的后续支出

一般情况下,固定资产投入使用之后,由于固定资产磨损、各组成部分耐用程度不同,可能会导致固定资产的局部损坏,为了维持固定资产的正常运转和使用,充分发挥其使用效能,企业会对固定资产进行必要的维护。固定资产的日常维护支出只是确保固定资产的正常工作状况,通常不满足固定资产的确认条件,应在发生时计入管理费用或销售费用,不得采用预提或待摊方式处理。

[例 5-14] 甲企业管理部门的一辆小轿车委托某汽车修理厂进行局部检修,用银行存款支付修理费 1 200 元。应作会计分录如下:

借:管理费用　　　　　　　　　　　　　　　　　　　　　　1 200
　　贷:银行存款　　　　　　　　　　　　　　　　　　　　　　1 200

(二)资本化的后续支出

企业将固定资产进行更新改造的,如符合资本化的条件,应将该固定资产的原价、已计提的折旧和减值准备转销,将其账面价值转入在建工程,并停止计提折旧。固定资产发生的可资本化的后续支出,通过"在建工程"科目核算。待更新改造等工程完工并达到预定可使用状态时,再从在建工程转为固定资产,并按重新确定的使用寿命、预计净残值和折旧方法计提折旧。

[例 5-15] 某企业改造机器设备 1 台,改造前的原值为 200 000 元,预计使用年限为 10 年,预计净残值为 1 000 元,已使用 8 年,采用平均年限法计提折旧;该机器设备采用出包方式进行改建,用银行存款支付改建工程款 40 000 元;工程完工后,延长使用年限 2 年,预计净残值提高到 8 000 元。根据以上资料,应作会计分录如下:

① 将改建前的固定资产原值及累计折旧转销,将其账面价值转入在建工程

$$原值 = 200\ 000(元)$$
$$累计折旧 = (200\ 000 - 1\ 000) \times 8 \div 10 = 159\ 200(元)$$
$$账面价值 = 200\ 000 - 159\ 200 = 40\ 800(元)$$

借:在建工程　　　　　　　　　　　　　　　　　　　　　　40 800
　　累计折旧　　　　　　　　　　　　　　　　　　　　　　159 200
　　贷:固定资产　　　　　　　　　　　　　　　　　　　　　200 000

② 用银行存款支付改建工程款 40 000 元

借:在建工程　　　　　　　　　　　　　　　　　　　　　　40 000
　　贷:银行存款　　　　　　　　　　　　　　　　　　　　　40 000

③ 改造工程完工,全部工程成本 80 800 元(40 800+40 000)计入固定资产原值

借:固定资产　　　　　　　　　　　　　　　　　　　　　　80 800
　　贷:在建工程　　　　　　　　　　　　　　　　　　　　　80 800

④ 改建后第 9~12 年的各年折旧额计算

改建后的年折旧额 = (80 800 - 8 000) ÷ 4 = 18 200(元)

借:制造费用　　　　　　　　　　　　　　　　　　　　　　18 200
　　贷:累计折旧　　　　　　　　　　　　　　　　　　　　　18 200

五、固定资产处置和清查的核算

（一）固定资产处置的核算

企业在生产经营过程中，对那些不适用或不需用的固定资产，可以出售转让。对于那些由于使用而不断磨损直至最终报废，或者由于技术进步等原因发生提前报废、或由于遭受自然灾害等非常损失发生毁损的固定资产应当及时进行清理；投资、捐赠、抵债、调拨等原因减少的固定资产，也属于固定资产的处置。

为了核算和监督企业因出售、投资、捐赠、抵债、报废、毁损等原因减少的固定资产，应设置"固定资产清理"总分类账户，进行总分类核算。该账户的借方登记转入清理的固定资产的净值和发生的清理费用以及销售不动产按销售额计算缴纳的营业税等；贷方登记清理固定资产的变价收入和应由保险公司或过失人承担的损失等；期末余额反映尚未清理完毕的固定资产的价值以及清理净收入（清理收入减去清理费用）。该账户应按处置的固定资产名称设置明细分类账户，进行明细分类核算。

(1) 投资转出的固定资产，应按固定资产净值，借记"固定资产清理"账户，按该项固定资产已提的折旧，借记"累计折旧"账户，按该项固定资产已计提的固定资产减值准备，借记"固定资产减值准备"账户，按投出固定资产的账面原价，贷记"固定资产"账户；按投出固定资产应支付的相关税费，借记"固定资产清理"账户，贷记"银行存款""应交税费"等账户；按"固定资产清理"账户余额，借记"长期股权投资"账户，贷记"固定资产清理"账户。

(2) 捐赠转出的固定资产，应按固定资产净值，借记"固定资产清理"账户，按该项固定资产已提的折旧，借记"累计折旧"账户，按固定资产的账面原价，贷记"固定资产"账户；按该项固定资产已计提的减值准备，借记"固定资产减值准备"账户，贷记"固定资产清理"账户；按捐赠转出的固定资产应支付的相关税费，借记"固定资产清理"账户，贷记"银行存款"等账户；按"固定资产清理"账户的余额，借记"营业外支出——捐赠支出"账户，贷记"固定资产清理"账户。

(3) 企业因出售、报废和毁损等原因减少的固定资产，会计核算一般可以分以下几个步骤：

① 固定资产转入清理：企业出售、报废和毁损的固定资产转入清理时，应按清理固定资产的净值，借记"固定资产清理"，按已提的折旧，借记"累计折旧"账户，按已提的减值准备，借记"固定资产减值准备"账户，按固定资产的原价，贷记"固定资产"账户。

② 发生清理费用的处理：固定资产清理过程中发生的清理费用和按销售额计算交纳的营业税，也应记入"固定资产清理"账户，按实际发生的清理费用和应交的税金，借记"固定资产清理"账户，贷记"银行存款""应交税费"等账户。

③ 出售收入和残料等的处理：企业收回出售固定资产的价款、报废固定资产的残料价值和变价收入等，应冲减清理支出，按实际收到的出售价款及残料变价收入等，借记"原材料"、"银行存款"等账户，贷记"固定资产清理"账户。

④ 保险赔偿的处理：企业计算或收到的应由保险公司或过失人赔偿的报废、毁损固定资产的损失时，应冲减清理支出，借记"其他应收款"或"银行存款"账户，贷记"固定资产清理"账户。

⑤ 计算缴纳的营业税：企业销售房屋、建筑物等不动产，应按照税法的有关规定，按销售额（即变价收入）计算缴纳营业税，不缴纳增值税。企业应按照计算的营业税额，借记"固

定资产清理"账户,贷记"应交税费——应交营业税"账户。

⑥ 清理净损益的处理:固定资产清理后发生的净收益,属于生产经营期间的,计入当期损益,借记"固定资产清理"账户,贷记"营业外收入"账户;属于筹建期间的,冲减长期待摊费用。固定资产清理后的净损失,属于筹建期间的,计入长期待摊费用,借记"长期待摊费用"账户,贷记"固定资产清理"账户;属于生产经营期间的,借记"营业外支出"账户,贷记"固定资产清理"账户。

[例5-16] 甲企业出售一幢建筑物,其原值为100 000元,已提折旧70 000元,出售收入40 000元,款已收存银行。另外,以银行存款支付清理费用2 000元,营业税税率5%(其他税费略)。应作会计分录如下:

固定资产转入清理,注销其原价和已提折旧:

借:固定资产清理	30 000
累计折旧	70 000
贷:固定资产	100 000

收到出售的价款:

借:银行存款	40 000
贷:固定资产清理	40 000

支付清理费用:

借:固定资产清理	2 000
贷:银行存款	2 000

计算并交纳营业税:

$$40\ 000 \times 5\% = 2\ 000(元)$$

借:固定资产清理	2 000
贷:应交税费——应交营业税	2 000
借:应交税费——应交营业税	2 000
贷:银行存款	2 000

结转出售固定资产发生的净收益:

借:固定资产清理	6 000
贷:营业外收入——处置固定资产净收益	6 000

(二)固定资产清查的核算

固定资产是一种单位价值较高、使用期限较长的有形资产,因此,对于管理规范的企业而言,在清查中发现盘盈、盘亏的固定资产是比较少见的,也是不正常的。企业应当健全制度,加强管理,定期或者至少于每年年末对固定资产进行清查盘点,以保证固定资产核算的真实性和完整性。固定资产清查是对固定资产的质量与数量进行清查与核对。企业应对固定资产定期或者至少每年年末实地盘点一次,对发生的盘盈、盘亏的固定资产应填制固定资产盘盈盘亏报告表。清查固定资产的损益,应及时查明原因,并按照规定程序报批处理,并在期末结账前处理完毕。

1)盘盈的固定资产

对于在清查中盘盈的固定资产,应按同类或类似固定资产的市场价格,减去按该项固定资产的新旧程度估计的价值损耗后的余额,作为固定资产的入账价值。企业在财产清查中盘盈的固定资产,作为前期差错处理。盘盈的固定资产通过"以前年度损益调整"账户核算。

[例 5-17] 甲企业在固定资产清查过程中,发现账外机器一台,同类机器的市场价格为 20 000 元,估计已提折旧额为 8 000 元。应作会计分录如下:

借:固定资产　　　　　　　　　　　　　　　　　　　　　12 000
　　贷:以前年度损益调整　　　　　　　　　　　　　　　　　12 000

2) 盘亏的固定资产

企业发生固定资产盘亏时,应按盘亏固定资产的账面价值,借记"待处理财产损溢——待处理固定资产损溢"账户,按已计提折旧,借记"累计折旧"账户,按该项固定资产已计提的减值准备,借记"固定资产减值准备"账户,按固定资产的原价,贷记"固定资产"账户。盘亏的固定资产按规定程序批准转销时,按照可收回的保险赔偿或过失人赔偿,借记"其他应收款"账户;按照盘亏的固定资产的账面价值,贷记"待处理财产损溢——待处理固定资产损溢"账户,借贷差额,借记"营业外支出——盘亏损失"账户。

[例 5-18] 甲企业在财产清查中盘亏设备一台,其账面原价为 30 000 元,已提折旧 18 000 元,已提减值准备 3 000 元。应作会计分录如下:

借:待处理财产损溢——待处理固定资产损溢　　　　　　9 000
　　累计折旧　　　　　　　　　　　　　　　　　　　　18 000
　　固定资产减值准备　　　　　　　　　　　　　　　　　3 000
　　贷:固定资产　　　　　　　　　　　　　　　　　　　30 000

上述盘亏固定资产应由保险公司赔偿 5 000 元,其余部分经批准转入营业外支出。

借:其他应收款——应收保险赔款　　　　　　　　　　　　5 000
　　营业外支出——固定资产盘亏　　　　　　　　　　　　4 000
　　贷:待处理财产损溢——待处理固定资产损溢　　　　　9 000

六、固定资产减值的核算

固定资产发生损坏、技术陈旧或其他经济原因,导致其可收回金额低于其账面价值,这种情况称之为固定资产价值减值。可收回金额,是指资产的销售净价与预期从该资产的持续使用和使用寿命结束时的处置中形成的现金流量的现值两者之中的较高者。其中,销售净价是指资产的销售价格减去处置资产所发生的相关税费后的余额。

由于固定资产使用期限较长,在使用过程中会因为发生损失而造成价值的减少;同时,现代科学技术发展日新月异,新的效率更高、价格更便宜的生产工具不断出现,又会使原有的固定资产因技术陈旧而发生贬值。对于已经发生的资产价值的减值如果不予以确认,必将导致资产价值的虚夸,这不符合真实性和谨慎性要求。因此,企业应当在期末或者至少在每年年度终了,对固定资产逐项进行检查,以确定资产是否减值。

(一) 固定资产减值的判断标准

如果发生下列情况,应当计算固定资产的可收回金额,以确定资产是否发生减值:

(1) 固定资产市价大幅度下跌,其跌幅大大高于因时间推移或正常使用而预计的下跌,并且预计在近期内不可能恢复。

(2) 企业所处的经营环境,如技术、市场、经济或法律环境,或者产品营销市场在当期发生或在近期发生重大变化,并对企业产生负面影响。

(3) 同期市场利率等大幅度提高,进而很可能影响企业计算固定资产可收回金额的折现率,并导致固定资产可收回金额大幅度降低。

(4) 固定资产陈旧过时或发生实体损坏等。

(5) 固定资产预计使用方式发生重大不利变化,如企业计划终止或重组该资产所属的经营业务、提前处置资产等情形,从而对企业产生负面影响。

(6) 其他可能表明资产已发生减值的情况。

当存在下列情况之一时,应当按照固定资产的账面价值全额计提固定资产减值准备:

(1) 长期闲置不用,在可预见的未来不会再使用,且已无转让价值的固定资产。

(2) 由于技术进步等原因,已不可使用的固定资产。

(3) 虽然固定资产尚可使用,但使用后产生大量不合格产品的固定资产。

(4) 已遭毁损,以至于不再具有使用价值和转让价值的固定资产。

(5) 实质上已经不能再给企业带来经济利益的其他固定资产。

已全额计提减值准备的固定资产,不再计提折旧。

(二) 固定资产减值的账务处理

如果企业的固定资产实质上已经发生了减值,应当计提减值准备。为了核算和监督固定资产减值准备的计提和冲销情况,应设置"固定资产减值准备"总分类账户,进行总分类核算。该账户是"固定资产"账户的备抵账户,其贷方登记计提的固定资产减值准备,借方登记因固定资产减少而冲减原已计提的减值准备金额,期末贷方余额反映企业已提取的固定资产减值准备。

企业发生固定资产减值时,借记"资产减值损失——计提的固定资产减值准备"账户,贷记"固定资产减值准备"账户;资产减值损失一经确认,在以后会计期间不得转回。但是,遇到资产处置、出售对外投资、以非货币性资产交换方式换出、在债务重组中抵偿债务等情况,同时符合资产终止确认条件的,企业应当将相关资产减值准备予以转销。

固定资产减值准备应按单项资产计提。已计提减值准备的固定资产,应当按照该固定资产的账面价值以及尚可使用寿命重新计算确定折旧率和折旧额。因固定资产减值准备而调整固定资产折旧额时,对此前已计提的累计折旧不作调整。

[例 5-19] 甲企业在期末对固定资产进行检查,发现一台设备因长期闲置,其可收回金额低于其账面价值。该设备的原价为 200 000 元,已提折旧 50 000 元,预计可收回金额为 110 000 元。应作会计分录如下:

借:资产减值损失——计提的固定资产减值准备　　　　40 000
　　贷:固定资产减值准备　　　　　　　　　　　　　　　　40 000

任务二　无形资产的核算

一、无形资产概述

无形资产是指企业拥有或者控制的没有实物形态的可辨认非货币性资产。相对于其他资产,无形资产具有以下特点:

(一) 无形资产的特点

1) 无形资产不具有实物形态

无形资产通常表现为某种权利、某项技术或是某种获取超额利润的综合能力,它们不具有实物形态,看不见、摸不着。

2) 无形资产具有可辨认性

无形资产能够从企业中分离出来,并能单独用于出售或转让等;无形资产产生于合同性权利或其他法定权利,无论这些权利是否可以从企业或其他权利和义务中转移或者分离。

3) 无形资产属于非货币性资产

无形资产由于没有发达的交易市场,一般不容易转化为现金,在持有过程中为企业带来未来经济利益的情况不确定,不属于固定或可确定的金额收取的资产,属于非货币性资产。

（二）无形资产的内容

无形资产一般包括专利权、非专利技术、商标权、著作权、特许权、土地使用权等。

1) 专利权

专利权是指国家专利主管机关依法授予发明创造专利申请人对其发明创造在法定期限内所享有的专有权利,包括发明专利权、实用新型专利权和外观设计专利权。专利权的主体是依据专利法被授予专利权的单位或个人,具有独占性。专利权的客体是受专利法保护的专利范围。专利权是一种有期限的权利,各国均在相关法律中对其有效期限作出了规定。我国专利法规定,发明专利权的有效期限为 20 年,实用新型和外观设计专利的有效期限为 10 年。需要注意的是,专利权并不保证一定能给持有者带来经济利益,有的专利可能没有经济价值或只有很小的经济价值,有的专利可能有较大的经济价值但会被另外更有经济价值的专利所淘汰,等等。因此,企业并不是将其所拥有的一切专利权都作为无形资产核算,只有那些能够给企业带来较大经济价值,并且企业为此付出代价的专利权才能列为无形资产。

2) 非专利技术

非专利技术也称专有技术,是指不为外界所知、在生产经营活动中已被采用、不受法律保护、可以带来经济利益的各种技术和诀窍。非专利技术一般包括工业专有技术、商业贸易专有技术和管理专有技术三个方面。非专利技术具有经济性、机密性和动态性等特点。

非专利技术实际上具有专利权的效用,但是由于它未经公开并未申请取得专利权,所以不受法律保护。企业的非专利技术有的是自行开发研究的,有的是根据合同规定从外部购入的。企业自行开发研究非专利技术,可能成功也可能失败,研究开发过程中所发生的费用,根据谨慎性要求,应将其列入当期损益,不作为无形资产核算。对于从外部购入的非专利技术,应将其实际发生的支出予以资本化,作为无形资产入账核算。

3) 商标权

商标是用来辨认特定的商品或劳务的标记。商标权,是指企业专门在某类指定的商品或产品上使用特定的名称或图案的权利。根据我国商标法的规定,经商标局核准注册的商标称注册商标,商标注册人享有商标专用权,受法律保护。我国商标法规定,商标权的有效期限为 10 年,期满前可继续申请延长注册期。

商标权的内容包括独占使用权和禁止使用权两个方面。独占使用权是指商标权所有人在商标注册的范围内独家使用其商标的权利。禁止使用权是指商标权所有人排除和禁止他人对商标独占使用权进行侵犯的权利。

一般情况下,企业自创的商标并将其注册登记,支出的直接费用一般不大,是否将其资本化并不重要。有一定影响、能够给拥有者带来获利能力的商标,往往是通过企业多年的保证产品质量、广告宣传和其他传播商标名称的手段以及客户的信赖等逐渐树立起来的。这些方面的支出,如广告费等一般不作为商标权的成本入账,而是在发生时直接作为费用计入当期损益。企业购买他人商标权,一次性支出费用较大的,则应将其相关支出资本化,作为无形资产核算。

4) 著作权

著作权又称版权,是指作者对其创作的文学、科学和艺术作品依法享有的某些特殊权利。著作权可以转让、出售或赠予。著作权包括发表权、署名权、修改权、保护作品完整权、复制权、发行权、出租权等。这里所说的著作除了文学、艺术作品外,还应包括工程设计、产品设计图纸及其说明、计算机软件等。

5) 特许权

特许权又称经营特许权、专营权,是指企业在某一地区经营或销售某种特定商品的权利,或是一家企业接受另一家企业使用其商标、商号、技术秘密等的权利。前者是指由政府机构以授权、准许企业使用或在一定地区享有经营某种业务的特权,如水、电、邮政通讯等专营权和烟草专卖权等;后者是指企业间按照合同有限期或无限期使用另一家企业的某些权利,如连锁企业授予在世界各地的特许经营者的特权等。会计上的经营特许权主要是指后一种情况。同样,只有支付了费用取得的特许经营权才能作为无形资产核算。

6) 土地使用权

土地使用权是指国家准许某一企业或单位在一定期间内对国有土地享有开发、利用、经营的权利。根据我国土地管理法的规定,我国土地实行公有制,任何单位和个人不得侵占、买卖或者以其他形式非法转让。国有土地可以依法出让和转让。

企业取得土地使用权一般有两种情况:

(1) 无偿取得 如企业拥有的并未入账的土地使用权,行政拨给企业使用土地的使用权。这种不花代价取得的土地使用权,不能作为无形资产入账。

(2) 有偿取得 这种花费一定代价取得的土地使用权,应将其支出资本化,作为无形资产入账。这里又有两种情况:一是企业根据《中华人民共和国城镇国有土地使用权出让和转让暂行条例》的规定,向政府土地管理部门申请取得土地使用权,企业为取得土地使用权而支付的土地出让金,应作为无形资产核算;二是企业原来通过行政划拨获得的土地使用权并未入账核算,企业根据有关规定将土地使用权有偿转让、出租、抵押、作价入股和对外投资时应按规定补交土地出让金的,企业因此而补交的土地出让金应予以资本化,作为无形资产入账核算。

二、无形资产外部取得的核算

(一) 无形资产的确认

无形资产的确认,原则上应满足三个条件:① 符合无形资产的定义;② 与该资产有关的经济利益很可能流入企业;③ 该无形资产的成本能够可靠地计量。

(二) 无形资产的初始计量

无形资产通常是按实际成本计量,即取得无形资产并使之达到预定用途而发生的全部支出,作为无形资产的成本。对于不同来源取得的无形资产,其成本构成不尽相同。

(1) 企业从外部购入的无形资产,应按取得时实际支付的价款作为入账价值。其购置成本包括购买价款、相关税费以及直接归属于使该项资产达到预定用途所发生的其他支出。企业购入的土地使用权或以支付土地出让金方式取得的土地使用权,也应按照实际支付的价款作为入账价值。

(2) 其他单位作为资本或者合作条件投入的无形资产,应根据投资各方确认的价值为入账价值。但是为首次发行股票而接受投资者投入的无形资产,应按该无形资产在投资方的账面价值作为入账价值。

(3) 企业自行开发的无形资产,应严格区分研究阶段和开发阶段支出。研究中发生的支出,在发生时应当费用化计入当期损益;开发中形成的无形资产,其成本由可直接归属于该资产的创造、生产并使该资产能够以管理层预定的方式运作的所有必要支出组成,包括开发该资产时耗费的材料、劳务成本、注册费、使用其他专利权和特许权的摊销、按规定的资本化利息支出以及为使该资产达到预定用途前所发生的其他费用。

(4) 企业接受的债务人以非现金资产抵偿债务方式取得的无形资产,应当以公允价值和应支付的相关税费作为换入无形资产的入账价值,公允价值与换出资产账面价值的差额计入当期损益。

无形资产在确认后发生的支出,应在发生时确认为当期费用,不能计入已入账的无形资产价值。

(三) 无形资产外部取得的账务处理

企业应设置"无形资产"账户,核算企业持有的无形资产成本。该账户借方登记取得无形资产的成本,贷方登记出售无形资产转出的无形资产账面余额,期末借方余额反映企业无形资产的成本;本账户应按无形资产项目设置明细账,进行明细核算。

(1) 外购的无形资产,其成本包括购买价款、相关税费以及直接归属于使该项资产达到预定用途所发生的其他支出。

[例 5-20] B公司向土地管理部门申请取得土地使用权,以银行存款 6 000 000 元支付土地出让金。应作会计分录如下:

借:无形资产——土地使用权　　　　　　　　　6 000 000
　　贷:银行存款　　　　　　　　　　　　　　　　　　6 000 000

(2) 投资者投入的无形资产,其成本应当按照投资合同或协议约定的价值确定,但合同或协议约定价值不公允的除外。在投资合同或协议约定价值不公允的情况下,应按无形资产的公允价值入账,按所确认初始成本与实收资本或股本之间的差额调整资本公积。

[例 5-21] 某股份有限公司接受A公司以其所拥有的专利权作为出资,双方协议约定的价值为 30 000 000 元,按照市场情况估计其公允价值为 20 000 000 元,已办妥相关手续。应作会计分录如下:

借:无形资产　　　　　　　　　　　　　　　　20 000 000
　　资本公积　　　　　　　　　　　　　　　　10 000 000
　　贷:实收资本　　　　　　　　　　　　　　　　　　30 000 000

(3) 接受捐赠的无形资产,应按照以下规定确定其实际成本。

① 捐赠方提供了有关凭据的,按照凭据上标明的金额加上应支付的相关税费,作为实际成本。

② 捐赠方没有提供有关凭据的,按照如下顺序确定其实际成本:

同类或类似无形资产存在活跃市场的,按照同类或类似无形资产的市场价格估计的金额,加上应支付的相关税费,作为实际成本。

同类或类似无形资产不存在活跃市场的,按照该接受捐赠的无形资产的预计未来现金流量现值,作为实际成本。

三、企业内部研究开发费用的核算

(一) 研究阶段和开发阶段的划分

(1) 研究阶段　研究阶段是探索性的,为进一步开发活动进行资料及相关方面的准备,已进行的研究活动将来是否会转入开发,开发后是否会形成无形资产等均具有较大的不确定性。比如,意在获取知识而进行的活动,研究成果或其他知识的应用研究、评价和最终选择,材料、设备、产品、工序、系统或服务替代品的研究,新的或经改进的材料、设备、产品、工序、系统或服务的可能替代品的配制、设计、评价和最终选择等,均属于研究活动。

(2) 开发阶段　相对于研究阶段而言,开发阶段应当是已完成研究阶段的工作,在很大程度上具备了形成一项新产品或新技术的基本条件。例如,生产前或使用前的原型和模型的设计、建造和测试,不具有商业性生产经济规模的试生产设施的设计、建造和运营等,均属于开发活动。

(二) 开发阶段有关支出资本化的条件

企业内部研究开发项目研究阶段的支出,应当于发生时计入当期损益。开发阶段的支出同时满足下列条件的,才能确认为无形资产:

(1) 完成该无形资产以使其能够使用或出售在技术上具有可行性。判断无形资产的开发在技术上是否具有可行性,应当以目前阶段的成果为基础,并提供相关证据和材料,证明企业进行开发所需的技术条件等已经具备,不存在技术上的障碍或其他不确定性。例如,企业已经完成了全部计划、设计和测试活动或经过专家鉴定等。

(2) 具有完成该无形资产并使用或出售的意图。企业的管理当局应当能够说明其开发无形资产的目的,并具有完成该项无形资产开发并使其能够使用或出售的可能性。

(3) 无形资产产生经济利益的方式。作为无形资产的确认,其基本条件是能够为企业带来未来经济利益,包括应能够证明运用该无形资产生产的产品存在市场或无形资产自身存在市场,无形资产将在内部使用的,应当证明其有用性。

(4) 有足够的技术、财务资源和其他资源支持,以完成该无形资产的开发,并有能力使用或出售该无形资产。企业能够证明:该项无形资产的开发具有技术上的可靠性,有财务资源和其他资源的支持,在开发过程中有所需的技术、财务和其他资源以及获得这些资源的相关计划,有能力使用或出售该无形资产以取得收益。

(5) 归属于该无形资产开发阶段的支出能够可靠地计量。企业对研究开发的支出应单独核算,如直接发生的研发人员工资、材料费等。在企业同时从事多项研究开发活动的情况下,所发生的支出应当按照合理的标准在各项研究开发活动之间进行分配,无法明确分配的,应予以费用化,计入当期损益,不计入开发活动的成本。

(三) 内部开发的无形资产的计量

开发中形成的无形资产,其成本由可直接归属于该资产的创造、生产并使该资产能够以管理层预定的方式运作的所有必要支出组成,包括开发该资产时耗费的材料、劳务成本、注册费、使用其他专利权和特许权的摊销、按规定的资本化利息支出以及为使该资产达到预定用途前所发生的其他费用。

(四) 内部研究开发费用的账务处理

企业应设置"研发支出"账户,该账户核算企业进行研究与开发无形资产过程中发生的各项支出。该账户可按研究开发项目,分别以"费用化支出""资本化支出"进行明细核算。

(1) 企业自行开发无形资产发生的研发支出,不满足资本化条件的,借记本账户(费用化支出),满足资本化条件的,借记本账户(资本化支出),贷记"原材料""银行存款""应付职工薪酬"等账户。

(2) 研究开发项目达到预定用途形成无形资产的,应按本账户(资本化支出)的余额,借记"无形资产"账户,贷记本账户(资本化支出)。

期(月)末,应将本账户归集的费用化支出金额,借记"管理费用"账户,贷记本账户(费用化支出)。

该账户期末借方余额,反映企业正在进行无形资产研究开发项目满足资本化条件的支出。

[例5-22] 某企业自行研究开发一项新产品专利技术,在研究开发过程中发生材料费 40 000 000 元、职工薪酬 10 000 000 元及其他费用 30 000 000 元,总计 80 000 000 元,其中,符合资本化条件的支出为 50 000 000 元。研发结束,该专利技术已经达到预定用途。应作会计分录如下:

(1) 研发过程中
借:研发支出——费用化支出　　　　　　　　　　30 000 000
　　　　——资本化支出　　　　　　　　　　　　50 000 000
　贷:原材料　　　　　　　　　　　　　　　　　　40 000 000
　　　应付职工薪酬　　　　　　　　　　　　　　　10 000 000
　　　银行存款　　　　　　　　　　　　　　　　　30 000 000

(2) 每月末
借:管理费用　　　　　　　　　　　　　　　　　　30 000 000
　贷:研发支出——费用化支出　　　　　　　　　　30 000 000

(3) 研发结束
借:无形资产　　　　　　　　　　　　　　　　　　50 000 000
　贷:研发支出——资本化支出　　　　　　　　　　50 000 000

四、无形资产后续计量的核算

(一) 使用寿命确定的无形资产的核算

1) 估计无形资产使用寿命应考虑的因素

(1) 资产通常的产品寿命周期,以及可获得的类似资产使用寿命的信息。

(2) 技术、工艺等方面的现实情况及对未来发展的估计。

(3) 以该资产生产的产品或服务的市场需求情况。

(4) 现在或潜在的竞争者预期采取的行动。

(5) 为维持该资产产生未来经济利益的能力预期的维护支出及企业预计支付有关支出的能力。

(6) 对该资产的控制期限,对该资产使用的法律或类似限制。

(7) 与企业持有的其他资产使用寿命的关联性。

2) 无形资产使用寿命的确定

源自合同性权利或其他法定权利取得的无形资产,其使用寿命不应超过合同性权利或其他法定权利的期限。没有明确的合同或法律规定的,企业应当综合各方面情况,如聘请相关专家进行论证或与同行业的情况进行比较,以及考虑企业的历史经验等,来确定无形资产为企业带来未来经济利益的期限。如果经过这些努力,确实无法合理确定无形资产为企业带来经济利益的期限,再将其作为使用寿命不确定的无形资产。

3) 无形资产使用寿命的复核

(1) 企业至少应当于每年年度终了,对无形资产的使用寿命进行复核,如果有证据表明无形资产的使用寿命不同于以前的估计,则对于使用寿命有限的无形资产,应改变其摊销年限,并按照《企业会计准则第 28 号——会计政策、会计估计变更和差错更正》进行处理。

(2) 对于使用寿命不确定的无形资产,如果有证据表明其使用寿命是有限的,则应按照会计估计变更处理,并按照《企业会计准则第 6 号——无形资产》中关于使用寿命有限无形资产的处理原则进行处理。

4) 无形资产的摊销期和摊销方法

无形资产属于企业的长期资产,能在较长时期给企业带来经济效益。同时,无形资产通常也有一定的有效期限,在这个期限内,伴随着无形资产为企业带来经济利益,其价值会发生转移,或具有价值的权利会终结或消失。因此,无形资产的成本,应自取得当月起在预计使用年限内分期平均摊销。

预计使用年限由企业根据有关规定结合企业具体情况确定。如果预计使用年限超过了相关合同规定的受益年限或法律规定的有效年限,无形资产的摊销年限应按如下原则:

(1) 合同规定了受益年限,但法律没有规定有效年限的,摊销期不应超过合同规定的受益年限。

(2) 合同没有规定受益年限,但法律规定了有效年限的,摊销期不应超过法律规定的有效年限。

(3) 合同规定了受益年限,法律也规定了有效年限的,摊销期不应超过受益年限与有效年限两者之中较短者。

(4) 如果合同没有规定受益年限,法律也没有规定有效年限的,摊销期不应超过 10 年。

无形资产摊销期限一经确定,不应随意变更。

5) 残值的确定

无形资产的残值一般为零,除非有第三方承诺在无形资产使用寿命结束时愿意以一定的价格购买该项无形资产或是存在活跃的市场,通过市场可以得到无形资产使用寿命结束时的残值信息,并且从目前情况看,在无形资产使用寿命结束时,该市场还可能存在的情况下,无形资产可以存在残值。

6) 账务处理

为了核算无形资产的摊销情况,企业应当设置"累计摊销"账户,该账户属于"无形资产"的调整账户,核算企业对使用寿命有限的无形资产计提的累计摊销,贷方登记企业计提的无形资产摊销,借方登记处置无形资产转出的累计摊销,期末贷方余额,反映企业无形资产的累计摊销额。

此外,企业无形资产发生减值的,还应当设置"无形资产减值准备"账户进行核算。

[例 5-23] 某公司 2013 年 4 月无形资产摊销情况见表 5.4。

表 5.4　无形资产摊销表　　　　　　　　　　　　　　　　　　单位：元

项　　目	应摊销金额	摊销期限	每月摊销金额
A项土地使用权	324 000	15 年	1 800
B项专利权	288 000	10 年	2 400
C项专利权	240 000	5 年	4 000
合计	852 000	—	8 200

根据"无形资产摊销表",应作会计分录如下：
借：管理费用——无形资产摊销　　　　　　　　　8 200
　　贷：累计摊销——土地使用权(A)　　　　　　　1 800
　　　　　　　　——专利权(B)　　　　　　　　2 400
　　　　　　　　——专利权(C)　　　　　　　　4 000

[例 5-24]　某股份有限公司从外单位购得一项商标权,支付价款 36 000 000 元,款项已支付,该商标权的使用寿命为 10 年,不考虑残值的因素。应作会计分录如下：
(1) 购买商标权
借：无形资产——商标权　　　　　　　　　　　36 000 000
　　贷：银行存款　　　　　　　　　　　　　　　　　　36 000 000
(2) 每月摊销
借：管理费用　　　　　　　　　　　　　　　　　300 000
　　贷：累计摊销　　　　　　　　　　　　　　　　　　300 000

(二) 使用寿命不确定的无形资产的核算

对于根据可获得的情况判断,无法合理估计其使用寿命的无形资产,应作为使用寿命不确定的无形资产。按照准则规定,对于使用寿命不确定的无形资产,在持有期间内不需要摊销,但需要至少于每一会计期末进行减值测试。按照企业会计准则的规定,需要计提减值准备的,相应计提有关的减值准备。

五、无形资产的减值

(一) 无形资产减值概述

无形资产由于技术进步或其他经济原因导致其可收回金额低于其账面摊余价值,这种情况称为无形资产的减值。

企业应定期对无形资产的账面价值进行检查,至少每年年末检查一次。如果发现无形资产存在减值情况,应对无形资产的可收回金额进行估计,并将该无形资产的账面价值超过可收回金额的部分(减值)确认为减值准备,并计入当期费用,这也说明,企业无形资产是按照账面价值与可收回金额孰低计量的。

(二) 无形资产减值判断

检查无形资产,发现存在以下一种或几种情况的,可以确定为无形资产有减值：

1. 该项无形资产已被其他新技术等所替代,使其为企业创造经济利益的能力受到重大不利影响。

2. 该项无形资产的市价在当期大幅度下跌,在剩余年限内预期不会恢复。

3. 该项无形资产已超过法律保护期限,但仍然具有部分使用价值。
4. 其他足以表明该无形资产的账面价值已超过可收回金额的情形。

(三) 无形资产减值账务处理

1) 确定可收回金额

资产存在减值迹象的,应当估计其可收回金额。

可收回金额应当根据资产的公允价值减去处置费用后的净额与资产预计未来现金流量的现值两者之间较高者确定。处置费用包括与资产处置有关的法律费用、相关税费、搬运费以及为使资产达到可销售状态所发生的直接费用等。

2) 计提减值准备

企业所持有的无形资产的账面价值高于其可收回金额的,其差额应确认为无形资产减值,借记"资产减值损失"账户,贷记"无形资产减值准备"账户。"无形资产减值准备"账户核算无形资产减值准备,该账户可按无形资产项目进行明细核算。

六、无形资产的处置和披露

(一) 无形资产的处置

1) 出售无形资产

企业出售无形资产时,应将所取得的价款与该无形资产账面价值的差额计入当期损益。

[例 5-25] 某公司将拥有的一项非专利技术出售,取得收入 4 000 000 元,应交的营业税为 200 000 元。该非专利技术的成本为 3 500 000 元,累计摊销额为 1 750 000 元,已计提的减值准备为 1 000 000 元。应作会计分录如下:

借:银行存款	4 000 000
累计摊销	1 750 000
无形资产减值准备	1 000 000
贷:无形资产	3 500 000
应交税费——应交营业税	200 000
营业外收入——处置非流动资产利得	3 050 000

2) 出租无形资产

企业将所拥有的无形资产的使用权让渡给他人,并收取租金,在满足收入准则规定的确认标准的情况下,应确认相关的收入及成本。出租无形资产时,取得的租金收入计入其他业务收入;摊销出租无形资产成本并发生有关费用时,计入其他业务成本。

[例 5-26] 某企业准许 M 公司使用本企业列为无形资产的商标权,本年取得收入 300 000 元,存入银行。该项商标权的成本为 1 000 000 元,摊销期限为 10 年。应作会计分录如下:

(1) 取得转让收入

借:银行存款	300 000
贷:其他业务收入	300 000

(2) 结转出租成本

借:其他业务成本	100 000
贷:累计摊销	100 000

3) 无形资产报废

当无形资产预期不能为企业带来经济利益时,不再符合无形资产的定义,企业应将其转销。无形资产预期不能为企业带来经济利益的情形主要有:该无形资产已被其他新技术等所替代;该无形资产不再受法律的保护。

[例5-27] 某企业经核查发现,专利权 M 由于科技进步等原因已丧失使用价值,不能为企业带来经济利益,予以转销。该项专利权账面价值 400 000 元,摊余价值 40 000 元,已计提无形资产减值准备 5 000 元。应作会计分录如下:

借:营业外支出　　　　　　　　　　　　　　　　　35 000
　　无形资产减值准备　　　　　　　　　　　　　　 5 000
　　累计摊销　　　　　　　　　　　　　　　　　　360 000
　　贷:无形资产——专利权 M　　　　　　　　　　　　　　400 000

4) 无形资产转移

企业购入的土地使用权,或以支付土地出让金方式取得的土地使用权,应按实际支付的价款列为无形资产入账,并按无形资产摊销规定进行摊销。待该项土地开发时再将其账面价值一次转入相关在建工程成本。属房地产开发企业,进行房地产开发时,则应将其相关的土地使用权予以结转,计入房地产开发成本,即将土地使用权的账面价值计入房屋建筑物成本。

[例5-28] 某企业2年前购入一项土地使用权,支付价款 600 000 元,已按有关规定摊销 50 000 元,现将该项土地用于固定资产建设。应作会计分录如下:

借:在建工程　　　　　　　　　　　　　　　　　550 000
　　累计摊销　　　　　　　　　　　　　　　　　 50 000
　　贷:无形资产——土地使用权　　　　　　　　　　　 600 000

(二) 无形资产的披露

企业应当按照无形资产的类别在附注中披露与无形资产有关的下列信息:

(1) 无形资产的期初和期末账面余额、累计摊销额及减值准备累计金额。

(2) 使用寿命有限的无形资产,其使用寿命的估计情况;使用寿命不确定的无形资产,其使用寿命不确定的判断依据。

(3) 无形资产的摊销方法。

(4) 用于担保的无形资产账面价值、当期摊销额等情况。

(5) 计入当期损益和确认为无形资产的研究开发支出金额。

任务三　长期待摊费用和其他长期资产的核算

一、长期待摊费用的核算

(一) 长期待摊费用的内容

长期待摊费用,是指企业已经支出,但摊销期在1年以上(不含1年)的各项费用。长期待摊费用主要包括以下两类:

(1) 经营租入固定资产改良支出　是指能增加以经营租赁方式租入固定资产的效用或延长其使用寿命的改装、翻修、改建等支出。这种改良支出是承租人在租赁期限和使用权限内发生的,它能改善该项固定资产的使用效能,但不能增加租入固定资产的价值,因而应列为长期待摊费用处理。

(2) 其他长期待摊费用　是指不属于上述各项以外的各种摊销期超过1年的其他待摊费用。如预付超过1年的财产租金等。

长期待摊费用本身没有价值,并不属于资产的范畴,它所带来的效益要期待于将来实现,并且数额比较大,为正确反映当期经营成果,需要对其作递延处理,将应计入当期损益的费用列为长期待摊费用,当然也不能随意增加费用项目。

(二) 长期待摊费用的账务处理

企业发生的长期待摊费用应设置"长期待摊费用"账户核算。该账户借方登记企业发生的各项长期待摊费用,贷方登记摊销数额,期末借方余额表示尚未摊销的长期待摊费用。长期待摊费用应按费用的种类设置明细账,进行明细分类核算。

长期待摊费用应在各费用项目的受益期限内分期平均摊销。各项费用的摊销期限为:经营租入固定资产改良支出应在租赁期限与租赁资产尚可使用年限两者孰短的期限内平均摊销;其他长期待摊费用应在受益期内平均摊销。企业发生长期待摊费用时,借记"长期待摊费用"账户,贷记"银行存款"、"原材料"等账户;分期摊销费用时,借记"销售费用"、"管理费用"等账户,贷记"长期待摊费用"账户。

还需注意:如果长期待摊的费用项目不能使以后会计期间受益的,应当将尚未摊销的该项目的摊余价值全部转入当期损益。

[例5-29] 某公司年初向外单位租入一座办公用房,租赁期为5年,租赁资产尚可使用年限为10年;从承租日起,公司对该办公用房进行装修,出包工程款180 000元以银行存款付清。公司应作会计分录如下:

(1) 支付出包工程款

借:在建工程——装修工程　　　　　　　　　　　　　　180 000
　　贷:银行存款　　　　　　　　　　　　　　　　　　　　　180 000

(2) 装修完工结转工程成本

借:长期待摊费用——租入固定资产改良支出　　　　　　180 000
　　贷:在建工程——装修工程　　　　　　　　　　　　　　　180 000

(3) 租赁期内,每月摊销

每月摊销额=180 000÷(5×12)=3 000(元)

借:管理费用——租赁费　　　　　　　　　　　　　　　3 000
　　贷:长期待摊费用——租入固定资产改良支出　　　　　　　3 000

二、其他长期资产的核算

(一) 其他长期资产的内容

其他长期资产是指企业除流动资产、固定资产、长期投资、无形资产、长期待摊费用以外的资产。其他长期资产主要包括特准储备物资、银行冻结存款和冻结物资、涉及诉讼中的财产等。

(1) 特准储备物资　特准储备物资是指由于特殊原因经国家批准在正常范围以外储备的,具有专门用途、不参加企业生产经营周转的物资。如国家为了应付自然灾害以及战备等需要而储备的物资。

（2）银行冻结存款和冻结物资　冻结是指人民法院对被执行人在银行的存款或企业的物资等财产实施强制执行的一种措施。根据我国民事诉讼法的规定，被执行人拒不履行法院裁决规定的义务，而银行有存款、企业有物资的，人民法院有权冻结其存款和物资，有权向有关银行或企业发出协助执行通知书，企业被冻结的存款、物资不能支取或转移。所以，冻结存款、冻结物资所有权并没有改变，但企业已不能正常支配使用。冻结是一种临时性措施，在规定的期限内，被执行人自动履行了义务，人民法院可以解除冻结。

（3）涉及诉讼中的财产　诉讼是指司法机关在案件当事人和其他诉讼参与人参加和配合下，为解决案件而依照法定程序所进行的活动。涉及诉讼中的财产，主要是指已被有关机关依法查封、冻结、扣押的财产，企业对这些财产，不得隐藏、转移、变卖、毁损。

（二）其他长期资产的账务处理

其他资产的经济业务，一般企业很少发生。如有其他长期资产业务发生，应根据具体情况设置相应的账户进行核算，如"特准储备物资""特准储备资金"账户等。当企业购进或收到特准储备物资时，借记"特准储备物资"账户，贷记"银行存款""特准储备资金"账户；企业经国家批准动用特准储备物资时，借记"特准储备资金"账户，贷记"特准储备物资"账户。

[例5-30]　收到国家下拨的特准储备A材料200 000元，已验收入库。根据有关原始凭证，应作会计分录如下：

　　借：特准储备物资——A材料　　　　　　　　　　　　200 000
　　　　贷：特准储备资金　　　　　　　　　　　　　　　　　200 000

若国家特准动用A材料100 000元，根据有关原始凭证，应作会计分录如下：

　　借：特准储备资金　　　　　　　　　　　　　　　　　100 000
　　　　贷：特准储备物资——A材料　　　　　　　　　　　100 000

项目四　固定资产与无形资产会计岗位实训

【练习】

一、单项选择题

1. 企业采用出包方式购建固定资产，按合同规定预付的工程款，应通过（　　）账户核算。
　　A. 预付账款　　　B. 应付账款　　　C. 固定资产　　　D. 在建工程
2. 生产经营期间固定资产报废清理的净损失应计入（　　）。
　　A. 营业外支出　　B. 管理费用　　　C. 资本公积　　　D. 长期待摊费用
3. 融资租入的固定资产（　　）。
　　A. 由出租方计提折旧　　　　　　　B. 由承租方计提折旧
　　C. 由租赁双方协商确定哪一方计提折旧　　D. 双方均需计提折旧
4. 企业自创并依法申请取得的无形资产，依法申请取得前发生的研究开发费用，应计入（　　）。
　　A. 无形资产价值　B. 当期损益　　　C. 研发支出　　　D. 其他业务成本
5. 企业确认的无形资产减值，应计入（　　）。
　　A. 营业外支出　　　　　　　　　　B. 资产减值损失
　　C. 坏账准备　　　　　　　　　　　D. 其他业务成本

二、多项选择题

1. 购入的固定资产入账价值包括（   ）。
   A. 买价　　　　　　B. 运输费　　　　　C. 包装费　　　　　D. 增值税
   E. 安装费
2. 下列固定资产中应计提折旧的有（   ）。
   A. 不需用的房屋及建筑物
   B. 在用的机器设备
   C. 未提足折旧而提前报废的固定资产
   D. 以经营租赁方式租入的固定资产
   E. 季节性使用的固定资产
3. 属于加速折旧法的有（   ）。
   A. 平均年限法　　　B. 工作量法　　　　C. 双倍余额递减法
   D. 年数总额法　　　E. 账面价值与可收回金额孰低法
4. 长期待摊费用以外的其他长期资产包括（   ）。
   A. 特准储备物资　　　　　　　　　　B. 银行冻结存款
   C. 涉及诉讼中的财产　　　　　　　　D. 长期负债费用

三、判断题

1. 企业"固定资产"账户核算的固定资产，其所有权均属于本企业。（   ）
2. 固定资产修理不增加固定资产价值，对自有固定资产进行改建、扩建，应当增加固定资产价值。（   ）
3. 企业出售已使用过的固定资产所得收入，应当作为其他业务收入处理。（   ）
4. 固定资产不同的折旧方法会改变固定资产应计提的折旧总额。（   ）
5. 无形资产出租和出售的收入均应列为其他业务收入。（   ）
6. 企业自创的无形资产是不能入账的。（   ）

【技能实训】

实训一　固定资产的核算

甲公司为一般纳税人，增值税税率17%，所得税税率25%，2013年度发生下列经济业务：

1. 购入一台需要安装的设备，发票价款300 000元，增值税额51 000元，运杂费9 000元，用银行存款支付安装费10 000元，设备安装完毕交付使用。
2. 采用自营方式建造厂房一幢，为工程购入材料价款100 000元（含增值税），全部用于工程建设，该工程项目应负担建设人员工资5 000元。工程完工验收交付使用。
3. 接受B公司投入设备一台，双方确认该设备投资的价值为200 000元。
4. 接受C公司捐赠的全新设备一台，按照同类资产的市场价值确认其原价为300 000元。
5. 出售设备一台，该设备账面原价200 000元，已提折旧80 000元，出售时用银行存款支付清理费用2 000元，收到设备变价收入100 000元存入银行。

要求：编制相应的会计分录。

实训二　固定资产折旧的计算

甲企业购入设备一台，增值税专用发票上注明的货款为40 000元，增值税税率为17%，支付运杂费500元，安装调试费2 700元。该设备预计残值收入2 200元，预计清理费用200元，预计使用年限为5年。

要求：分别采用平均年限法、双倍余额递减法和年数总和法计算该项设备第2年和第4年的折旧额。

实训三　无形资产的核算

某企业发生有关无形资产的经济业务如下：

1. 购入一项专利权，买价300 000元，注册费、律师费12 000元，价款均以银行存款支付。该项专利已投入使用。

2. 接受甲公司以某项商标权向本企业投资,双方协商确认价值150 000元。该项商标已投入使用。

3. 企业自行研制开发一项专利权,在研究开发过程中发生费用共计 90 000 元,其中领用库存材料 50 000元,应付职工薪酬 30 000 元,以存款支付其他费用 10 000 元。符合资本化条件的支出为 40 000 元。研发结束,该专利权已经达到预定用途。

要求:编制相应的会计分录。

岗位六　职工薪酬会计岗位实务

【引言】

按照国家有关规定正确地核算应付职工薪酬,按照一定的标准在受益对象或单位分配应付职工薪酬,按照规定标准计算代扣的三险一金、个人所得税等项目,计提企业应该负担的五险一金,都是本岗位的重要工作。

项目一　职工薪酬会计岗位职责

一、制订薪酬计划

根据国家有关工资管理政策和劳动工资管理办法,会同劳资部门制定和贯彻工资核算办法,参与制定薪酬计划,根据薪酬管理部门审批的计划合理使用薪酬并监督薪酬计划的执行。

二、审核发放工资、奖金等薪酬

根据按劳分配原则,参与制定薪酬发放标准,组织各部室准确、及时地计算、发放工资和奖金等。

三、办理代扣款项

审核有关薪酬的原始单据,办理代扣款项(包括计算个人所得税、住房公积金、养老保险、医疗保险、失业保险、工伤保险、生育保险等)。

四、负责薪酬的明细核算、薪酬分配核算

做好应付职工薪酬明细账的登记工作,做好薪酬分配的核算。

项目二　职工薪酬会计岗位核算流程

职工薪酬会计岗位核算流程如下:
(1)根据不同部门的工资结算单,编制工资结算汇总表,计算应付工资。
(2)将不同部门所发生的工资费用分别计入到相应的成本费用账户中去。其中,生产多种产品发生的共同生产工人的工资费用应在各种产品成本之间进行分配。

（3）根据应付工资计提企业应该负担的五险一金、两经费等薪酬。
（4）实际发放工资，代扣职工个人应负担的三险一金、个人所得税等项目。
（5）核算其他职工薪酬业务，登记应付职工薪酬明细账。

项目三　职工薪酬会计岗位核算任务

任务一　职工薪酬概述

一、职工薪酬的概念及内容

职工，是指与企业订立劳动合同的所有人员，含全职、兼职和临时职工，也包括虽未与企业订立劳动合同但由企业正式任命的人员，未与企业订立劳动合同或未由其正式任命，但向企业所提供服务与职工所提供服务类似的人员，也属于职工的范畴，包括通过企业与劳务中介公司签订用工合同而向企业提供服务的人员。

职工薪酬，是指企业为获得职工提供的服务而给予各种形式的报酬以及其他相关支出，既包括提供给职工本人的薪酬，也包括提供给职工配偶、子女、被赡养人、已故员工遗属及其他受益人等的福利。职工薪酬包括如下八项内容：

（1）职工工资、奖金、津贴和补贴。
（2）职工福利费。
（3）医疗保险、养老保险（指基本养老保险和补充养老保险）、失业保险、工伤保险和生育保险等社会保险费（简称"五险"）。
（4）住房公积金（简称"一金"）。
（5）工会经费和职工教育经费（简称"两经费"）。
（6）非货币性福利（如商品、交通工具、住房等）。
（7）辞退福利。
（8）其他与获得职工提供的服务相关的支出（如股份支付）。

二、应付职工薪酬的确认原则

职工薪酬的会计确认遵循以下原则：

（1）除因解除与职工的劳动关系给予的补偿外，企业应当在职工为企业提供服务的会计期间，根据职工提供服务的受益对象计入相关的成本或费用，并将应付的职工薪酬确认为负债，具体而言，应由所生产产品、所提供劳务负担的职工薪酬，计入产品成本或劳务成本；应由在建工程、无形资产负担的职工薪酬，计入建造固定资产或无形资产的成本；其他职工薪酬，则计入当期损益。

（2）对于因解除与职工的劳动关系而给予的补偿，由于辞退职工不能再给企业带来任何经济利益，应当将辞退福利计入当期管理费用，并确认因辞退福利产生的应付职工薪酬。

（3）对于企业以自产产品或外购产品作为非货币性福利发放给职工的，应当按照该产品或商品的公允价值和相关税费,根据上述原则,计入相关资产成本或当期费用,同时确认应付职工薪酬。

任务二 货币性职工薪酬的核算

一、账户设置

企业设置"应付职工薪酬"账户,核算企业根据有关规定应付给职工的各种薪酬。企业按照规定从净利润中提取的职工奖励及福利基金,也在本账户核算。本账户可按照"工资"、"职工福利"、"社会保险费"、"住房公积金"、"工会经费"、"职工教育经费"、"非货币性福利"、"辞退福利"、"股份支付"等进行明细核算。本账户期末贷方余额,反映企业应付而未付的职工薪酬。

二、货币性职工薪酬的账务处理

（一）计提货币性薪酬的账务处理

计提薪酬时,生产部门人员的职工薪酬,借记"生产成本""制造费用""劳务成本"等账户,贷记"应付职工薪酬"账户。应由在建工程、研发支出负担的职工薪酬,借记"在建工程""研发支出"等账户,贷记"应付职工薪酬"账户。管理人员、销售人员的职工薪酬,借记"管理费用""销售费用"账户,贷记"应付职工薪酬"账户。

企业在计提应付职工薪酬时,应当注意国家是否有相关的明确计提标准。一般而言,企业应向社会保险经办机构（或企业年金基金账户管理人）缴纳的医疗保险费、养老保险费、失业保险费、工伤保险费、生育保险费等社会保险费,应向住房公积金管理中心缴存的住房公积金,以及应向工会部门缴纳的工会经费等,国家（或企业年金计划）统一规定了计提基础和计提比例,应当按照国家规定的标准计提;而职工福利费等职工薪酬,国家（或企业年金计划）没有明确规定计提基础和计提比例,企业应当根据历史经验数据和实际情况,合理预计当期应付职工薪酬。当期实际发生金额大于预计金额的,应当补提应付职工薪酬;当期实际发生金额小于预计金额的,应当冲回多提的应付职工薪酬。

[例6-1] 2013年2月,南京安吉公司当月应付工资200 000万元,其中,生产部门直接生产人员工资100 000万元,生产部门管理人员工资20 000万元,公司管理部门人员工资50 000万元,公司专设产品销售人员工资30 000万元。假设南京市规定的单位与个人负担的职工的五险一金、两经费标准如下（按应付工资的一定比例计提）：

南京市	单位比例	个人比例
养老保险	21%	8%
医疗保险	9%	2%
失业保险	2%	1%
工伤保险	0.5%	—
生育保险	0.8%	—
住房公积金	8%	8%
工会经费	2%	
职工教育经费	1.5%	—

(1) 计提工资时

借：生产成本		100 000
制造费用		20 000
管理费用		50 000
销售费用		30 000
贷：应付职工薪酬——工资		200 000

(2) 计提五险一金、两经费时

单位计提比例：21%＋9%＋2%＋0.5%＋0.8%＋8%＋2%＋1.5%＝44.8%

借：生产成本		44 800
制造费用		8 960
管理费用		22 400
销售费用		13 440
贷：应付职工薪酬——社会保险费		66 600*
——住房公积金		16 000
——工会经费		4 000
——职工教育经费		3 000

*＝(21%＋9%＋2%＋0.5%＋0.8%)×200 000＝66 600

[例6-2] 甲公司下设一所职工食堂，每月根据在岗职工数量及岗位分布情况、相关历史经验数据等计算需要补贴食堂的金额，从而确定企业每期因职工食堂而需要承担的福利费金额。2013年3月，企业在岗职工共计100人，其中管理部门10人，生产车间70人，销售部门20人。企业的历史经验数据表明，对于每个职工企业每月需补贴食堂200元。则甲公司应作如下账务处理如下：

(1) 计提职工福利时

借：生产成本		14 000
管理费用		2 000
销售费用		4 000
贷：应付职工薪酬——职工福利		20 000

(2) 支付补贴给食堂时

借：应付职工薪酬——职工福利		20 000
贷：银行存款		20 000

(二) 实际发放工资、上交五险一金、两经费、个人所得税的账务处理

企业从当月应付给职工的工资总额中代扣一些款项，如代扣个人所得税、水电费，有的甚至代扣养老保险费、失业保险费、医疗保险费、住房保险费等，这些代扣款项交付之前形成了企业的流动负债。因此，企业通常将代扣的款项计入"其他应付款"，代扣的个人所得税计入"应交税费"。

[例6-3] 承[例6-1]，2013年2月28日，实际发放工资，假设代扣的个人所得税一共5 000元，职工个人应负担的三险一金比例见[例6-1]。

(1) 发放工资时

借：应付职工薪酬——工资		200 000
贷：其他应付款——住房公积金（个人代扣部分）		6 000

——社会保险费(个人代扣部分)	22 000*
应交税费——应交个人所得税(个人代扣部分)	5 000
银行存款	157 000

* 由养老保险8%,医疗保险2%,失业保险1%组成,职工个人不需交纳工伤和生育保险金。

(2) 上交住房公积金时

借:应付职工薪酬——住房公积金	16 000
其他应付款　——住房公积金(个人代扣部分)	16 000
贷:银行存款	32 000

(3) 上交社会保险费时

借:应付职工薪酬——社会保险费	66 600
其他应付款　——社会保险费(个人代扣部分)	22 000
贷:银行存款	88 600

(4) 上交个人所得税时

借:应交税费——应交个人所得税(个人代扣部分)	5 000
贷:银行存款	5 000

(三) 辞退福利

辞退福利即辞退职工补偿。主要有如下两种情况:

(1) 在职工劳动合同尚未到期前,不论职工本人是否愿意,企业决定解除与职工的劳动关系而给予的补偿。(职工无选择权)

(2) 在职工劳动合同尚未到期前,为鼓励职工自愿接受裁减而给予的补偿,职工有权利选择继续在职或接受补偿离职。(职工有选择权)

职工没有选择权的辞退计划,应当根据辞退计划条款规定的拟解除劳动关系的职工数量、每位的辞退补偿标准等,计提应付职工薪酬(实际数)。

对于自愿接受裁减的建议,因接受裁减的职工数量不确定,企业应当将会接受裁减建议的职工数量,根据预计的职工数量和每一职工的辞退补偿等,确认应付职工薪酬(估计数)。

辞退福利计入当期管理费用。

任务三　非货币性职工薪酬的核算

一、非货币性职工薪酬的概念

非货币性职工薪酬是指企业以自产的产品或外购商品发放给职工作为福利;企业提供给职工无偿使用自己拥有的资产或租赁资产供职工无偿使用,如提供给企业高级管理人员使用的住房等;免费为职工提供诸如医疗保健的服务或向职工提供企业支付了一定补贴的商品或服务等,如以低于成本的价格向职工出售住房等。

二、非货币性职工薪酬的账务处理

(1) 自产产品发放给职工作为福利。按照该产品的公允价值和相关税费,计量应计入成本费用的职工薪酬金额,并确认为主营业务收入,其销售成本的结转和相关税费的处理,与正常商品销售相同。

(2) 外购商品按照该商品的公允价值和相关税费,计量应计入成本费用的职工薪酬金额。

(3) 企业将拥有的房屋等资产无偿提供给职工使用的,按受益对象,将资产的折旧和摊销计入相关资产成本和费用,同时确认应付职工薪酬。

(4) 企业租用住房等资产提供职工无偿使用的,将每期应付的租金计入相关资产成本和费用。

[例6-4] 乙公司为电器生产企业,共有职工100名,其中一线生产工人85名,总部管理人员15名。2013年1月公司以其生产的成本为5 000元的液晶彩电作为春节福利发放给公司职工,该型号液晶彩电的市场售价为每台7 000元,乙公司适用的增值税税率为17%。

(1) 公司决定发放非货币性福利时,应做如下账务处理:

借:生产成本　　　　　　　　　　　　　　　　696 150
　　管理费用　　　　　　　　　　　　　　　　122 850
　　贷:应付职工薪酬——非货币性福利　　　　　　　819 000

(2) 实际发放非货币性福利时,应做如下账务处理:

借:应付职工薪酬——非货币性福利　　　　　　819 000
　　贷:主营业务收入　　　　　　　　　　　　　　700 000
　　　　应交税费——应交增值税(销项税额)　　　119 000
借:主营业务成本　　　　　　　　　　　　　　500 000
　　贷:库存商品　　　　　　　　　　　　　　　　500 000

[例6-5] 丙公司为25名经理级别以上的职工每人提供一辆汽车免费使用,每辆汽车每月计提折旧500元;同时为5名副总裁以上高级管理人员每人租赁一套住房,月租金每套4 000元。

(1) 确认轿车被使用时

借:管理费用　　　　　　　　　　　　　　　　12 500
　　贷:应付职工薪酬——非货币性福利　　　　　　12 500

实际计提折旧时:

借:应付职工薪酬——非货币性福利　　　　　　12 500
　　贷:累计折旧　　　　　　　　　　　　　　　　12 500

(2) 确认住房租金费用时

借:管理费用　　　　　　　　　　　　　　　　20 000
　　贷:应付职工薪酬——非货币性福利　　　　　　20 000

实际支付时:

借:应付职工薪酬——非货币性福利　　　　　　20 000
　　贷:银行存款　　　　　　　　　　　　　　　　20 000

项目四　职工薪酬会计岗位实训

【练习】

一、单项选择题

1. 应由生产产品负担的职工薪酬,计入(　　)。
   A. 产品成本　　　B. 劳务成本　　　C. 固定资产成本　　　D. 无形资产成本
2. 应由在建工程负担的职工薪酬,计入(　　)。
   A. 产品成本　　　B. 劳务成本　　　C. 固定资产成本　　　D. 无形资产成本
3. 企业为职工缴纳社会保险费和住房公积金,应当在职工为其提供服务的会计期间,根据(　　)的一定比例计算。
   A. 销售收入　　　B. 利润　　　C. 工资总额　　　D. 基本工资
4. 下列项目中,不属于企业职工范围的是(　　)。
   A. 临时职工
   C. 为企业提供审计服务的注册会计师
   B. 监事会成员
   D. 内部审计委员会成员
5. 企业确认的辞退福利,应当计入(　　)科目。
   A. 生产成本　　　B. 制造费用　　　C. 管理费用　　　D. 营业外支出

二、多项选择题

1. 下列各项中,应纳入职工薪酬核算的有(　　)。
   A. 工会经费
   C. 职工住房公积金
   B. 职工养老保险费
   D. 辞退职工经济补偿
2. 下列项目中,应按国家规定的计提基础和计提比例,计提应付职工薪酬的有(　　)。
   A. 医疗保险费　　　B. 养老保险费　　　C. 住房公积金　　　D. 非货币性福利
3. 下列薪酬中,可以计入产品成本的有(　　)。
   A. 企业为职工负担的住房公积金
   C. 职工工资
   B. 非货币性福利
   D. 辞退福利

三、判断题

1. 企业提供给职工配偶和子女的福利不属于职工薪酬。(　　)
2. 职工薪酬是指为获得职工提供的服务而给予各种形式的报酬和其他相关支出,包括提供给职工的全部货币性薪酬和非货币性福利。(　　)

【技能实训】

实训一　货币性薪酬的核算

甲公司 2013 年 1 月 31 日,应付工资总额为 750 000 元,其中,产品生产工人工资 300 000 元,在建工程员工工资 200 000 元,行政管理人员工资 150 000 元,销售人员工资 10 000 元。公司分别按照职工工资总额的 2% 和 1.5% 计提工会经费和职工教育经费。根据所在地政府规定,公司分别按职工工资总额的 10%、12%、2% 和 12% 计提医疗保险费、养老保险费、失业保险费和住房公积金,缴纳给当地社会保险经办机构和住房公积金管理机构。另外,企业按照规定代扣职工个人所得税 30 000 元,代扣公用事业公司水电费 10 000 元。

要求:1. 编制甲公司计提薪酬的会计分录。
2. 编制甲公司实际发放工资,上缴医疗保险费、养老保险费、失业保险费和住房公积金的会计分录。

实训二　非货币性薪酬的核算

甲公司为增值税一般纳税人,适用的增值税税率为17%。2014年1月甲公司董事会决定将本公司生产的500件产品作为福利发放给公司管理人员,该批产品单件成本为1.2万元,市场销售价格为每件2万元(不含增值税),不考虑其他相关税费。

要求:做相应的账务处理。

岗位七　筹资会计岗位实务

【引言】

　　资金是企业的血液。做好筹资会计岗位核算工作，能够为企业提供有价值的理财信息。本岗位不仅要求会计人员具有必要的筹资业务专业知识、良好的职业道德，还要熟悉国家有关法律、法规和相关国际惯例及金融业务。

项目一　筹资会计岗位职责

一、拟订资金管理与核算办法

　　熟悉和掌握有关的财务会计知识，制定公司资金收支管理流程，完善资金管理规定；参与拟订企业资金管理，反映资金预算的运行及控制状况。

二、核定资金定额，编制资金收支计划

　　根据本单位生产经营计划，会同有关部门核定资金定额；按供、产、销等计划，分年、季、月编制资金使用计划。

三、编制银行借款计划，筹措、调度资金

　　如果资金不够，负责编制贷款或其他筹资计划，筹措及调度资金；监督资金的到账、利息及其账务处理。

四、核算筹资业务

　　负责企业各项筹资的明细分类核算，对企业负债筹资（如短期借款、长期借款、发行债券等）及权益筹资各项情况进行相关会计核算。

项目二 筹资会计岗位核算流程

筹资会计岗位核算流程如图 7.1 所示。

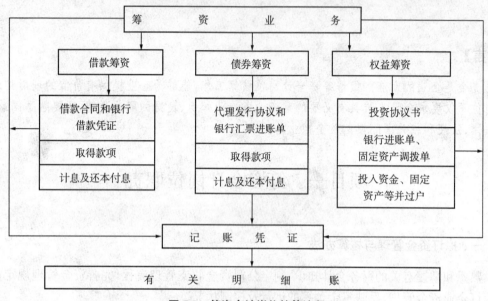

图 7.1 筹资会计岗位核算流程

项目三 筹资会计岗位核算任务

资金筹集是指企业通过各种方式和法定程序,从不同的资金渠道筹措所需资金的全过程。无论其筹资的来源和方式如何,其取得途径不外乎两种:一种是接受投资者投入的资金,即企业的资本金,也即权益筹资;另一种是向债权人借入的资金,即负债筹资,包括短期借款、长期借款、发行债券等。

任务一 权益筹资的核算

权益筹资即接受投资者投入的资金,涉及所有者权益的核算。

所有者权益是指所有者在企业资产中享有的经济利益,其金额为资产减去负债后的净额。它包括实收资本(在股份有限公司称为股本)、资本公积、盈余公积和未分配利润四个部分。一般而言,实收资本和资本公积是来源于所有者直接投入的资本和直接计入所有者权益的利得和损失;盈余公积和未分配利润则是来源于企业生产经营过程中所实现的利润留存,因此,盈余公积和未分配利润又被称为留存收益。

一、实收资本的核算

实收资本是指投资者按照企业章程或者合同、协议的约定,实际投入企业的资本。所有者向企业投入的资本,在一般情况下无须偿还,可以长期周转使用。我国有关法律规定,投资者设立企业首先必须投入资本,必须具备符合国家有关法规规定并与其生产经营和服务规模相适应的资本金。

我国目前实行的是注册资本金制度,要求企业的实收资本与其注册资本一致。我国《企业法人登记管理条例》规定,除国家另有规定外,企业的注册资金应当与实有资金一致。企业收到投资者投入企业的资本时,必须聘请注册会计师进行验资并由其出具验资报告。投资者向企业投入的资本,在企业持续经营期间内,除依法转让外,不得以任何形式抽回。

投资人可以用货币资金投资,也可以用货币资金以外的其他有形资产投资。符合国家规定比例的,还可以用无形资产投资。

(一) 国有独资企业实收资本的核算

国有独资企业是由国家授权投资的机构或国家授权的部门单独投资设立的有限责任公司。

为了核算和监督投资者投入资本的增减变动情况,应设置"实收资本"总分类账户,进行总分类核算。该账户的贷方登记企业实际收到投资者缴付的资本,借方登记企业按法定程序减资时所减少的资本数额,贷方余额表示企业期末实收资本实有数额。

国有独资企业收到投资者投入的资本时,应当以实际收到金额或者按投资各方确认的价值作为实收资本入账。

[例7-1] 某国有独资公司收到投入资金1 000 000元,款项已收妥入账。应作会计分录如下:

借:银行存款   1 000 000
  贷:实收资本   1 000 000

(二) 有限责任公司实收资本的核算

有限责任公司是指由两个以上股东共同出资,每个股东以其所认缴的出资额为限对公司承担有限责任,公司以其全部资产对其债务承担责任的企业法人。我国《公司法》将国家授权机构或者国家授权的部门可以单独投资设立的国有独资公司也划入有限责任公司范围。由于单一投资者与多个投资者设立的企业,在会计核算上有区别,所以在论述所有者权益的核算问题时,把有限责任公司限定为两个以上股东共同出资设立的企业,而将国有独资企业单设一类。

为了核算和监督投资者投入资本的增减变动情况,应设置"实收资本"总分类账户,并按投资单位或个人设置明细分类账户,进行明细分类核算。初建有限责任公司时,各投资者按照合同、协议或公司章程投入企业的资本,应全部记入"实收资本"账户。在企业增资扩股时,如有新投资者介入,新介入的投资者缴纳的出资额大于其按约定比例计算的其在注册资本中所占的份额部分,不记入"实收资本"账户,而记入"资本公积——资本溢价"账户。

1) 接受货币资产投资

[例7-2] 甲公司为A公司与B公司共同出资组建的有限责任公司,按合同规定,A公司投入600 000元,B公司投入600 000元,款项已收妥入账。应作会计分录如下:

借:银行存款   1 200 000

　　　　贷：实收资本——A公司　　　　　　　　　　　　　　　　　　　　600 000
　　　　　　　　　　——B公司　　　　　　　　　　　　　　　　　　　　600 000

　　[例7-3]　根据例7-2资料，甲公司建成后，又有C公司加入，投资800 000元，享有与A公司、B公司同等的权利，款项已收妥入账。应作会计分录如下：
　　借：银行存款　　　　　　　　　　　　　　　　　　　　　　　　　　800 000
　　　　贷：实收资本——C公司　　　　　　　　　　　　　　　　　　　　600 000
　　　　　　资本公积——资本溢价　　　　　　　　　　　　　　　　　　　200 000

　　实收资本的构成比例即投资者的出资比例或股东的股份比例，是确定所有者在企业所有者权益中所占的份额和参与企业财务经营决策的基础，也是企业进行利润分配或股利分配的依据，同时还是企业清算时确定所有者对净资产的要求权的依据。

　　2）接受非货币资产投资
　　我国《公司法》规定，股东可以用货币出资，也可以用实物、知识产权、土地使用权等可以用货币估价并可以依法转让的非货币财产作价出资；但是，法律、行政法规规定不得作为出资的财产除外。对作为出资的非货币财产应当评估作价，核实财产，不得高估或低估作价。法律、行政法规对评估作价有规定的，从其规定。全体股东的货币出资金额不得低于有限责任公司注册资本的30%。不论以何种方式出资，投资者如在投资过程中违反投资合约，不按规定如期缴足出资额，企业可以依法追究投资者的违约责任。

　　企业接受非货币资产投资时，应按投资合同或协议约定价值确定非货币资产价值（但投资合同或协议约定价值不公允的除外）和在注册资本中应享有的份额。

　　(1) 接受投入固定资产　企业接受投资者作价投入的房屋、建筑物、机器设备等固定资产，应按投资合同或协议约定价值确定固定资产价值（但投资合同或协议约定价值不公允的除外）和在注册资本中应享有的份额。

　　[例7-4]　A有限责任公司于设立时收到乙公司作为资本投入的不需要安装的机器设备1台，合同约定该机器设备的价值为2 000 000元，增值税进项税额为340 000元（假设不允许抵扣）。合同约定的固定资产价值与公允价值相符，不考虑其他因素，A公司应作会计分录如下：
　　借：固定资产　　　　　　　　　　　　　　　　　　　　　　　　　2 340 000
　　　　贷：实收资本——乙公司　　　　　　　　　　　　　　　　　　　2 340 000

　　(2) 接受投入材料物资　企业接受投资者作价投入的材料物资，应按投资合同或协议约定价值确定材料物资价值（但投资合同或协议约定价值不公允的除外）和在注册资本中应享有的份额。

　　[例7-5]　B有限责任公司于设立时收到丙公司作为资本投入的原材料一批，该批原材料投资合同或协议约定价值（不含可抵扣的增值税进项税额部分）为100 000元，增值税进项税额为17 000元。丙公司已开具了增值税专用发票。假设合同约定的价值与公允价值相符，该进项税额允许抵扣，不考虑其他因素，B公司应作会计分录如下：
　　借：原材料　　　　　　　　　　　　　　　　　　　　　　　　　　　100 000
　　　　应交税费——应交增值税（进项税额）　　　　　　　　　　　　　　17 000
　　　　贷：实收资本——丙公司　　　　　　　　　　　　　　　　　　　　117 000

　　(3) 接受投入无形资产　企业收到以无形资产方式投入的资本，应按投资合同或协议约定价值确定无形资产价值（但投资合同或协议约定价值不公允的除外）和在注册资本中应享有的份额。

[例7-6] C有限责任公司于设立时收到丁公司作为资本投入的非专利技术一项,该非专利技术投资合同约定价值为60 000元,同时收到甲公司作为资本投入的土地使用权一项,投资合同约定价值为80 000元。假定C公司接受该非专利技术和土地使用权符合国家注册资本管理的有关规定,可按合同约定作实收资本入账,合同约定的价值与公允价值相符,不考虑其他因素,C公司应作会计分录如下:

借:无形资产——非专利技术	60 000
——土地使用权	80 000
贷:实收资本——丁公司	60 000
——甲公司	80 000

(三) 股份有限公司股本的核算

股份有限公司是指全部资本由等额股份构成并通过发行股票筹集资本,股东以其所持股份对公司承担有限责任,公司以其全部资产对公司债务承担责任的企业法人。与其他企业相比,其显著特点在于将企业的资本划分为等额股份,并通过发行股票的方式来筹集资本。股票的面值与股份总数的乘积即为股本,股本应等于企业的注册资本。

股票按持股人享受的权利不同分为普通股和优先股。普通股是股份有限公司的基本股份。普通股持有者拥有以下权利:① 参与管理权;② 优先认股权;③ 利润分配权;④ 剩余财产分配权。优先股是指在公司享有优先于普通股获得利益的权利的股份。优先股的优先权利表现在:① 优先分得股利权;② 优先分得剩余财产权。

为了核算和监督股份有限公司股本增减变动情况,应设置"股本"总分类账户,进行总分类核算。该账户的贷方登记公司因发行股票、可转换债券换成股票、发行股票股利等原因取得的股本,借方登记按照法定程序经批准减少注册资本,贷方余额表示公司所拥有的股本总额。为提供企业股份的构成情况,企业应在"股本"账户下,按普通股和优先股及股东单位或姓名设置明细分类账户,进行明细分类核算。

从理论上讲,股票发行有三种情况:一是溢价发行,即公司发行股票所得收入大于股本总额;二是折价发行,即公司发行股票所得收入小于股本总额;三是面值发行,即公司发行股票所得收入等于股本总额。我国不允许企业折价发行股票。在采用溢价发行股票的情况下,企业应将相当于股票面值的部分记入"股本"账户,其余部分在扣除发行手续费、佣金等发行费用后记入"资本公积——股本溢价"账户。

1) 按面值发行股票的账务处理

[例7-7] A公司2013年1月1日发行普通股500 000股,同时发行优先股250 000股,普通股和优先股每股面值均为1元,两种股票均按面值发行,全部股本已收妥入账。应作会计分录如下:

借:银行存款	750 000
贷:股本——普通股	500 000
——优先股	250 000

2) 溢价发行股票的账务处理

[例7-8] 根据[例7-7]资料,假定普通股和优先股都以每股1.2元发行,共收到股票发行款900 000元存入银行。应作会计分录如下:

借:银行存款	900 000

贷：股本——普通股	500 000
——优先股	250 000
资本公积——股本溢价	150 000

(四) 实收资本增减变动的核算

一般情况下，企业的实收资本应相对固定不变，但在某些特定情况下，实收资本也可能发生增减变化。企业资本增减的条件：一是符合增资条件，并经有关部门批准增资；二是企业按法定程序申报并经批准减少注册资本。

1) 企业增资

一般企业增加资本的途径主要有三条：一是接受投资者额外投入实现增资。企业应当按实际收到的款项或其他资产，借记"银行存款"等账户，按增加的实收资本金额，贷记"实收资本"账户，按两者之间的差额，贷记"资本公积——资本溢价"账户。二是经批准将资本公积转为实收资本。企业应按照转增的资本金额，借记"资本公积"账户，贷记"实收资本"账户。三是经批准将盈余公积转为实收资本。企业应按照转增的资本金额，借记"盈余公积"账户，贷记"实收资本"账户。

股份有限公司以发行股票股利的方法实现增资。公司在实施该方案并办理完增资手续后，根据实际发行的股票股利数，借记"利润分配——转作股本的普通股股利"账户，贷记"股本"账户。

2) 企业减资

一般企业按法定程序减少注册资本时，应按照减资金额，借记"实收资本"账户，贷记"银行存款"等账户。

股份有限公司采用收购本企业股票的方式减资的，应按照注销的面值总额减少股本，购回股票支付的价款超过面值总额的部分，依次减少资本公积和留存收益，借记"股本"账户，以及"资本公积"、"盈余公积"、"利润分配——未分配利润"账户，贷记"银行存款"等账户；购回股票支付的价款低于面值总额的，应按照股票面值，借记"股本"账户，按支付的价款，贷记"银行存款"等账户，按其差额，贷记"资本公积"账户。

[例7-9] 某股份有限公司累积亏损已引起注册资本的实际减少，公司报经批准减少注册资本100万元。公司原发行普通股20万股，每股面值10元，发行价12元。该公司已提取盈余公积60万元，未分配利润80万元。假定该公司以每股25元的价格收购本公司股票。由于该公司溢价发行20万股，溢价收入为400 000元[200 000×(12-10)]，应先后冲减资本公积、盈余公积、未分配利润。应作会计分录如下：

借：股本——普通股	1 000 000
资本公积——股本溢价	400 000
盈余公积	600 000
利润分配——未分配利润	500 000
贷：银行存款	2 500 000

二、资本公积的核算

资本公积是指由投资者或其他人投入，所有权归属于投资者，并且投入金额超过法定资本部分的资金。资本公积从形成来源上看，它不是由企业实现的利润转化而来的，从本质上讲应当属于投入资本范畴，它与留存收益有根本区别，留存收益是企业实现的净利润转化而来的。资本公积主要用来转增资本(或股本)。

资本公积形成包括:资本(或股本)溢价和直接计入所有者权益的利得和损失等。

(1) **资本(或股本)溢价**　是指投资者投入的资金超过其在注册资本中所占份额的部分。

(2) **直接计入所有者权益的利得和损失**　是指不应计入当期损益、会导致所有者权益发生增减变动的、与所有者投入资本或者向所有者分配利润无关的利得或损失。

为了核算和监督企业资本公积的来源及其使用情况,应设置"资本公积"总分类账户,并分别设置"资本溢价(股本溢价)"、"其他资本公积"明细分类账户,进行明细分类核算。该账户的贷方登记增加的资本公积金,借方登记减少的资本公积金,贷方余额表示到期末为止,企业资本公积金的结存金额。

(一) 资本(或股本)溢价的核算

1) 资本溢价的核算

资本溢价是指投资者交付企业的出资额大于该投资者在企业注册资本中所占有份额的数额。企业在收到投资者投入的资金时,按实际收到的金额或确定的价值,借记"银行存款""固定资产"等账户;按其在注册资本中所占的份额,贷记"实收资本"账户;按其差额,贷记"资本公积——资本溢价"账户。

资本溢价的账务处理见[例 7-3]。

2) 股本溢价的核算

股本溢价是指股份公司溢价发行股票时实际收到的款项超过股票面值总额的数额。在溢价发行股票的情况下,企业在收到现金资产时,应当按照实际收到的金额,借记"库存现金""银行存款"等账户,按股票面值和核定的股份总额的乘积计算的金额,贷记"股本"账户,按溢价部分,贷记"资本公积——股本溢价"账户。

股本溢价的账务处理见[例 7-8]。

(二) 其他来源资本公积的核算

其他来源资本公积,是指除上述各项资本公积以外形成的资本公积。取得时,借记有关账户,贷记"资本公积——其他资本公积"账户。

(三) 资本公积运用的核算

按规定资本公积可用于转增资本。资本公积转增资本时,资本公积减少,按转增实收资本(或股本)的结构或比例,将转增的金额记入实收资本(或股本)科目下各所有者的明细分类账。

[**例 7-10**] 甲公司(有限责任公司)将资本公积 100 000 元转增资本。在原注册资本中,A、B、C 三位投资者的投资比例分别为 20%、50%、30%。按法定程序办理完增资手续。

应作会计分录如下:

```
借:资本公积                               100 000
    贷:实收资本——A 股东                         20 000
           ——B 股东                          50 000
           ——C 股东                          30 000
```

三、留存收益的核算

留存收益是指企业从历年实现的利润中提取或留存于企业的内部积累。它来源于企业生产经营活动中所实现的净利润,主要包括盈余公积和未分配利润两部分。

(一)盈余公积的核算

1) 盈余公积的分类

盈余公积是指企业按照规定从净利润中提取的各种积累资金。

一般企业和股份有限公司的盈余公积包括法定盈余公积和任意盈余公积两项。公司制企业的法定盈余公积按照税后利润的10%提取(非公司制企业也可按照超过10%的比例提取),法定盈余公积累计额已达注册资本的50%时可以不再提取。二是任意盈余公积,主要是公司制企业按照股东大会的决议提取。法定盈余公积和任意盈余公积的区别就在于其各自计提的依据不同。前者以国家的法律或行政规章为依据提取,后者则由企业自行决定提取。

外商投资企业的盈余公积包括三项:储备基金,是指企业按照法律、行政法规规定从净利润中提取的经批准用于弥补亏损和增加资本的储备基金;企业发展基金,是指企业按照法律、行政法规规定从净利润中提取的用于企业生产发展和经批准用于增加资本的企业发展基金;职工奖励及福利基金,是指企业按照法律、行政法规规定从净利润中提取的用于企业职工奖励及福利的基金。

2) 盈余公积的用途

(1) 弥补亏损 根据企业会计制度和有关的规定,企业发生亏损,可以用发生亏损后5年内实现的税前利润弥补,当发生的亏损在5年内仍不足弥补的,应使用随后所实现的所得税税后利润弥补。通常,当企业发生的亏损在所得税税后利润仍不足弥补的,可以用所提取的盈余公积来加以弥补,但是,用盈余公积弥补亏损应当由董事会提议,股东大会批准,或者由类似的机构批准。需要说明的是,当企业用税前利润弥补亏损时,不必做专门的账务处理。

(2) 转增资本(或股本) 当企业提取的盈余公积累积比较多时,可以将盈余公积转增资本(或股本),但是必须经股东大会或类似机构批准。而且用盈余公积转增资本(或股本)后,留存的盈余公积不得少于注册资本的25%。

(3) 发放现金股利或利润 在特殊情况下,当企业累积的盈余公积比较多,而未分配利润比较少时,为了维护企业形象,给投资者以合理的回报,对于符合规定条件的企业,也可以用盈余公积分派现金利润或股利。需要注意的是,在一般情况下盈余公积不得用于向投资者分配利润或股利。

在外商投资企业中,储备基金和企业发展基金可用于转增资本,储备基金还可用于弥补亏损。

3) 盈余公积的账务处理

为了核算和监督企业盈余公积的形成及使用情况,应设置"盈余公积"总分类账户,进行总分类核算。在"盈余公积"账户下分别设置"法定盈余公积"、"任意盈余公积"、"储备基金"、"企业发展基金"等明细账。

企业在按规定提取各项盈余公积时,应当按照提取的各项盈余公积数额,借记"利润分配——提取法定盈余公积或提取任意盈余公积"账户,贷记"盈余公积——法定盈余公积或任意盈余公积"账户。

企业经股东大会或类似机构决议,用盈余公积弥补亏损时,应当借记"盈余公积"账户,贷记"利润分配——其他转入"账户。

企业经批准将盈余公积转增资本时,应当按照转增资本前的实收资本结构比例,将盈余公积转增资本的数额计入"实收资本(或股本)"账户。

企业经股东大会或类似机构决议,用盈余公积分配现金股利或利润时,借记"盈余公积"账户,贷记"应付股利"账户。

[例7-11] 某企业2013年税后利润100 000元,分别按10%、6%的比例提取法定盈余公积、任意盈余公积。应作会计分录如下:

借:利润分配——提取法定盈余公积	10 000	
——提取任意盈余公积	6 000	
贷:盈余公积——法定盈余公积		10 000
——任意盈余公积		6 000

[例7-12] 某公司决定用任意盈余公积50 000元,弥补亏损。应作会计分录如下:

借:盈余公积——任意盈余公积	50 000	
贷:利润分配——其他转入		50 000

[例7-13] 某公司经批准用法定盈余公积100 000元转增资本。应作会计分录如下:

借:盈余公积——法定盈余公积	100 000	
贷:实收资本		100 000

[例7-14] 某股份有限公司2013年12月31日,普通股股本为50 000 000股,每股面值1元,可供投资者分配的利润为5 000 000元,盈余公积20 000 000元。2014年3月20日,股东大会批准2013年利润分配方案,以2013年12月31日为登记日,按每股0.2元发放现金股利。该公司共需分派10 000 000元现金股利,其中动用可供投资者分配的利润5 000 000元,盈余公积5 000 000元。该公司应作会计分录如下:

(1) 宣告分派股利时

借:利润分配——应付现金股利	5 000 000	
盈余公积	5 000 000	
贷:应付股利		10 000 000

(2) 支付股利时

借:应付股利	10 000 000	
贷:银行存款		10 000 000

(二)未分配利润的核算

未分配利润是企业留待以后年度进行分配的结存利润,也是企业所有者权益的组成部分。相对于所有者权益的其他部分来讲,企业对于未分配利润的使用分配有较大的自主权。

期末,企业应将会计期间内所实现的所有收入和成本、费用、支出项目都归集到"本年利润"账户下,计算出净利润(或净亏损)之后,转入"利润分配——未分配利润"账户,然后对实现的净利润进行分配,分配之后,"利润分配——未分配利润"账户的余额如果在贷方,即为未分配利润,如果在借方,即为未弥补亏损。年度终了,再将"利润分配"账户下的其他明细账户(其他转入、提取法定盈余公积、应付优先股股利、转作股本的普通股股利等)的余额,转入"未分配利润"明细账户。结转后,"未分配利润"明细账户的贷方余额,就是未分配利润的数额。如出现借方余额,则表示未弥补亏损的数额。

未分配利润的账务处理将在总账报表岗位中介绍。

任务二 短期借款的核算

短期借款是指企业为了生产经营的需要,从银行或其他金融机构借入的,偿还期在1年内或超过1年的1个营业周期内的各种借款。

为了核算和监督短期借款的借入、归还和结欠情况,企业应设置"短期借款"总分类账户,进行总分类核算。该账户属于负债类账户,其贷方登记企业借入的款项,借方登记企业已归还的款项,贷方余额表示企业尚未归还的款项。该账户应按债权人设置明细分类账户,进行明细分类核算。

[例7-15] 某企业向A银行借入期限为3个月的流动资金100 000元,年利率6%,应作会计分录如下:

借入时:
借:银行存款　　　　　　　　　　　　　　　100 000
　　贷:短期借款——A银行　　　　　　　　　　　　100 000
按月预提利息时(第一、二两个月预提利息时的会计分录相同):
借:财务费用——利息　　　　　　　　　　　　500
　　贷:应付利息——预提利息　　　　　　　　　　500
到期还本付息时:
借:短期借款——A银行　　　　　　　　　　　100 000
　　应付利息——预提利息　　　　　　　　　　1 000
　　财务费用——利息　　　　　　　　　　　　500
　　贷:银行存款　　　　　　　　　　　　　　　　101 500

任务三 长期借款的核算

一、长期借款概述

长期借款是指企业向银行和其他金融机构借入的,偿还期在1年以上(不含1年)的各种借款,不包括超过1年但在1个营业周期内的各种借款。它一般用于固定资产购置、固定资产建造工程和生产经营。企业取得借款时,必须符合金融部门申请借款条件和履行必要的程序。企业向金融机构借款时,必须首先提出申请,说明借款原因、借款用途、使用时间、使用计划、归还期限等,然后签订借款合同,取得银行或其他金融机构的借款。

1) 长期借款的分类

(1) 长期借款按借款用途不同,可以分为基本建设借款、技术改造借款、生产设施借款和生产经营借款等。

(2) 长期借款按偿还方式不同,可以分为定期一次偿还的长期借款和分期偿还的长期借款两种。

(3) 长期借款按借款币种不同,可以分为人民币长期借款和外币长期借款。

(4) 长期借款按借款的条件划分,可以划分为抵押借款、信用借款和担保借款。抵押借款是指以企业的动产或不动产作为抵押,以保证按期还款而取得的借款;信用借款是指不以特定的抵押财产作保证,仅凭企业的良好信誉而取得的借款;担保借款是指企业通过其他具有法人资格的单位的担保而取得的借款。

2) 长期借款利息费用的处理原则分为资本化和费用化两类

(1) 为购建、改扩建固定资产而筹措的长期借款利息,在固定资产达到预定可使用状态前发生的,予以资本化,计入固定资产价值。

(2) 为购建、改扩建固定资产而筹措的长期借款利息,在固定资产达到预定可使用状态后发生的,予以费用化,计入当期损益。

(3) 在筹建期间发生的不为购建固定资产而发生的长期负债利息,计入管理费用。

(4) 在生产经营期间发生的与购建固定资产无关的长期借款利息,直接计入当期损益。

(5) 在清算期间发生的长期借款利息,直接计入当期损益。

二、长期借款的核算方法

企业应设置"长期借款"账户,核算长期借款的借入、归还等情况。该账户可按照贷款单位和贷款种类设置明细分类账,分别设"本金"、"利息调整"等进行明细核算。为购建、改扩建固定资产而筹措的长期借款利息,在固定资产达到预定可使用状态前所发生的,予以资本化,借记"在建工程"账户,贷记"应付利息"(分期付息)或"长期借款——应计利息"(到期一次付息)账户;在固定资产达到预定可使用状态后发生的,予以费用化,借记"财务费用"账户,贷记"应付利息"(分期付息)或"长期借款——应计利息"(到期一次付息)账户;若是为生产经营而筹集的长期借款,应借记"财务费用"账户,贷记"应付利息"(分期付息)或"长期借款——应计利息"(到期一次付息)账户。

(一) 一次偿还本息的长期借款核算

[例7-16] 某企业2012年1月1日为建造生产车间厂房,向中国银行申请贷款1 000 000元,每年计息一次,年利率10%,按单利计算,期限3年,到期一次归还本息。建造期间用银行存款支付工程价款100万元,工程于2013年底竣工使用,总成本为110万元。应作会计分录如下:

2012年1月1日取得借款时:

借:银行存款　　　　　　　　　　　　　　　1 000 000
　　贷:长期借款——本金(中国银行)　　　　　　　1 000 000

2012年底确认借款利息时,由于该项借款用于购建固定资产,故在该项固定资产达到预定可使用状态前的利息费用应资本化,计入固定资产成本。

借款利息=1000000×10%×1=100 000(元)

借:在建工程　　　　　　　　　　　　　　　100 000
　　贷:长期借款——应计利息　　　　　　　　　　100 000

2013年底确认借款利息时:

借:在建工程　　　　　　　　　　　　　　　100 000
　　贷:长期借款——应计利息　　　　　　　　　　100 000

2014年底确认借款利息时,由于2013年底厂房建设已达到预定可使用状态,竣工交付使用,之后的利息费用应费用化,作为当期损益,计入"财务费用"账户。

借:财务费用　　　　　　　　　　　　　　　100 000

长期借款——本金(中国银行)　　　　　　　　　1 000 000
　　　　　——应计利息　　　　　　　　　　　　　200 000
　　　贷：银行存款　　　　　　　　　　　　　　　　　　　1 300 000

(二) 到期还本分期付息的长期借款核算

[例7-17] 若[例7-16]中的长期借款每年年终付息一次,到期一次偿还本金,其余条件不变,则应作会计分录如下：

2012年1月1日取得借款时：
　　借：银行存款　　　　　　　　　　　　　　　　1 000 000
　　　贷：长期借款——本金(中国银行)　　　　　　　　　　1 000 000

2012年底支付利息时：
　　借：在建工程　　　　　　　　　　　　　　　　100 000
　　　贷：银行存款　　　　　　　　　　　　　　　　　　　100 000

2013年底支付利息时：
　　借：在建工程　　　　　　　　　　　　　　　　100 000
　　　贷：银行存款　　　　　　　　　　　　　　　　　　　100 000

2014年底支付借款利息和偿还本金时,由于2013年底厂房建设已竣工交付使用,之后的利息费用应费用化,作为当期损益,计入"财务费用"账户。

　　借：财务费用　　　　　　　　　　　　　　　　100 000
　　　　长期借款——本金(中国银行)　　　　　　　1 000 000
　　　贷：银行存款　　　　　　　　　　　　　　　　　　　1 100 000

任务四　应付债券的核算

一、应付债券概述

债券是经济主体为筹集资金而发行的,用以记载和反映债权债务关系的有价证券。企业发行的债券称为公司债券。这里所说的应付债券是指企业为筹集资金而发行债券的本金和利息。

1) 票面价值

债券的票面价值简称面值,是指债券发行时设定的票面金额。它代表发行人借入并且承诺于未来某一特定日期偿还给债券持有人的金额。

2) 发行价格

债券的发行价格是指债券发行时使用的价格。债券的发行价格通常有三种：平价、溢价和折价。平价是指以债券的票面价值为发行价格；溢价是指以高于债券票面价值的价格为发行价格；折价是指以低于债券票面价值的价格为发行价格。

3) 票面利率

债券的票面利率是指债券票面标明的利率。发行债券的企业按票面利率定期支付利息。债券的计息和付息方式有多种,可以使用单利或复利计息,利息支付可以半年一次、一年一次或到期日一次性支付。

4）到期日

债券的到期日是指偿还本金的日期。债券一般都规定到期日，以便到期时归还本金。

二、应付债券的核算方法

为了核算和监督应付债券的发生，到期支付债券本息和债券溢价、折价的摊销情况，企业应设置"应付债券"总分类账户，进行总分类核算。该账户贷方登记企业发行债券时实际收到的款项，借方登记到期支付债券的本息，贷方余额表示尚未偿还的债券本息数。该账户应按"面值""利息调整""应计利息"等设置明细分类账户，进行明细分类核算。

（一）按面值发行债券的核算

[例7-18] 某企业2012年1月1日按面值发行3年期债券，债券面值500 000元，票面利率8%，每年12月31日付息一次，债券到期偿还本金，实际利率为8%。债券发行过程中，以银行存款支付发行手续费8 000元。应作会计分录如下：

(1) 2012年1月1日发行债券

借：银行存款　　　　　　　　　　　　　　　500 000
　　贷：应付债券——面值　　　　　　　　　　　　　500 000
借：财务费用　　　　　　　　　　　　　　　8 000
　　贷：银行存款　　　　　　　　　　　　　　　　　8 000

(2) 2012年12月31日计提利息和支付利息

$$利息 = 500\,000 \times 8\% \times 1 = 40\,000(元)$$

借：财务费用　　　　　　　　　　　　　　　40 000
　　贷：银行存款　　　　　　　　　　　　　　　　40 000

(3) 2013年12月31日计提利息和支付利息

$$利息 = 500\,000 \times 8\% \times 1 = 40\,000(元)$$

借：财务费用　　　　　　　　　　　　　　　40 000
　　贷：银行存款　　　　　　　　　　　　　　　　40 000

(4) 2014年12月31日计提利息和支付利息，并偿还债券本金

借：财务费用　　　　　　　　　　　　　　　40 000
　　应付债券——面值　　　　　　　　　　　500 000
　　贷：银行存款　　　　　　　　　　　　　　　　540 000

（二）溢价发行债券的核算

债券票面利率确定后，从印刷到发行需要一段时间，而市场利率会发生变化，造成发行日市场利率与债券票面利率不一致。当市场利率低于票面利率时，债券发行价格就要高于债券面值，形成溢价发行。发行时，按实际收到的款项借记"银行存款"账户，按债券的面值贷记"应付债券——面值"账户，按溢价金额贷记"应付债券——利息调整"账户。

债券溢价发行，即债券发行企业在发行债券时所得款项高于债券面值，到期时企业只需按面值偿还本金。发行企业向债券购买人多收的溢价部分是债券购买人因票面利率高于市场利率而给予发行企业的利息补偿。因此，企业溢价发行债券的实际借款成本应为支付的票面利息减去溢价。债券的溢价是对债券从发行到偿还的整个期限内利息费用的一种调整。债券溢价采用实际利率法摊销。

[例 7-19] 某企业 2010 年 1 月 1 日发行 5 年期债券,债券面值 500 000 元,票面利率 8%,每年 12 月 31 日付息一次,到期一次还本,发行价格 542 650 元,实际利率为 6%。应作会计分录如下:

(1) 2010 年 1 月 1 日发行债券

借:银行存款　　　　　　　　　　　　　　　　　　542 650
　　贷:应付债券——面值　　　　　　　　　　　　　　　　500 000
　　　　　　　——利息调整　　　　　　　　　　　　　　　 42 650

(2) 按实际利率法摊销债券溢价,并编制债券溢价摊销表,如表 7.1 所示。

表 7.1　债券溢价摊销表(实际利率法)　　　　　　　　　　单位:元

年份	期初账面价值①	票面利息② ②=面值×8%	实际利息费用③ ③=①×6%	利息调整④ ④=②-③	期末账面价值⑤ ⑤=①-④
2010	542 650	40 000	32 559	7 441	535 209
2011	535 209	40 000	32 112.54	7 887.46	527 321.54
2012	527 321.54	40 000	31 639.29	8 360.71	518 960.83
2013	518 960.83	40 000	31 137.65	8 862.35	510 098.48
2014*	510 098.48	40 000	29 901.52	10 098.48	500 000
合计		200 000	157 350	42 650	

* 2014 年的数据倒算。

根据表 7.1,应作会计分录如下:

2010 年 12 月 31 日　支付利息,摊销溢价

借:财务费用　　　　　　　　　　　　　　　　　　32 559
　　应付债券——利息调整　　　　　　　　　　　　 7 441
　　贷:银行存款　　　　　　　　　　　　　　　　　　　40 000

2011 年 12 月 31 日　支付利息,摊销溢价

借:财务费用　　　　　　　　　　　　　　　　　　32 112.54
　　应付债券——利息调整　　　　　　　　　　　　 7 887.46
　　贷:银行存款　　　　　　　　　　　　　　　　　　　40 000

2012 年 12 月 31 日　支付利息,摊销溢价

借:财务费用　　　　　　　　　　　　　　　　　　31 639.29
　　应付债券——利息调整　　　　　　　　　　　　 8 360.71
　　贷:银行存款　　　　　　　　　　　　　　　　　　　40 000

2013 年 12 月 31 日　支付利息,摊销溢价

借:财务费用　　　　　　　　　　　　　　　　　　31 137.65
　　应付债券——利息调整　　　　　　　　　　　　 8 862.35
　　贷:银行存款　　　　　　　　　　　　　　　　　　　40 000

2014 年 12 月 31 日　债券到期,支付当年利息,摊销溢价并偿还本金

借:财务费用　　　　　　　　　　　　　　　　　　29 901.52
　　应付债券——利息调整　　　　　　　　　　　　10 098.48
　　　　　　——面值　　　　　　　　　　　　　　500 000

  贷：银行存款   540 000

（三）折价发行债券的核算

  当市场利率高于票面利率时，债券发行价格就要低于债券面值，形成折价发行。发行时，按实际收到的款项借记"银行存款"账户，折价差额借记"应付债券——利息调整"账户，按债券面值，贷记"应付债券——面值"账户。

  债券折价发行，即债券发行企业在发行债券时所得款项低于债券面值，到期时发行企业必须按面值偿还本金。发行企业向债券购买人少收的折价部分是发行企业因票面利率低于市场利率而给予债券购买人的利息补偿。因此，债券折价实际是借款成本的一部分，债券利息总额实际上是债券按票面利率计算的利息和债券折价两部分。债券折价也是对债券从发行到偿还的整个期限内利息费用的一种调整。

  [例7-20] 2012年1月1日，甲公司发行3年期、面值1 000万元、票面利率6%的公司债券(实际利率7%)，按年付息到期还本，发行价973.76万元。应作会计分录如下：

（1）2012年1月1日收到债券款

  借：银行存款   973.76
    应付债券——利息调整   26.24
    贷：应付债券——面值   1 000

（2）按实际利率法摊销债券折价，并编制债券折价摊销表，如表7.2所示。

表7.2 债券折价摊销表(实际利率法)   单位：万元

年份	期初账面价值①	实际利息费用② ②=①×7%	票面利息③ ③=面值×6%	利息调整④ ④=②-③	期末账面价值⑤ ⑤=①+④
2012	973.76	68.16	60	8.16	981.92
2013	981.92	68.73	60	8.73	990.65
2014	990.65	69.35	60	9.35	1 000
合计		206.24	180	26.24	

2012年12月31日计算并支付利息
  借：财务费用   68.16
    贷：银行存款   60
      应付债券——利息调整   8.16

2013年12月31日计算并支付利息
  借：财务费用   68.73
    贷：银行存款   60
      应付债券——利息调整   8.73

2014年12月31日债券到期
支付2014年利息
  借：财务费用   69.35
    贷：银行存款   60
      应付债券——利息调整   9.35

偿还本金

借:应付债券——面值　　　　　　　　　　　　　1 000
　　贷:银行存款　　　　　　　　　　　　　　　　　　1 000

项目四　筹资会计岗位实训

【练习】

一、单项选择题

1. 某股份有限公司发行普通股 2 000 万股,每股面值 1 元,按 2.3 元的价格出售。按协议,证券公司从发行收入中收取 2% 的手续费,并从发行收入中扣除,则该公司计入资本公积的数额为(　　)万元。
   A. 2 600　　　　B. 2 560　　　　C. 4 508　　　　D. 2 508

2. 当有限责任公司投资者的投入资本超过注册资本时,超过的部分应当计入公司的(　　)。
   A. 实收资本　　B. 资本公积　　C. 盈余公积　　D. 营业外收入

3. 企业计提的法定盈余公积可以用于(　　)。
   A. 发放职工奖金　　　　　　　　　　B. 支付职工住房补贴
   C. 弥补应付福利费不足　　　　　　　D. 弥补亏损

4. 下列各项中,属于企业未分配利润用途的是(　　)。
   A. 留待以后年度向投资者进行分配　　B. 用于弥补以后年度的亏损
   C. 用于计提企业的法定盈余公积　　　D. 用于计提企业的任意盈余公积

5. 在清算期间发生的长期负债费用,应计入(　　)。
   A. 清算资产的价值中　　B. 管理费用　　C. 清算损益　　D. 财务费用

6. 就发行债券的企业而言,所获得的债券溢价收入实质是(　　)。
   A. 为以后少付利息而付出的代价　　　B. 为以后多付利息而得到的补偿
   C. 为以后少得利息而得到的补偿　　　D. 债券发行费用

7. 溢价发行债券的票面利率(　　)市场利率。
   A. 低于　　　　B. 高于　　　　C. 等于　　　　D. 与票面利率无关

8. 短期借款利息采取按月预提方式的,则实际支付利息时,应该(　　)。
   A. 借记"财务费用"账户　　　　　　B. 借记"应付利息"账户
   C. 贷记"应付利息"账户　　　　　　D. 借记"短期借款"账户

二、多项选择题

1. 下列各项中,可能引起资本公积变动的有(　　)。
   A. 资本公积转增资本　　　　　　　　B. 发放股票股利
   C. 溢价发行股票　　　　　　　　　　D. 接受现金资产投资

2. 下列各项中,不会引起股份有限公司所有者权益发生增减变动的有(　　)。
   A. 用资本公积转增股本　　　　　　　B. 用盈余公积弥补亏损
   C. 用法定盈余公积转增资本　　　　　D. 用法定盈余公积分配现金股利

3. "应付债券"账户应设置的明细账户包括(　　)。
   A. 债券面值　　　B. 债券溢价　　　C. 债券折价
   D. 应计利息　　　E. 债券损益

4. "长期应付款"账户主要核算(　　)。
   A. 应付补偿贸易引进设备款　　B. 长期应付货款　　C. 应付融资租赁款
   D. 从非金融机构借入的期限在 1 年以上的借款　　E. 到期不能支付的应付票据款

三、判断题

1. 相同数量的投资,由于出资时间不同,其在企业中所拥有的股权比例可能不同。（   ）
2. 资本公积的实质属于投入资本范畴,因此资本公积可用于转增资本。（   ）
3. 企业计提的法定盈余公积可以用于发放现金股利或利润。（   ）
4. 当企业投资者投入的资本高于其注册资本时,应当将高出部分计入营业外收入。（   ）
5. 在预提短期借款利息时,应通过"应付利息"和"短期借款"账户核算。（   ）
6. 当债券票面利率高于发行时的市场利率,债券会溢价发行;反之,债券会折价发行。（   ）
7. 债券发行企业发行债券时,因溢价多得的收入,实质上是债券到期前对企业各期多付利息的一种补偿,也是对债券利息费用的一项调整。（   ）
8. 长期借款的应计利息应记入"应付利息"账户。（   ）

【技能实训】

实训一　发行股票的核算

某公司委托某证券公司代理发行普通股 500 万股,每股面值 1 元,每股发行价格 1.5 元。双方约定,按发行收入的 2% 收取佣金,从发行收入中扣除。股款已经收存银行。

要求:编制该公司与上述业务有关的会计分录。

实训二　短期借款的核算

某企业因生产经营需要,于 7 月 1 日从银行取得一项为期 6 个月的借款 900 000 元,年利率 4.8%,借款利息分月预提,第一次支付利息于 9 月 30 日,12 月 31 日归还借款本金并支付第二次利息。

要求:编制有关会计分录。

实训三　长期借款的核算

某公司 2012 年初为建造厂房向 A 银行申请长期借款 4 000 000 元,年利率为 10%,期限 2 年。该工程采用出包方式交建设单位施工,合同规定开工时公司预交工程款 2 500 000 元,完工后结算剩余款项,厂房于 2013 年 9 月底完工并交付使用。

要求:编制有关会计分录。

实训四　应付债券的核算

某公司 2012 年 1 月 1 日发行 3 年期的面值共 3 000 000 元的公司债券,到期一次还本付息,每年计息一次,票面利率为 10% 时,按面值发行价格为 100 元,当票面利率为 8% 时,折价发行价格为 90 元,当票面利率为 12% 时,溢价发行价格为 110 元。

要求:
1. 分别编制按面值发行、折价发行、溢价发行时的会计分录。
2. 编制折价摊销、溢价摊销时的会计分录。
3. 编制到期还本付息时的会计分录。

岗位八　投资会计岗位实务

【引言】

企业投资是为了获得更高的利益。投资岗位会计人员不但要会核算，还要熟悉国家最新财经政策，熟悉各金融资产的特点，会做投资可行性分析报告。

项目一　投资会计岗位职责

一、拟订投资计划，评估投资方案

制定投资部的工作制度、工作规划，拟订公司投资计划，报批后执行；收集企业外部投资对象的资料及信息，对投资对象及方案进行评估。

二、编制投资项目可行性报告

负责公司投资预算、投资计划、立项、调研及投资项目可行性报告及整体运作。

三、进行股票证券的投资运作

负责对外的股票证券投资，定期向投资部经理报告股票证券投资的情况。

四、负责长短期投资核算

负责对外长短期投资的核算，及时关注公允价值，保证核算准确。

项目二 投资会计岗位核算流程

投资会计岗位核算流程如图 8.1 所示。

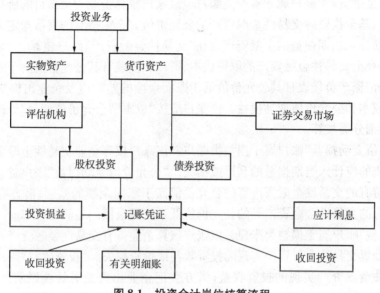

图 8.1 投资会计岗位核算流程

项目三 投资会计岗位核算任务

投资是指企业为通过分配来增加财富,或为谋求其他利益,而将资产让渡给其他单位所获得的另一项资产。财务会计中的投资有广义和狭义之分。广义的投资包括权益性投资、债权性投资、期货投资、房地产投资、固定资产投资等。狭义的投资一般仅包括权益性投资和债权性投资,即对外投资。

按照管理层持有的投资意图不同,投资可分为:① 以公允价值计量且其变动计入当期损益的金融资产;② 持有至到期投资;③ 贷款和应收款项;④ 可供出售的金融资产;⑤ 长期股权投资。其中以公允价值计量且其变动计入当期损益的金融资产,本岗位只介绍交易性金融资产、持有至到期投资、可供出售的金融资产、长期股权投资的核算。

任务一 交易性金融资产的核算

一、交易性金融资产的概念

交易性金融资产主要是指企业为了近期内出售而持有的金融资产,如企业以赚取差价为目的从二级市场购入的股票、债券、基金等。

二、交易性金融资产的账户设置及其核算

1) 账户设置

为了核算交易性金融资产的取得、收取现金股利或利息、处置等业务,企业应设置"交易性金融资产""公允价值变动损益""投资收益"等总分类账户,进行总分类核算。

"交易性金融资产"账户属于资产类账户。该账户核算企业为交易目的所持有的债券投资、股票投资、基金投资等交易性金融资产的公允价值。企业持有的直接指定为以公允价值计量且其变动计入当期损益的金融资产也在"交易性金融资产"账户核算。"交易性金融资产"账户借方登记交易性金融资产的取得成本、资产负债表日其公允价值高于账面余额的差额等;贷方登记资产负债表日其公允价值低于账面余额的差额以及企业出售交易性金融资产时结转的成本和公允价值变动损益。该账户应按"成本""公允价值变动"等设置明细分类账户,进行明细分类核算。

"公允价值变动损益"账户属于损益类账户。该账户核算企业交易性金融资产等公允价值变动而形成的应计入当期损益的利得或损失。"公允价值变动损益"账户贷方登记资产负债表日企业持有的交易性金融资产等的公允价值高于账面余额的差额;借方登记资产负债表日企业持有的交易性金融资产等的公允价值低于账面余额的差额。

"投资收益"账户属于损益类账户。该账户核算企业持有交易性金融资产期间取得的投资收益以及处置交易性金融资产实现的投资收益或投资损失。"投资收益"账户贷方登记企业出售交易性金融资产实现的投资收益;借方登记企业出售交易性金融资产发生的投资损失。

2) 交易性金融资产的核算

(1) 企业取得交易性金融资产时,应当按照该金融资产取得时的公允价值作为其初始确认金额,计入"交易性金融资产"账户的借方。取得交易性金融资产所支付价款中包含的已宣告但尚未发放的现金股利或已到付息期但尚未领取的债券利息,应单独记入"应收股利"或"应收利息"账户。

取得交易性金融资产所发生的相关交易费用应当在发生时记入"投资收益"账户。交易费用是指可直接归属于购买、发行或处置金融工具新增的外部费用,包括支付给代理机构、咨询公司、券商等的手续费和佣金及其他必要支出。

(2) 交易性金融资产持有期间被投资单位宣告发放的现金股利,或在资产负债表日按分期付息到期还本的债券投资的票面利率计算的利息,借记"应收股利"或"应收利息"账户,贷记"投资收益"账户。

资产负债表日,交易性金融资产的公允价值高于账面余额的差额,借记"交易性金融资产——公允价值变动"账户,贷记"公允价值变动损益"账户;公允价值低于账面余额的差额作相反的会计分录。

(3) 出售交易性金融资产,应按实际收到的金额,借记"银行存款"等账户,按该金融资产的账面余额,贷记"交易性金融资产"账户,按其差额,贷记或借记"投资收益"。同时,将原计入该金融资产的公允价值变动转出,借记或贷记"公允价值变动损益"账户,贷记或借记"投资收益"账户。

[例8-1] 甲公司于2013年3月10日购入乙股票10万股,划分为交易性金融资产,支付价款306.5万元,含已宣告尚未发放的现金股利2万元以及交易费用4.5万元。2013

年4月10日收到2012年股利,2013年12月31日,该股票公允价值330万元,2014年3月1日,乙宣告分派股利,每股0.3元,2014年4月1日收到2013年股利,2014年4月5日,甲将股票出售,取得价款360万元。甲公司应作会计分录如下:

① 2013年3月10日购入乙股票

借:交易性金融资产——成本　　　　　　　　　3 000 000
　　应收股利　　　　　　　　　　　　　　　　　　20 000
　　投资收益　　　　　　　　　　　　　　　　　　45 000
　　贷:银行存款　　　　　　　　　　　　　　　　　　　　　3 065 000

② 2013年4月10日收到2012年股利

借:银行存款　　　　　　　　　　　　　　　　　20 000
　　贷:应收股利　　　　　　　　　　　　　　　　　　　　　　20 000

③ 2013年12月31日,该股票公允价值330万元

借:交易性金融资产——公允价值变动　　　　　　300 000
　　贷:公允价值变动损益　　　　　　　　　　　　　　　　　300 000

④ 2014年3月1日,乙宣告分派股利,每股0.3元

借:应收股利　　　　　　　　　　　　　　　　　30 000
　　贷:投资收益　　　　　　　　　　　　　　　　　　　　　　30 000

⑤ 2014年4月1日收到2013年股利

借:银行存款　　　　　　　　　　　　　　　　　30 000
　　贷:应收股利　　　　　　　　　　　　　　　　　　　　　　30 000

⑥ 2014年4月5日甲将股票出售,取得价款360万元

借:银行存款　　　　　　　　　　　　　　　　　3 600 000
　　贷:交易性金融资产——成本　　　　　　　　　　　　　　3 000 000
　　　　　　　　　　　——公允价值变动　　　　　　　　　　300 000
　　　　投资收益　　　　　　　　　　　　　　　　　　　　　300 000
借:公允价值变动损益　　　　　　　　　　　　　300 000
　　贷:投资收益　　　　　　　　　　　　　　　　　　　　　　300 000

[例8-2]　2013年1月1日,甲公司购入丙公司发行的公司债券。该债券于2012年1月1日发行,面值为2 500万元,票面利率4%,债券利息按年支付。甲公司将其划分为交易性金融资产,支付价款2 600万元(其中包含已到付息期尚未领取的债券利息100万元),另支付交易费用30万元。

2013年2月5日,甲公司收到该债券利息100万元。

2013年6月30日,甲公司购买的该笔债券的公允价值为2 580万元(不含利息)。

2013年12月31日,该债券的公允价值为2 560万元(不含利息)。

2014年2月10日,甲公司收到债券利息100万元。

2014年3月31日,甲企业将该债券出售,取得价款2 600万元(含一季度利息25万元)。甲公司应作会计分录如下:

① 交易性金融资产的取得

2013年1月1日,购入丙公司的公司债券:

借:交易性金融资产——成本　　　　　　　　　25 000 000

应收利息	1 000 000	
投资收益	300 000	
贷：银行存款		26 300 000

② 交易性金融资产的利息

2013年2月5日，收到购买价款中包含的已到付息期尚未领取的债券利息：

借：银行存款	1 000 000	
贷：应收利息		1 000 000

③ 交易性金融资产的期末计量

2013年6月30日，确认该笔债券的公允价值变动损益：

借：交易性金融资产——公允价值变动	800 000	
贷：公允价值变动损益		800 000

④ 交易性金融资产的利息及期末计量

2013年12月31日，确认2013年债券利息收入：

借：应收利息	1 000 000	
贷：投资收益		1 000 000

2013年12月31日，确认该笔债券的公允价值变动损益：

借：公允价值变动损益	200 000	
贷：交易性金融资产——公允价值变动		200 000

⑤ 交易性金融资产的利息

2014年2月10日，收到2013年的债券利息

借：银行存款	1 000 000	
贷：应收利息		1 000 000

⑥ 交易性金融资产的处置

2014年3月31日出售债券：

① 借：应收利息	250 000	
贷：投资收益		250 000
② 借：银行存款	25 750 000	
贷：交易性金融资产——成本		25 000 000
——公允价值变动		600 000
投资收益		150 000
③ 借：银行存款	250 000	
贷：应收利息		250 000
④ 借：公允价值变动损益	600 000	
贷：投资收益		600 000

任务二　持有至到期投资的核算

一、持有至到期投资的概念

持有至到期投资是指到期日固定、回收金额固定或可确定，且企业有明确意图和能力持

有至到期的非衍生金融资产。

如果企业管理层决定将某项金融资产持有至到期,则在该金融资产未到期前,不能随意地改变其"最初意图",也就是说,投资者在取得投资时意图就应当是明确的,除非遇到一些企业所不能控制、预期不会重复发生且难以合理预计的独立事件,否则将持有至到期。

二、持有至到期投资的核算方法

1) 账户设置

为了核算持有至到期投资的取得、收取利息等业务,企业应设置"持有至到期投资"总分类账户,进行总分类核算。

"持有至到期投资"账户属于资产类账户。该账户应按"成本""应计利息""利息调整"设置明细分类账户进行明细分类核算。

2) 持有至到期投资的账务处理

持有至到期投资的核算,着重于该金融资产的持有者打算"持有至到期",未到期前通常不会出售或重分类。因此,持有至到期投资的核算包括持有至到期投资取得时的处理、摊余成本的确定、持有期间的收益确认及其到期时的处理等。

企业取得持有至到期投资时,应当按照该投资的面值记入"持有至到期投资——成本"账户的借方。取得持有至到期投资所支付价款中包含的已到付息期但尚未领取的债券利息,应单独确认为"应收利息"。

[例 8-3] 2010 年 1 月 1 日,甲公司支付价款 1 000 万元从活跃市场上购入某公司 5 年期债券,面值 1 250 万元,票面利率 4.72%,按年支付利息,到期时一次偿还本金。甲公司将其划分为持有至到期投资。

(1) 持有至到期投资的取得

2010 年 1 月 1 日购入债券

借:持有至到期投资——成本　　　　　　　　　　12 500 000
　　贷:银行存款　　　　　　　　　　　　　　　　10 000 000
　　　　持有至到期投资——利息调整　　　　　　　2 500 000

(2) 资产负债表日,按年收取利息并确认实际利息收入,见表 8.1。

表 8.1　利息收入计算表　　　　　　　　　　　　　　　　　　单位:万元

年份	期初摊余成本	实际利息收入 (实际利率10%)	现金流入	期末摊余成本
2010	1 000	100	59	1 041
2011	1 041	104	59	1 086
2012	1 086	109	59	1 136
2013	1 136	114	59	1 191
2014	1 191	118	1 250+59	0

2010 年 12 月 31 日,按票面利息收取利息,并确认实际利息收入:

借:应收利息　　　　　　　　　　　　　　　　　　59
　　持有至到期投资——利息调整　　　　　　　　　41

贷：投资收益　　　　　　　　　　　　　　　　　　100
　　借：银行存款　　　　　　　　　　　　　　　　　　　59
　　　贷：应收利息　　　　　　　　　　　　　　　　　　59
2011年12月31日，按票面利息收取利息，并确认实际利息收入：
　　借：应收利息　　　　　　　　　　　　　　　　　　　59
　　　　持有至到期投资——利息调整　　　　　　　　　　45
　　　贷：投资收益　　　　　　　　　　　　　　　　　　104
　　借：银行存款　　　　　　　　　　　　　　　　　　　59
　　　贷：应收利息　　　　　　　　　　　　　　　　　　59
2012年12月31日，按票面利息收取利息，并确认实际利息收入：
　　借：应收利息　　　　　　　　　　　　　　　　　　　59
　　　　持有至到期投资——利息调整　　　　　　　　　　50
　　　贷：投资收益　　　　　　　　　　　　　　　　　　109
　　借：银行存款　　　　　　　　　　　　　　　　　　　59
　　　贷：应收利息　　　　　　　　　　　　　　　　　　59
2013年12月31日，按票面利息收取利息，并确认实际利息收入：
　　借：应收利息　　　　　　　　　　　　　　　　　　　59
　　　　持有至到期投资——利息调整　　　　　　　　　　55
　　　贷：投资收益　　　　　　　　　　　　　　　　　　114
　　借：银行存款　　　　　　　　　　　　　　　　　　　59
　　　贷：应收利息　　　　　　　　　　　　　　　　　　59
（3）持有的债券到期
2014年12月31日，按票面利息收取利息及本金，并确认实际利息收入：
　　借：应收利息　　　　　　　　　　　　　　　　　　　59
　　　　持有至到期投资——利息调整　　　　　　　　　　59
　　　贷：投资收益　　　　　　　　　　　　　　　　　　118
　　借：银行存款　　　　　　　　　　　　　　　　　　1 309
　　　贷：应收利息　　　　　　　　　　　　　　　　　　59
　　　　　持有至到期投资——成本　　　　　　　　　　1 250

任务三　可供出售金融资产的核算

一、可供出售金融资产概述

　　可供出售金融资产，是指初始确认时即被指定为可供出售的非衍生金融资产，以及没有划分为持有至到期投资、贷款和应收款项、以公允价值计量且其变动计入当期损益的金融资产的金融资产。

　　通常情况下，划分为此类的金融资产应当在活跃的市场上有报价，因此，企业从二级市场上购入的有报价的股票、债券、基金等，没有划分为以公允价值计量且其变动计入当期损益的金融资产或持有至到期投资等金融资产的，可以划分为可供出售金融资产。

二、可供出售金融资产的核算方法

企业应设置"可供出售金融资产"账户,核算企业持有的可供出售的金融资产的公允价值,包括划分为可供出售的股票投资、债券投资等金融资产。按可供出售金融资产的类别和品种,分别按"成本""利息调整""公允价值变动"等进行明细核算。

1) 可供出售金融资产的取得

企业取得可供出售金融资产为股票投资,应按其公允价值与交易费用之和,借记"可供出售金融资产——成本"账户;按支付的价款中包含的已宣告但尚未发放的现金股利,借记"应收股利"账户;按实际支付的金额等,贷记"银行存款"等账户。

企业取得可供出售金融资产为债券投资,应按债券的面值,借记"可供出售金融资产——成本"账户;按支付的价款中包含的已到付息期但尚未领取的利息,借记"应收利息"账户;按实际支付的金额,贷记"银行存款"等账户;按差额,借记或贷记"可供出售金融资产——利息调整"账户。

[例8-4] 甲公司于2013年8月10日从二级市场购入A种股票100万股,每股市价10元,手续费20 000元;初始确认时,该股票划分为可供出售金融资产。作会计分录如下:

借:可供出售金融资产——成本(公允价值与交易费用之和)　10 020 000
　　贷:银行存款　　　　　　　　　　　　　　　　　　　　　　　10 020 000

[例8-5] 甲公司于2013年1月1日从二级市场购入乙公司发行的公司债券1 100万元。该债券的票面金额为1 000万元,票面利率为12%,债券期限3年,债券按年付息。初始确认时,该股票划分为可供出售金融资产。作会计分录如下:

借:可供出售金融资产——成本(面值)　　　　10 000 000
　　　　　　　　　　——利息调整(差额)　　　1 000 000
　　贷:银行存款　　　　　　　　　　　　　　　　　　　11 000 000

2) 可供出售金融资产的后续计量

(1) 可供出售金融资产持有期间取得的利息或现金股利,应当计入当期损益。

① 资产负债表日,可供出售债券为分期付息一次还本债券投资的,应按票面利率计算确定的应收未收利息,借记"应收利息"账户;按可供出售债券的摊余成本和实际利率计算确定的利息收入,贷记"投资收益"账户;按其差额,借记或贷记"可供出售金融资产——利息调整"账户。

② 资产负债表日,可供出售债券为一次还本付息债券投资的,应按票面利率计算确定的应收未收利息,借记"可供出售金融资产——应计利息"账户;按可供出售债券的摊余成本和实际利率计算确定的利息收入,贷记"投资收益"账户;按其差额,借记或贷记"可供出售金融资产——利息调整"账户。

③ 可供出售金融资产为股票投资,在持有期间确认宣告派发现金股利时,应借记"应收股利"账户,贷记"投资收益"账户。在收到现金股利时,应当借记"银行存款"账户,贷记"应收股利"账户。

(2) 资产负债表日,可供出售金融资产的公允价值变动,应当计入所有者权益。

可供出售金融资产的公允价值高于其账面余额的差额,借记"可供出售金融资产——公允价值变动"账户,贷记"资本公积——其他资本公积"账户;公允价值低于其账面余额的差额作相反的会计分录。

[例8-6] 承接[例8-4]的资料,甲公司购入A种股票100万股,2013年12月31日,A种股票的市场价格为每股12元。2014年6月30日,A种股票的市场价格为每股9元。

(1) 2013年12月31日,确认A种股票的公允价值变动时:
A种股票的公允价值变动额=1 000 000×12-1 000 000×10=2 000 000(万元)
借:可供出售金融资产——公允价值变动   2 000 000
　　贷:资本公积——其他资本公积   2 000 000

(2) 2013年6月30日,确认A种股票的公允价值变动时:
A种股票的公允价值变动额=1 000 000×9-1 000 000×12=-3 000 000(元)
借:资本公积——其他资本公积   3 000 000
　　贷:可供出售金融资产——公允价值变动   3 000 000

3) 可供出售金融资产的处置

出售可供出售金融资产时,应将取得的价款与该金融资产账面价值之间的差额,计入投资损益;同时,将原直接计入所有者权益的公允价值变动累计额对应处置部分的金额转出,计入投资损益。

出售可供出售的金融资产,应按实际收到的金额,借记"银行存款"等账户;按其账面余额,贷记"可供出售金融资产——成本、公允价值变动、利息调整、应计利息"账户;按应从所有者权益转出的公允价值累计变动额,借记或贷记"资本公积——其他资本公积"账户;按其差额,贷记或借记"投资收益"账户。

[例8-7] 承接[例8-4]的资料,甲公司将购入A种股票100万股,于2014年10月25日出售,售价为每股15元,另支付交易费用3万元。假定不考虑其他因素,甲公司的会计分录如下:

借:银行存款   14 970 000
　　可供出售金融资产——公允价值变动   1 000 000
　贷:可供出售金融资产——成本   10 020 000
　　　资本公积——其他资本公积   1 000 000
　　　投资收益   4 950 000

4) 持有至到期投资重分类为可供出售金融资产

根据企业会计准则规定,企业将尚未到期的某项持有至到期投资在本会计年度内出售或重分类为可供出售金融资产,其金额相对于该类投资在重分类前的总额较大时,应当将该类投资的剩余部分重分类为可供出售金融资产,且在本会计年度及以后两个完整的会计年度内不得再将该金融资产重分类为持有至到期投资。

将持有至到期投资重分类为可供出售金融资产的,应在重分类日按其公允价值,借记"可供出售金融资产——成本"账户;按其差额,贷记或借记"资本公积——其他资本公积"账户。已计提减值准备的,还应同时结转减值准备,借记"持有至到期投资减值准备"账户,贷记"资本公积——其他资本公积"账户。

任务四　长期股权投资的核算

一、长期股权投资概述

(一)长期股权投资的概念

长期股权投资包括企业持有的对子公司投资、合营企业及联营企业的权益性投资以及企业持有的对被投资单位不具有控制、共同控制或重大影响,在活跃市场上没有报价且公允价值不能可靠计量的权益性投资。

企业能够对被投资单位实施控制的,被投资单位为本企业的子公司。控制,是指有权决定一个企业的财务和经营政策,并能据以从该企业的经营活动中获取利益。

企业与其他方对被投资单位实施共同控制的,被投资单位为本企业的合营企业。共同控制,是指按照合同约定对某项活动所共有的控制,仅在与该项经济活动相关的重要财务和经营决策需要分享控制权的投资方一致同意时存在。

企业能够对被投资单位施加重大影响的,被投资单位为本企业的联营企业。重大影响,是指对一个企业的财务和经营政策有参与决策的权力,但并不能控制或者与其他方一起共同控制这些政策的制定。

(二)长期股权投资的核算方法

长期股权投资的核算方法有两种:一是成本法;二是权益法。

1) 成本法核算的长期股权投资的范围

(1)企业能够对被投资单位实施控制的长期股权投资,即企业对子公司的长期股权投资。企业对子公司的长期股权投资应当采用成本法核算,编制合并财务报表时按照权益法进行调整。

(2)企业对被投资单位不具有控制、共同控制或重大影响,且在活跃市场中没有报价、公允价值不能可靠计量的长期股权投资。

2) 权益法核算的长期股权投资的范围

企业能够对被投资单位具有共同控制或重大影响的长期股权投资,应当采用权益法核算。

(1)企业对被投资单位具有共同控制的长期股权投资,即企业对其合营公司的长期股权投资。

(2)企业对被投资单位具有重大影响的长期股权投资,即企业对其联营企业的长期股权投资。

(三)账户设置

为了核算企业的长期股权投资,应当设置"长期股权投资""投资收益"等账户。

"长期股权投资"账户属于资产类账户,核算企业持有的采用成本法和权益法核算的长期股权投资,借方登记长期股权投资取得时的成本以及采用权益法核算时按被投资单位实现的净利润计算的应分享的份额;贷方登记收回长期股权投资的价值或采用权益法核算时被投资单位宣告分派现金股利或利润时企业按持股比例计算应享有的份额,及按被投资单位发生的净亏损计算的应分担的份额;期末借方余额,反映企业持有的长期股权投资的价值。

二、长期股权投资核算的成本法

在成本法下,长期股权投资应当按照初始投资成本计价。追加或收回投资应当调整长期股权投资的初始投资成本。

被投资单位宣告分派的现金股利或利润,确认为当期投资收益。投资企业确认投资收益,仅限于被投资单位接受投资后产生的累积净利润的分配额,所获得的利润或现金股利超过上述数额的部分作为初始投资成本的收回。

通常情况下,投资企业在投资当年取得自被投资单位分得的现金股利或利润应作为投资成本的收回;以后年度,被投资单位累计分派的现金股利或利润超过投资以后至上年末止被投资单位累计实现净利润的,投资企业按照持股比例计算应享有的部分作为投资成本的收回,冲减投资的账面价值。

[例8-8] 甲公司2013年1月1日以8 000 000元的价格购入乙公司3%的股份,购买过程中另支付相关税费30 000元。乙公司是一家未上市的民营企业,股权不存在明确的市场价格。甲公司在取得该部分投资后,未以任何方式参与被投资单位的生产经营决策。甲公司在取得投资以后,被投资单位实现的净利润及利润分配情况如表8.2所示。

表8.2 被投资单位实现的净利润及利润分配情况 单位:元

年度	被投资单位实现净利润	当年度分派利润
2013年	10 000 000	9 000 000
2014年	20 000 000	16 000 000

乙公司2013年分派的利润属于对其2012年及以前实现净利润的分配。甲公司应作会计分录如下:

(1) 2013年甲公司取得投资时

借:长期股权投资　　　　　　　　　　　　　　　　8 030 000
　　贷:银行存款　　　　　　　　　　　　　　　　　　　　8 030 000

(2) 2013年甲公司从乙公司取得利润

当年度被投资单位乙公司分派的9 000 000元利润属于对其在2012年已实现利润的分配,甲公司按持股比例取得270 000元,该部分金额已包含在其投资成本中,应冲减投资成本。

借:银行存款　　　　　　　　　　　　　　　　　　270 000
　　贷:长期股权投资　　　　　　　　　　　　　　　　　　270 000

(3) 2014年甲公司从乙公司取得利润

应冲减投资成本金额=(9 000 000+16 000 000-10 000 000)×3%-270 000=180 000(元)

当年度实际分得现金股利=16 000 000×3%=480 000(元)

应确认投资收益=480 000-180 000=300 000(元)

借:银行存款　　　　　　　　　　　　　　　　　　480 000
　　贷:长期股权投资　　　　　　　　　　　　　　　　　　180 000
　　　　投资收益　　　　　　　　　　　　　　　　　　　　300 000

三、长期股权投资核算的权益法

(1) 长期股权投资的初始投资成本大于投资时应享有被投资单位可辨认净资产公允价值份额的,该部分差额是投资企业在购入该项投资过程中通过购买作价体现出的与所取得股权份额相对应的商誉,构成长期股权投资的成本。长期股权投资的初始投资成本小于投资时应享有被投资单位可辨认净资产公允价值份额的,该部分差额应确认为当期收益,同时调整长期股权投资的成本。

(2) 投资企业取得长期股权投资后,应当按照应享有或应分担的被投资单位实现的净损益的份额,确认投资损益并调整长期股权投资的账面价值。投资企业按照被投资单位宣告分派的利润或现金股利计算应分得的部分,相应减少长期股权投资的账面价值。投资企业确认被投资单位发生的净亏损,应当以长期股权投资的账面价值减记至零为限。被投资单位以后期间实现盈利的,应扣除未确认的亏损分担额。

(3) 投资企业对被投资单位除净损益以外所有者权益的其他变动,在持股比例不变的情况下,企业按照持股比例计算应享有或承担的部分,调整长期股权投资的账面价值,同时增加或减少资本公积(其他资本公积)。

[例 8-9] A 企业于 2013 年 1 月取得 B 公司 30% 的股权,实际支付价款 3 000 万元。取得投资时被投资单位账面所有者权益的构成如下(假定该时点被投资单位各项可辨认资产、负债的公允价值与其账面价值相同,单位:万元):

实收资本	3 000
资本公积	2 400
盈余公积	600
未分配利润	1 500
所有者权益总额	7 500

A 企业能够对 B 公司的生产经营决策施加重大影响,则 A 企业对该投资按照权益法核算。

2013 年 B 公司全年实现净利润 1 000 万元;2014 年 5 月 15 日对外宣告分派现金股利 900 万元,6 月 15 日实际发放现金股利;2014 年 7 月 10 日 B 公司可供出售金融资产的公允价值增加了 600 万元;2014 年 B 公司全年实现净利润 2 000 万元。

① 2013 年 1 月 A 企业在取得投资时

初始投资成本:3 000 万元。

应享有 B 公司净资产公允价值的份额 = 7 500 × 30% = 2 250(万元)

借:长期股权投资　　　　　　　　　　　　　　　　30 000 000
　　贷:银行存款　　　　　　　　　　　　　　　　　　　　30 000 000

② 2013 年末,B 公司实现净利润

A 企业应享有 B 公司实现的净利润的份额 = 1 000 × 30% = 300(万元)

借:长期股权投资　　　　　　　　　　　　　　　　3 000 000
　　贷:投资收益　　　　　　　　　　　　　　　　　　　　3 000 000

③ 2014 年 B 公司宣告分派现金股利

A企业应分得B公司分派的现金股利＝900×30％＝270(万元)

借:应收股利　　　　　　　　　　　　　　　　　　　2 700 000
　　贷:长期股权投资　　　　　　　　　　　　　　　　　　　2 700 000
借:银行存款　　　　　　　　　　　　　　　　　　　2 700 000
　　贷:应收股利　　　　　　　　　　　　　　　　　　　　　2 700 000

④ 2014年B公司的"资本公积——其他资本公积"增加600万元A企业应享有的份额＝600×30％＝180(万元)

A企业应享有的份额＝600×30％＝180(万元)

借:长期股权投资　　　　　　　　　　　　　　　　　1 800 000
　　贷:资本公积　　　　　　　　　　　　　　　　　　　　　1 800 000

⑤ 2014年末,B公司实现净利润A企业应享有B公司实现的净利润的份额＝2 000×30％＝600(万元)

借:长期股权投资　　　　　　　　　　　　　　　　　6 000 000
　　贷:投资收益　　　　　　　　　　　　　　　　　　　　　6 000 000

四、长期股权投资减值

1) 长期股权投资减值金额的确定

(1) 企业对子公司、合营企业及联营企业的长期股权投资在资产负债表日存在可能发生减值的迹象时,其可收回金额低于账面价值的,应当将该长期股权投资的账面价值减记至可收回金额,减记的金额确认为减值损失,计入当期损益,同时计提相应的资产减值准备。

(2) 企业对被投资单位不具有控制、共同控制或重大影响,在活跃市场中没有报价且公允价值不能可靠计量的长期股权投资,应当将该长期股权投资在资产负债表日的账面价值与按照类似金融资产当时市场收益率对未来现金流量折现确定的现值之间的差额,确认为减值损失,计入当期损益。

2) 长期股权投资减值的会计处理

企业计提长期股权投资减值准备,应当设置"长期股权投资减值准备"账户核算。企业按应减记的金额,借记"资产减值损失——计提的长期股权投资减值准备"账户,贷记"长期股权投资减值准备"账户。

长期股权投资减值损失一经确认,在以后会计期间不得转回。

项目四　投资会计岗位实训

【练习】

一、单项选择题

1. 下列各项中,构成交易性金融资产成本的是(　　)。

　　A. 购买股票的价款中包含的已宣告尚未领取的现金股利

　　B. 购买股票的交易费用

C. 购买股票的公允价值
D. 购买债券的交易费用

2. 长期股权投资采用成本法核算时,投资当年被投资单位宣告发放现金股利,投资单位按持股比例享有的份额(　　)。

A. 计入投资收益　　　　　　　　B. 冲减长期股权投资的成本
C. 冲减应收股利　　　　　　　　D. 冲减应收利息

二、多项选择题

1. 长期股权投资的成本法适用于(　　)。
   A. 对子公司的投资
   B. 对合营企业的投资
   C. 对联营企业的投资
   D. 对被投资单位不具有控制、共同控制或重大影响,在活跃市场上没有报价且公允价值不能可靠计量的权益性投资

三、判断题

1. 无论是长期股权投资核算的成本法还是权益法,均应在实际收到现金股利(或利润)时确认投资收益。(　　)
2. 长期股权投资采用成本法,其投资成本一经入账,就始终不再变动。(　　)
3. 交易性金融资产应于实际收到现金股利或利息时,确认投资收益。(　　)

【技能实训】

实训一　交易性金融资产的核算

2013 年 1 月 1 日,甲公司购入丙公司发行的公司债券,该笔债券于 2013 年 1 月 1 日发行,面值为 100 万元,票面利率 4%,债券利息按年支付。甲公司将其划分为交易性金融资产,支付价款 100 万元,另支付交易费用 2 万元。

2013 年 12 月 31 日,收到债券当年利息 4 万元,债券的公允价值为 102 万元(不含利息)。

2014 年 1 月 2 日,甲公司将该债券出售,出售价款 105 万元,已收到。

要求:根据上述资料,编制甲公司的会计分录。

实训二　长期股权投资成本法的核算

乙公司 2013 年 1 月 1 日以 200 万元的价格购入 A 公司 3%的股份,购买过程中另支付相关税费 2 万元。乙公司在取得该部分投资后,未以任何方式参与 A 公司的生产经营决策,因此,采用成本法核算该项投资。乙公司在取得投资以后,A 公司实现的净利润及利润分配情况如下(单位:万元):

年度	被投资单位实现净利润	当年度分派利润
2013 年	1 000	800
2014 年	2 000	1 000

要求:根据上述资料,编制甲公司的会计分录。

岗位九　总账报表岗位实务

【引言】

我国企业财务报告的目标,是向国家、外界与企业有经济利害关系的团体或个人以及企业内部提供与企业财务状况、经营成果和现金流量等有关的会计信息,让国家有关部门、经营者、投资者和债权人充分了解企业,有助于财务报告使用者做出正确决策。因此,本岗位的会计人员一定要有很强的业务能力。

项目一　总账报表岗位职责

一、登记总账

根据企业发生的业务和规定的会计科目,开设总账账户。平时逐日逐笔登记日记账和明细账,定期或定量编制记账凭证汇总表(或称为"科目余额表"),进行试算平衡,根据记账凭证汇总表登记总账,并与日记账和明细账核对,保证账账相符。

二、编制会计报表

每月终了,根据有关账簿记录,编制资产负债表、利润表,年末还要编制现金流量表。会计报表之间要互相核对,有对应关系的数字必须保持一致。核对无误后,将会计报表加具封面,装订成册,提交领导审核签名并盖章,及时报出。

三、管理会计凭证、账簿和报表

对各会计岗位的记账凭证按照编号进行整理、装订、填写封面项目,月末,将装订规范的记账凭证集中在总账报表岗位保管。年终决算后,应将全年的会计资料收集齐全,整理清楚,分类排序,妥善保管。需要归档的会计资料,应按有关规定及时归档。

项目二　总账报表岗位核算流程

(1)定期核对各项固定资产,及时处理增减变动事项;及时清理应收应付等往来款项,做到账账、账实相符。

(2)将一定时期的记账凭证汇总编制科目汇总表或汇总记账凭证,再登记总分类账,并与现金账、银行账、各明细分类账核对一致,定期编制会计报表,做到数字真实准确、内容完整、报送及时。

(3) 熟悉税务业务,汇算清缴企业所得税。

(4) 对各部门财务收支、财产保管工作进行严密监督、检查;分清资金渠道,合理使用资金,严格掌握各项费用开支范围和开支标准。

(5) 会计凭证、会计账簿、会计报表等会计资料要定期装订,建立会计档案,妥善保管,非经批准,不得擅自销毁。

(6) 掌握单位财务状况、现金流量和经营成果的情况,并进行综合分析和研究,提出改进意见和建议,当好领导的"参谋"。

项目三　总账报表岗位核算任务

总账报表岗位要管理本单位总账,负责所得税的核算清缴,编制会计报表等。总账报表岗位是单位会计体系中的核心岗位或综合岗位,要保证会计资料的真实性、完整性和及时性,保证财产物资的安全完整性。

任务一　利润及利润分配的核算

利润是指企业在一定会计期间的经营成果,是企业的收入减去有关的成本费用后的差额。收入大于相关的成本与费用,企业就可以获得盈利;收入小于相关的成本与费用,企业就会发生亏损。

企业的利润,就其构成来看,既有通过生产经营活动而获得的,也有通过投资活动而获得的,还有那些与生产经营活动没有直接关系的事项所引起的盈亏。另外,不同类型企业的利润构成也有一些差别。根据《企业会计准则》的有关规定,企业的利润一般包括营业利润和营业外收支净额。当期的利润总额扣除所得税费用,即为当期的税后利润即净利润。

一、利润形成的核算

(一) 企业利润的构成

利润相关计算公式如下:

1) 营业利润

营业利润=营业收入-营业成本-营业税金及附加-销售费用-管理费用-财务费用
　　　　-资产减值损失+公允价值变动收益(-公允价值变动损失)+投资收益(-投资损失)

营业收入是指企业经营业务所确认的收入总额,包括主营业务收入和其他业务收入。营业成本是指企业经营业务所发生的实际成本总额,包括主营业务成本和其他业务成本。资产减值损失是指企业计提各项资产减值准备所形成的损失。公允价值变动收益(或损失)是指企业交易性金融资产等公允价值变动形成的应计入当期损益的利得(或损失)。投资收益(或损失)是指企业以各种方式对外投资所取得的收益(或发生的损失)。

2) 利润总额

利润总额=营业利润+营业外收入-营业外支出

营业外收入是指企业发生的与其日常活动无直接关系的各项利得。营业外支出是指企业发生的与其日常活动无直接关系的各项损失。

3) 净利润

$$净利润=利润总额-所得税费用$$

所得税费用是指企业确认的应从当期利润总额中扣除的所得税费用。

(二) 营业外收支的核算

1) 营业外收入的核算

营业外收入是指企业发生的与生产经营没有直接关系的各项收入,包括处置固定资产净收益、非货币性交易收益、出售无形资产收益、罚款净收入等。

为了核算和监督营业外收入的发生和结转情况,企业应设置"营业外收入"总分类账户,进行总分类核算。该账户的贷方登记营业外收入的发生额,期末应将该账户余额转入"本年利润"账户,结转后该账户应无余额。"营业外收入"账户应按收入项目设置明细分类账户,进行明细分类核算。

企业在生产经营期间,固定资产清理所取得的收益,借记"固定资产清理"账户,贷记"营业外收入——处置固定资产净收益"账户;企业逾期未退包装物没收的押金,按没收的押金,借记"其他应付款"账户,按应交的相关税金,贷记"应交税费"账户,按其差额,贷记"营业外收入"账户;企业出售无形资产,按实际取得的转让收入,借记"银行存款"等账户,按已计提的减值准备,借记"无形资产减值准备"账户,按无形资产的账面余额,贷记"无形资产"账户,按应支付的相关税费,贷记"应交税费"等账户,按其差额,贷记"营业外收入——出售无形资产收益"或借记"营业外支出——出售无形资产损失"账户。企业取得的罚款净收入,借记"银行存款"等账户,贷记"营业外收入"账户。

[例9-1] 甲企业2013年11月底结转固定资产清理的净收益5 000元。应作会计分录如下:

借:固定资产清理　　　　　　　　　　　　　　　　5 000
　　贷:营业外收入——处置固定资产净收益　　　　　　5 000

[例9-2] 本期末"营业外收入"账户贷方余额为9 000元,结转本年利润。应作会计分录如下:

借:营业外收入　　　　　　　　　　　　　　　　　9 000
　　贷:本年利润　　　　　　　　　　　　　　　　　　9 000

2) 营业外支出的核算

营业外支出是指企业发生的与生产经营没有直接关系的各项支出,包括固定资产盘亏、处置固定资产净损失、出售无形资产损失、债务重组损失、罚款支出、捐赠支出、非常损失等。

为了核算和监督营业外支出的发生和结转情况,企业应设置"营业外支出"总分类账户,进行总分类核算。该账户的借方登记营业外支出的发生额,期末应将该账户余额转入"本年利润"账户,结转后该账户应无余额。"营业外支出"账户应按支出项目设置明细分类账户,进行明细分类核算。

企业在生产经营期间,固定资产清理所发生的损失,借记"营业外支出——处置固定资产净损失"账户,贷记"固定资产清理"账户;企业在财产清查过程中查明的固定资产盘亏,借记"营业外支出——固定资产盘亏"账户,贷记"待处理财产损溢——待处理固定资产损溢"账户。

[**例 9-3**] 某企业 2013 年 11 月以银行存款支付税收滞纳金 10 000 元。应作会计分录如下：

借：营业外支出　　　　　　　　　　　　　　　　　10 000
　　贷：银行存款　　　　　　　　　　　　　　　　　　　　10 000

[**例 9-4**] 某企业库存商品发生意外损失 5 000 元，经批准后予以结转。应作会计分录如下：

借：营业外支出　　　　　　　　　　　　　　　　　5 000
　　贷：待处理财产损溢　　　　　　　　　　　　　　　　　5 000

[**例 9-5**] 本期末"营业外支出"账户借方余额为 20 000 元，结转本年利润。应作会计分录如下：

借：本年利润　　　　　　　　　　　　　　　　　　20 000
　　贷：营业外支出　　　　　　　　　　　　　　　　　　　20 000

（三）利润的结转

期末企业经过核对账目、财产清查和账目调整等一系列利润核算前的准备工作后，在试算平衡的基础上，将企业所有损益类账户的余额全部转入"本年利润"账户。

为了核算和监督利润的形成和结转情况，企业应设置"本年利润"总分类账户，进行总分类核算。企业于期末应将"主营业务收入"、"其他业务收入"、"投资收益"、"营业外收入"、"主营业务成本"、"营业税金及附加"、"其他业务成本"、"销售费用"、"管理费用"、"财务费用"、"营业外支出"、"所得税费用"等账户的期末余额，分别转入"本年利润"账户的借方或贷方。期末余额在贷方表示利润，余额在借方表示亏损。年度终了，企业还应将"本年利润"账户的累计余额转入"利润分配——未分配利润"账户。结转后，"本年利润"账户应无余额。

[**例 9-6**] 甲企业 2013 年各损益类账户的年末余额为（该企业年末一次结转损益类账户）：

贷方余额账户	结转前余额（单位：元）
主营业务收入	12 000 000
其他业务收入	1 400 000
投资收益	1 200 000
营业外收入	100 000

借方余额账户	结转前余额（单位：元）
主营业务成本	8 000 000
营业税金及附加	160 000
销售费用	1 000 000
管理费用	1 540 000
财务费用	400 000
其他业务成本	800 000
营业外支出	500 000
所得税费用	660 000

应作会计分录如下：

将损益类贷方余额账户转入"本年利润"账户：

借：主营业务收入　　　　　　　　　　　　　　　　12 000 000

其他业务收入	1 400 000
投资收益	1 200 000
营业外收入	100 000
贷：本年利润	14 700 000

将损益类借方余额账户转入"本年利润"账户：

借：本年利润	13 060 000
贷：主营业务成本	8 000 000
营业税金及附加	160 000
销售费用	1 000 000
管理费用	1 540 000
财务费用	400 000
其他业务成本	800 000
营业外支出	500 000
所得税费用	660 000

将"本年利润"账户余额转入"利润分配——未分配利润"账户：

借：本年利润	1 640 000
贷：利润分配——未分配利润	1 640 000

二、利润分配的核算

为了核算和监督利润分配和亏损弥补情况，企业应设置"利润分配"总分类账户，进行总分类核算。该账户借方登记各项利润分配数或结转年度的亏损额，贷方登记从"本年利润"账户的转入数或亏损的弥补数。

"利润分配"账户应设置"提取法定盈余公积"、"应付优先股股利"、"提取任意盈余公积"、"应付普通股股利"、"转作资本（或股本）的普通股股利"、"未分配利润"等明细分类账户，进行明细分类核算。

按规定从净利润中提取法定盈余公积和任意盈余公积时，借记"利润分配"账户（提取法定盈余公积、提取任意盈余公积等），贷记"盈余公积"账户；分配给投资者的利润，借记"利润分配"账户，贷记"应付利润"账户。

年度终了，企业应将全年实现的净利润，自"本年利润"账户转入"利润分配"账户，借记"本年利润"，贷记"利润分配——未分配利润"账户，若为净亏损，则做相反会计分录；同时，将"利润分配"账户下的其他明细账户的余额转入"利润分配"账户的"未分配利润"明细账户。结转后，除"未分配利润"明细账户外，其他明细账户应无余额。

"利润分配"账户的年末余额，反映企业历年积累的未分配利润（或未弥补亏损）。

[例 9-7] 甲企业 2013 年年初未分配利润为 100 000 元。年末实现的净利润为 1 500 000 元。2013 年提取法定盈余公积 150 000 元，提取任意盈余公积 225 000 元，应付投资者利润 500 000 元。应作会计分录如下：

进行利润分配时：

借：利润分配——提取法定盈余公积	150 000
——提取任意盈余公积	225 000
——应付利润	500 000

贷：盈余公积——法定盈余公积　　　　　　　　　　　　　　150 000
　　　　　　　　——任意盈余公积　　　　　　　　　　　　　　225 000
　　　　应付利润　　　　　　　　　　　　　　　　　　　　　　500 000
将"利润分配"其他明细账户结转至"未分配利润"明细账户时：
借：利润分配——未分配利润　　　　　　　　　　　　　　　　875 000
　　贷：利润分配——提取法定盈余公积　　　　　　　　　　　　150 000
　　　　　　　　——提取任意盈余公积　　　　　　　　　　　　225 000
　　　　　　　　——应付利润　　　　　　　　　　　　　　　　500 000
2013年年末"利润分配——未分配利润"账户的贷方余额为：

贷方余额=100 000+1 500 000-875 000=725 000(元)

任务二　企业所得税的核算

　　企业所得税是以企业为纳税义务人，对其每一纳税年度来源于中国境内外的生产经营所得和其他所得征收的一种收益税，它具有强制性、无偿性。无论国家是否是企业的投资者，只要企业有收益，均要依法纳税。因此，从属性上来讲，所得税应作为企业的一项费用支出，直接计入当期损益，在净利润前扣除。我国企业所得税的核算采用资产负债表债务法，即从资产负债表出发，通过比较资产负债表上列示的资产、负债按企业会计准则规定确定的账面价值与按税法规定确定的计税基础，对于两者的差额确认相关的递延所得税负债与递延所得税资产，并在此基础上确定每一期利润表中的所得税费用。

一、资产的计税基础

　　资产的计税基础是指企业收回资产账面价值过程中，计算应纳税所得额时按照税法规定可以从应税经济利益中抵扣的金额，即某一项资产在未来期间计税时可以税前扣除的金额。从税收的角度考虑，资产的计税基础是假定企业按照税法规定进行核算所提供的资产负债表中资产的应有金额。资产在初始确认时，其计税基础一般为取得成本。从所得税角度考虑，某一单项资产产生的所得是指该项资产产生的未来经济利益流入扣除其取得成本之后的金额。一般情况下，税法认定的资产取得成本为购入时实际支付的金额。在资产持续持有的过程中，可在未来期间税前扣除的金额是指资产的取得成本减去以前期间按照税法规定已经税前扣除的金额后的余额。如固定资产、无形资产等长期资产，在某一资产负债表日的计税基础是指其成本扣除按照税法规定已在以前期间税前扣除的累计折旧额或累计摊销额后的金额。企业应当按照适用的税收法规规定计算确定资产的计税基础。如固定资产、无形资产等的计税基础可确定如下：

　　（一）固定资产

　　以各种方式取得的固定资产，初始确认时入账价值基本上是被税法认可的，即取得时其账面价值一般等于计税基础。固定资产在持有期间进行后续计量时，会计上的基本计量模式是"成本-累计折旧-固定资产减值准备"，税收上的基本计量模式是"成本-按照税法规定计算确定的累计折旧"。会计与税收处理的差异主要来自于折旧方法、折旧年限的不同以及固定资产减值准备的计提。

(1) 折旧方法、折旧年限产生的差异 会计准则规定,企业可以根据固定资产经济利益的预期实现方式合理选择折旧方法,如可以按年限平均法计提折旧,也可以按照双倍余额递减法、年数总和法等计提折旧,前提是有关的方法能够反映固定资产为企业带来经济利益的实现情况。税法一般会规定固定资产的折旧方法,除某些按照规定可以加速折旧的情况外,基本上可以税前扣除的是按照直线法计提的折旧。另外,税法一般规定每一类固定资产的折旧年限,而会计处理时按照会计准则规定是由企业按照固定资产能够为企业带来经济利益的期限估计确定的。因为折旧年限的不同,也会产生固定资产账面价值与计税基础之间的差异。

(2) 因计提固定资产减值准备产生的差异 持有固定资产的期间内,在对固定资产计提了减值准备以后,因所计提的减值准备在计提当期不允许税前扣除,也会造成固定资产的账面价值与计税基础的差异。

(二) 无形资产

除内部研究开发形成的无形资产以外,以其他方式取得的无形资产,初始确认时其入账价值与税法规定的成本之间一般不存在差异。

(1) 对于内部研究开发形成的无形资产,会计准则规定有关研究开发支出区分两个阶段,研究阶段的支出应当费用化计入当期损益,而开发阶段符合资本化条件的支出应当计入所形成无形资产的成本;税法规定,自行开发的无形资产,以开发过程中该资产符合资本化条件后至达到预定用途前发生的支出为计税基础。对于研究开发费用的加计扣除,税法中规定,企业为开发新技术、新产品、新工艺发生的研究开发费用,未形成无形资产计入当期损益的,在按照规定据实扣除的基础上,按照研究开发费用的50%加计扣除;形成无形资产的,按照无形资产成本的150%摊销。对于内部研究开发形成的无形资产,一般情况下初始确认时按照会计准则规定确定的成本与其计税基础应当是相同的。对于享受税收优惠的研究开发支出,在形成无形资产时,按照会计准则规定确定的成本为研究开发过程中符合资本化条件后至达到预定用途前发生的支出,而因税法规定按照无形资产成本的150%摊销,则其计税基础应在会计上入账价值的基础上加计50%,因而产生账面价值与计税基础在初始确认时的差异,但如果该无形资产的确认不是产生于企业合并交易、同时在确认时既不影响会计利润也不影响应纳税所得额,按照所得税会计准则的规定,不确认该暂时性差异的所得税影响。

(2) 无形资产在后续计量时,会计与税收的差异主要产生于对无形资产是否需要摊销及无形资产减值准备的计提。会计准则规定,应根据无形资产使用寿命情况,区分为使用寿命有限的无形资产和使用寿命不确定的无形资产。对于使用寿命不确定的无形资产,不要求摊销,在会计期末应进行减值测试。税法规定,企业取得无形资产的成本,应在一定期限内摊销,有关摊销额允许税前扣除。在对无形资产计提减值准备的情况下,因所计提的减值准备不允许税前扣除,也会造成其账面价值与计税基础的差异。

(三) 以公允价值计量且其变动计入当期损益的金融资产

按照《企业会计准则第22号——金融工具确认和计量》的规定,对于以公允价值计量且其变动计入当期损益的金融资产,其于某一会计期末的账面价值为公允价值,如果税法规定按照会计准则确认的公允价值变动损益在计税时不予考虑,即有关金融资产在某一会计期末的计税基础为其取得成本,会造成该类金融资产账面价值与计税基础之间的差异。

二、负债的计税基础

负债的计税基础,是指负债的账面价值减去未来期间计算应纳税所得额时按照税法规定可予抵扣的金额。即假定企业按照税法规定进行核算,在其按照税法规定确定的资产负债表上有关负债的应有金额。负债的确认与偿还一般不会影响企业未来期间的损益,也不会影响其未来期间的应纳税所得额,因此未来期间计算应纳税所得额时按照税法规定可予抵扣的金额为零,计税基础即为账面价值,例如企业的短期借款、应付账款等。但是,某些情况下,负债的确认可能会影响企业的损益,进而影响不同期间的应纳税所得额,使其计税基础与账面价值之间产生差额,如按照会计规定确认的某些预计负债。

(一) 预计负债

按照《企业会计准则第13号——或有事项》规定,企业应将预计提供售后服务发生的支出在销售当期确认为费用,同时确认预计负债。如果税法规定,与销售产品相关的支出应于发生时税前扣除。该类事项产生的预计负债在期末的计税基础为其账面价值与未来期间可税前扣除的金额之间的差额,因有关的支出实际发生时可全额税前扣除,其计税基础为零。因其他事项确认的预计负债,应按照税法规定的计税原则确定其计税基础。某些情况下,某些事项确认的预计负债,税法规定其支出无论是否实际发生均不允许税前扣除,即未来期间按照税法规定可予抵扣的金额为零,则其账面价值与计税基础相同。

(二) 预收账款

企业在收到客户预付的款项时,因不符合收入确认条件,会计上将其确认为负债。税法对于收入的确认原则一般与会计规定相同,即会计上未确认收入时,计税时一般亦不计入应纳税所得额,该部分经济利益在未来期间计税时可予税前扣除的金额为零,计税基础等于账面价值。如果不符合会计准则规定的收入确认条件,但按照税法规定应计入当期应纳税所得额时,有关预收账款的计税基础为零,即因其产生时已经计入应纳税所得额,未来期间可全额税前扣除,计税基础为账面价值减去在未来期间可全额税前扣除的金额,即其计税基础为零。

(三) 应付职工薪酬

会计准则规定,企业为获得职工提供的服务给予的各种形式的报酬以及其他相关支出均应作为企业的成本、费用,在未支付之前确认为负债。税法对于合理的职工薪酬基本允许税前扣除,相关应付职工薪酬负债的账面价值等于计税基础。

(四) 其他负债

企业的其他负债项目,如应交的罚款和滞纳金等,在尚未支付之前按照会计规定确认为费用,同时作为负债反映。税法规定,罚款和滞纳金不允许税前扣除,其计税基础为账面价值减去未来期间计税时可予税前扣除的金额零之间的差额,即计税基础等于账面价值。

三、暂时性差异

(一) 基本界定

暂时性差异是指资产、负债的账面价值与其计税基础不同产生的差额。其中账面价值,是指按照会计准则规定确定的有关资产、负债在资产负债表中应列示的金额。由于资产、负债的账面价值与其计税基础不同,产生了在未来收回资产或清偿负债的期间内,应纳税所得额增加或减少并导致未来期间应交所得税增加或减少的情况,在这些暂时性差异发生的当期,一般应当确认相应的递延所得税负债或递延所得税资产。

（二）暂时性差异的分类

根据暂时性差异对未来期间应纳税所得额的影响,分为应纳税暂时性差异和可抵扣暂时性差异。

1) 应纳税暂时性差异

该差异在未来期间转回时,会增加转回期间的应纳税所得额,即在未来期间不考虑该事项影响的应纳税所得额的基础上,由于该暂时性差异的转回,会进一步增加转回期间的应纳税所得额和应交所得税金额。在应纳税暂时性差异产生当期,应当确认相关的递延所得税负债。应纳税暂时性差异通常产生于以下情况：① 资产的账面价值大于其计税基础。一项资产的账面价值代表的是企业在持续使用或最终出售该项资产时会取得的经济利益的总额,而计税基础代表的是一项资产在未来期间可予税前扣除的总金额。资产的账面价值大于其计税基础,该项资产未来期间产生的经济利益不能全部税前抵扣,两者之间的差额需要交所得税,产生应纳税暂时性差异。② 负债的账面价值小于其计税基础。一项负债的账面价值为企业预计在未来期间清偿该项负债时的经济利益流出,而其计税基础代表的是账面价值在扣除税法规定未来期间允许税前扣除的金额之后的差额。因负债的账面价值与其计税基础不同产生的暂时性差异,实质上是税法规定就该项负债在未来期间可以税前扣除的金额。负债的账面价值小于其计税基础,则意味着就该项负债在未来期间可以税前抵扣的金额为负数,即应在未来期间应纳税所得额的基础上调增,增加应纳税所得额和应交所得税金额,产生应纳税暂时性差异,应确认相关的递延所得税负债。

2) 可抵扣暂时性差异

该差异在未来期间转回时会减少转回期间的应纳税所得额,减少未来期间的应交所得税。在可抵扣暂时性差异产生当期,符合确认条件的情况下,应当确认相关的递延所得税资产。可抵扣暂时性差异一般产生于以下情况：① 资产的账面价值小于其计税基础。从经济含义来看,资产在未来期间产生的经济利益少,按照税法规定允许税前扣除的金额多,则企业在未来期间可以减少应纳税所得额并减少应交所得税。② 负债的账面价值大于其计税基础。负债产生的暂时性差异实质上是税法规定就该项负债可以在未来期间税前扣除的金额。一项负债的账面价值大于其计税基础,意味着未来期间按照税法规定构成负债的全部或部分金额可以自未来应税经济利益中扣除,减少未来期间的应纳税所得额和应交所得税。值得关注的是,对于按照税法规定可以结转以后年度的未弥补亏损及税款抵减,虽不是因资产、负债的账面价值与计税基础不同产生的,但本质上可抵扣亏损和税款抵减与可抵扣暂时性差异具有同样的作用,均能够减少未来期间的应纳税所得额,进而减少未来期间的应交所得税,在会计处理上,视同可抵扣暂时性差异,符合条件的情况下,应确认相关的递延所得税资产。

四、资产负债表债务法核算所得税

所得税费用在按照资产负债表债务法核算所得税的情况下,利润表中的所得税费用包括当期所得税和递延所得税两个部分。

（一）当期所得税

当期所得税是指企业按照税法规定计算确定的针对当期发生的交易和事项,应交纳给税务部门的所得税金额,即当期应交所得税。企业在确定当期应交所得税时,对于当期发生的交易或事项,会计处理与税收处理不同的,应在会计利润的基础上,按照适用税收法规的规定进行调整,计算出当期应纳税所得额,按照应纳税所得额与适用所得税税率计算确定当期应交所得税。一般情况下,应纳税所得额可在会计利润的基础上,考虑会计与税收之间的差异,按照以下公式计算确定:

应纳税所得额＝会计利润＋按照会计准则规定计入利润表但计税时不允许±计入利润表的费用与按照税法规定可予税前抵扣的金额之间的差额±计入利润表的收入与按照税法规定应计入应纳税所得额的收入之间的差额－税法规定的不征税收入±其他需要调整的因素

(二)递延所得税

递延所得税是指按照所得税准则规定当期应予确认的递延所得税资产和递延所得税负债金额,即递延所得税资产及递延所得税负债当期发生额的综合结果,但不包括计入所有者权益的交易或事项的所得税影响。用公式表示即为:

递延所得税＝(递延所得税负债的期末余额－递延所得税负债的期初余额)－(递延所得税资产的期末余额－递延所得税资产的期初余额)

(三)所得税费用

计算确定了当期所得税及递延所得税以后,利润表中应予确认的所得税费用为两者之和,即:所得税费用＝当期所得税＋递延所得税

[例9-8] A公司2013年度利润表中利润总额为3 000万元,该公司适用的所得税税率为25％。递延所得税资产及递延所得税负债不存在期初余额。与所得税核算有关的情况如下:

2013年发生的有关交易和事项中,会计处理与税收处理存在差别的有:

(1) 2013年1月开始计提折旧的一项固定资产,成本为1 500万元,使用年限为10年,净残值为0,会计处理按双倍余额递减法计提折旧,税收处理按直线法计提折旧。假定税法规定的使用年限及净残值与会计规定相同。

(2) 向关联企业捐赠现金500万元。假定按照税法规定,企业向关联方的捐赠不允许税前扣除。

(3) 当年度发生研究开发支出1 250万元,其中750万元资本化计入无形资产成本。税法规定企业发生的研究开发支出可按实际发生额的150％加计扣除。假定所开发无形资产于期末达到预定使用状态。

(4) 违反环保法规定应支付罚款250万元。

(5) 期末对持有的存货计提了75万元的存货跌价准备。

分析:

(1) 2013年度当期应交所得税应纳税所得额＝3 000＋150＋500－1375＋250＋75＝2 600(万元)

应交所得税＝2 600×25％＝650(万元)

(2) 2013年度递延所得税递延所得税资产＝225×25％＝56.25(万元)

递延所得税负债＝750×25％＝187.5(万元)

递延所得税＝187.5－56.25＝131.25(万元)

(3) 利润表中应确认的所得税费用＝650＋131.25＝781.25(万元)

确认所得税费用,应作会计分录如下:

借:所得税费用		7 812 500	
递延所得税资产		562 500	
贷:应交税费——应交所得税		6 500 000	
递延所得税负债		1 875 000	

该公司2013年资产负债表相关项目金额及其计税基础如表9.1所示。

表9.1　A公司资产负债表计税资料(1)　　　　　　　　　单位:万元

项目	账面价值	计税基础	差异	
			应纳税暂时性差异	可抵扣暂时性差异
存货	2 000	2 075		75
固定资产:				
固定资产原价	1 500	1 500		
减:累计折旧	300	150		
减:固定资产减值准备	0	0		
固定资产账面价值	1 200	1 350		150
无形资产	750	0	750	
其他应付款	250	250		
总计			750	225

[例9-9]　沿用[例9-8]中有关资料,假定A公司2014年当期应交所得税为1 155万元。资产负债表中有关资产、负债的账面价值与其计税基础相关资料如表9.2所示,除所列项目外,其他资产、负债项目不存在会计和税收的差异。

表9.2　A公司资产负债表计税资料(2)　　　　　　　　　单位:万元

项目	账面价值	计税基础	差异	
			应纳税暂时性差异	可抵扣暂时性差异
存货	4 000	4 200		200
固定资产:				
固定资产原价	1 500	1 500		
减:累计折旧	540	300		
减:固定资产减值准备	50	0		
固定资产账面价值	910	1200		290
无形资产	675	0	675	
预计负债	250	0		250
总计			675	740

分析:

(1) 当期所得税

当期所得税=当期应交所得税=1 155(万元)

(2) 递延所得税

① 期末递延所得税负债=(675×25%)=168.75(万元)

期初递延所得税负债=187.50(万元)

递延所得税负债减少=187.50-168.75=18.75(万元)

② 期末递延所得税资产=(740×25%)=185.00(万元)

期初递延所得税资产=56.25(万元)

递延所得税资产增加=185.00-56.25=128.75(万元)

递延所得税=-18.75-128.75=-147.50(万元)(收益)

(3) 确认所得税费用

所得税费用=1155.00-147.50=1007.50(万元)

确认所得税费用,应作会计分录如下:

借:所得税费用   10 075 000
  递延所得税资产   1 287 500
  递延所得税负债   187 500
 贷:应交税费——应交所得税   11 550 000

任务三　财务报表的编制

一、财务报表概述

编制财务报表是为了满足企业以及与企业有经济利益关系的单位、个人(投资者、债权人等)对财务信息的需求。由于企业及其信息需求者无法直接使用大量的、具体的、分散的会计记录来分析评价企业的财务状况和经营成果,需要企业定期地将会计资料加以分类整理和汇总,并按一定的表格形式编制成财务报表。所以编制财务报表有着重要的意义:

(1) 财务报表为投资人和债权人作出投资决策提供重要的依据　企业的投资人(包括潜在的投资人)和债权人(包括潜在的债权人)要根据财务报表提供的信息,作出是否向企业投资、以什么方式投资、投资或贷款的方法等决策;政府部门(包括财政、税务、工商行政部门等)要根据财务报表提供的信息,了解和监督企业在完成社会义务和责任方面的情况,为政府部门进一步完善和制定法规提供决策依据。

(2) 财务报表是国家经济管理部门进行宏观调控和管理的信息源　由于财务报表能综合反映企业的财务状况和经营成果,经过逐级汇总上报的财务报表能相应反映出某一行业、某一地区、某一部门乃至全国企业的经济活动情况信息。这种信息是国家经济管理部门了解全国各地区、各行业、各部门的经济情况,正确制定宏观经济政策,调整和控制国民经济运行,优化资源配置的主要决策依据。

(3) 财务报表提供的经济信息是企业内部加强和改善经营管理的重要依据　企业经营管理人员通过会计报表随时掌握企业的财务状况、经营成果和现金流量。通过与计划比较,能够检查企业预算或财务计划的执行情况,及时发现问题,采取有效措施,加强和改善企业经营管理。同时,利用会计报表信息预测企业发展前景,保证经营决策的准确性和科学性。

二、财务报表的种类

财务报表根据需要,可以按照不同的标准进行分类:

1) 按照反映的经济内容分类

财务报表可以分为反映财务状况的报表和反映经营成果的报表。

（1）反映财务状况的报表　是指通过一定日期的企业资产、负债和所有者权益的数额,综合反映企业财务状况的报表(如资产负债表),以及通过一定期间的各种资产、负债和所有者权益数额的增减变化,反映企业财务状况变动情况的报表(如现金流量表)。

（2）反映经营成果的报表　是指通过一定期间收入与费用相互配比的结果,反映企业净收益情况的报表(如利润表)。

2) 按照服务的对象分类

财务报表可以分为外部报表和内部报表。

（1）外部报表　是指企业向外提供的,为了满足国家经济管理部门以及其他企业和个人等企业外部报表使用者的需要而编制的会计报表,如资产负债表、利润表、现金流量表、所有者权益变动表等。其种类、内容和格式由国家财政部门统一规定。

（2）内部报表　是指为了适应企业内部经营管理需要而编制的,它仅为企业管理当局服务,有些还涉及企业生产经营的机密,如工厂各车间的成本计算报表等,一般不对外公开,不需要统一规定报表的种类、格式和内容。

3) 按照编制的单位分类

财务报表可以分为单位报表和合并报表。

（1）单位报表　是指由企业在自身会计核算的基础上,对账簿记录进行加工而编制的,反映企业本身财务状况和经营成果的会计报表。

（2）合并报表　是指根据公司所属单位或企业集团所控制的成员企业报送的会计报表,连同本单位的会计报表汇总编制的,全面反映公司总体或企业集团总体财务状况和经营成果的会计报表。

4) 按照编报的时间分类

财务报表可以分为月报、季报和年报。

（1）月报(或季报)　是指每月(或每季)编制一次,反映企业月份(或季度)财务状况和经营成果的报表,要求及时、简明扼要,一般包括资产负债表和利润表。

（2）年报　是指按年度编制的,全面反映年度财务状况和经营成果以及现金流量变动情况的报表。年度财务报表要求填报的报表种类和揭示的财务信息较为完整,一般包括资产负债表、利润表、现金流量表及所有者权益变动表。

三、财务报表的编制要求

为了保证财务报表真正为报表使用者提供有利于决策的财务信息,使其及时地了解企业的财务状况和经营成果,编制财务报表应符合以下基本要求:

（1）客观真实　财务报表指标必须如实地反映企业的财务状况、经营成果和现金流动情况,做到内容客观,数据真实可靠,绝不允许弄虚作假。为了保证会计报表指标真实可靠,在编制财务报表之前,要按规定程序,严肃认真地做好按期结账工作,将报告期内所发生的经济业务全部登记入账;同时,还要做好对账和财产清查工作,在保证账证相符、账账相符、账实相符的基础上编制会计报表,并保证账表相符。

(2) 全面完整　财务报表应当全面反映企业生产经营活动的全貌,全面反映企业的财务状况和经营成果,以满足会计报表使用者对财务信息的多方面需要。为了保证财务报表的全面完整,凡是国家要求编报的财务报表,企业都必须按照规定的种类编报,不得漏编漏报;在编制每张财务报表时,企业都应该按照规定的报表格式和内容进行编制。凡是国家要求填报的指标和项目,都应当按照规定填列齐全,不得漏填。

(3) 便于比较　编制财务报表依据的会计方法,前后期应当遵循可比性要求,不能随意变更。当某些会计方法确需变更时,应将变更的原因及变更后对报表指标的影响,在报表附注中加以说明,以便于报表使用者正确地理解与利用财务信息。

(4) 编报及时　编报及时,就是要按照规定期限或报表使用者的要求,如期编制和报送财务报表,以利于报表的使用者及时使用。为了保证财务报表及时编制和报出,应当认真做好日常会计核算工作,做到及时结账,做好报表编制前的各项准备工作。但不得为赶编报表而提前结账,以保证会计信息的质量。企业财务报表应按月、季或年及时报送给当地财税机关、开户银行、企业主管部门。国有企业的年度财务报表,应同时报送同级国有资产管理部门。财务报表的报送期限,由国家财政部门统一规定。

四、资产负债表

资产负债表是反映企业在某一特定日期资产、负债和所有者权益及其构成情况的会计报表。资产负债表是根据"资产＝负债＋所有者权益"这一会计基本等式所反映的资产、负债、所有者权益这三个基本会计要素的相互关系,把企业在特定日期的资产、负债、所有者权益各项目,按照一定的分类标准和一定的排列顺序编制而成的。一方面,它反映了企业在某一特定日期所拥有的资产,即企业所拥有或控制的能为企业带来未来的经济利益的经济资源;另一方面反映了企业在一定日期的资产来源,即负债和所有者权益。资产负债表是企业的主要会计报表之一,每个独立核算的企业都应按期单独编制,并及时对外报送。

通过资产负债表提供的财务信息,可以分析企业的生产经营能力、盈利能力和偿债能力,预测企业未来经营前景和发展趋势,为加强经营管理和科学决策提供重要依据。

(一) 资产负债表的结构和内容

1) 资产负债表的结构

资产负债表的基本结构,是建立在资产、负债和所有者权益三者之间的平衡关系基础上。"资产＝负债＋所有者权益"这一会计基本等式构成了资产负债表结构的基本框架。

资产负债表由表头、基本部分和补充资料三部分组成。表头部分列示报表的名称、编制单位、编制日期、货币计量单位等内容。基本部分由若干报表项目组成,反映资产负债表日企业资产、负债和所有者权益的具体组成内容及其总额。补充资料部分列示有关报表项目的必要补充内容。

资产负债表的格式,目前国际上通行的主要有报告式和账户式两种:

(1) 报告式资产负债表　报告式资产负债表,又称竖式资产负债表,是依据"资产－负债＝所有者权益"的会计平衡公式,自上而下列示各类项目。即报表自上而下先列示资产类项目数额,再列示负债类项目数额,最后列示所有者权益类项目数额。其基本格式如表9.3所示。

报告式资产负债表的优点是便于编制多年的比较资产负债表,如果以旁注的形式,对某些项目作必要的说明,也有较多的空间。缺点是资产与权益之间的恒等关系不如账户式资产负债表那样一目了然。

表 9.3 资产负债表(报告式)

年 月 日 单位:元

项 目	期末数
流动资产	×××
长期股权投资	×××
固定资产	×××
无形资产	×××
其他长期资产	×××
资产合计	×××
流动负债	×××
非流动负债	×××
负债合计	×××
实收资本	×××
资本公积	×××
盈余公积	×××
未分配利润	×××
所有者权益合计	×××

(2)账户式资产负债表 账户式资产负债表,又称平衡式资产负债表,它是利用账户的形式列示各类项目,形成左右对称式结构。报表的左边列示资产类的各个项目数额,右边列示负债类和所有者权益类各个项目数额,并使资产负债表左边的资产总额与右边的负债及所有者权益总额保持平衡。其基本格式如表 9.4 所示。

表 9.4 资产负债表(账户式)

年 月 日 单位:元

资 产	期末数	负债及所有者权益	期末数
流动资产		流动负债	
长期股权投资		非流动负债	
固定资产		负债合计	
无形资产		实收资本	
其他长期资产		资本公积	
		盈余公积	
		未分配利润	
		所有者权益合计	
资产总计		负债及所有者权益总计	

账户式资产负债表的优点是资产和权益间的恒等关系一目了然。缺点是编制多年的比较资产负债表,尤其是要做些旁注时,不太方便。在会计实务中,我国企业编制的资产负债表采用账户式结构。

2)资产负债表的内容

为了便于财务信息的分析和利用,资产负债表中所反映的各种资产、负债和所有者权益应加以适当的分类和组合。

（1）一般企业的资产类项目　按照流动性的大小即变现速度的快慢，分为流动资产和非流动资产。

① 流动资产项目依次包括：货币资金、交易性金融资产、应收票据、应收账款、预付账款、其他应收款、存货和一年内到期的非流动资产等。

② 非流动资产项目依次包括：长期股权投资、固定资产、在建工程、无形资产、长期待摊费用和其他长期资产等。

（2）负债类项目　按照流动性，即按照负债到期日由近到远的顺序排列，近者在前，远者在后，一般按照流动负债、非流动负债的顺序进行分类并分项列示。

① 流动负债项目依次包括：短期借款、应付票据、应付账款、预收账款、其他应付款、应付职工薪酬、应交税费、应付利润、应付利息等。

② 非流动负债项目依次包括：长期借款、应付债券、长期应付款和其他非流动负债。

（3）企业的所有者权益项目　按其永久性程度递减的顺序进行排列，永久性大的在先，小的在后。一般按照实收资本、资本公积、盈余公积和未分配利润项目分别列示。

资产负债表中，资产项目金额合计与负债和所有者权益项目金额合计必须相等，各项资产与负债的金额一般不应相互抵销。

（二）资产负债表的编制方法

1）资产负债表的编制必须遵守的几项基本要求

（1）企业应按期编制资产负债表，资产负债表日为公历月末、季末和年末。

（2）资产负债表中应列明企业的名称、资产负债表日、货币单位和报表编号。

（3）资产负债表各项目的金额均以人民币"元"为单位，元以下填至"分"。采用外币作为记账本位币的企业，应当将以外币反映的资产负债表折合为人民币反映的资产负债表。

（4）企业应当至少编制两年期期末的比较资产负债表，以便在一定程度上分析企业资产负债和所有者权益的变动情况以及企业经营发展趋势。我国行业会计制度对资产负债表规定有年初余额和期末余额，相当于两年期限的资产负债表。编制时，如果前期报表的项目分类和内容与本期不一致时，应将前期数按本期项目的内容进行调整，使各期项目口径可比。

2）资产负债表的编制依据和填列方法

资产负债表各项目均需填列"年初余额"和"期末余额"两栏。"年初余额"栏内各项数字，应根据上年末资产负债表的"期末余额"栏内所列数字填列。"期末余额"栏主要有以下几种填列方法：

（1）根据总账科目余额填列　如"交易性金融资产"、"短期借款"、"应付票据"、"应付职工薪酬"等项目，根据"交易性金融资产"、"短期借款"、"应付票据"、"应付职工薪酬"各总账科目的余额直接填列；有些项目则需根据几个总账科目的期末余额计算填列，如"货币资金"项目，需根据"库存现金"、"银行存款"、"其他货币资金"三个总账科目的期末余额的合计数填列。

（2）根据明细账科目余额计算填列　如"应付账款"项目，需要根据"应付账款"和"预付账款"两个科目所属的相关明细科目的期末贷方余额计算填列；"应收账款"项目，需要根据"应收账款"和"预收账款"两个科目所属的相关明细科目的期末借方余额计算填列。

（3）根据总账科目和明细账科目余额分析计算填列　如"长期借款"项目，需要根据"长期借款"总账科目余额扣除"长期借款"科目所属的明细科目中将在一年内到期且企业不能自主地将清偿义务展期的长期借款后的金额计算填列。

(4) 根据有关科目余额减去其备抵科目余额后的净额填列 如资产负债表中的"应收票据"、"应收账款"、"长期股权投资"、"在建工程"等项目,应当根据"应收票据"、"应收账款"、"长期股权投资"、"在建工程"等科目的期末余额减去"坏账准备"、"长期股权投资减值准备"、"在建工程减值准备"等科目余额后的净额填列。"固定资产"项目,应当根据"固定资产"科目的期末余额减去"累计折旧"、"固定资产减值准备"备抵科目余额后的净额填列;"无形资产"项目,应当根据"无形资产"科目的期末余额,减去"累计摊销"、"无形资产减值准备"备抵科目余额后的净额填列。

(5) 综合运用上述填列方法分析填列 如资产负债表中的"存货"项目,需要根据"原材料"、"委托加工物资"、"周转材料"、"材料采购"、"在途物资"、"发出商品"、"材料成本差异"等总账科目期末余额的分析汇总数,再减去"存货跌价准备"科目余额后的净额填列。

3) 编制实例

为了进一步说明资产负债表的编制方法,现根据兴华公司 2013 年 12 月 31 日的账户余额表(表 9.5),编制该公司 2013 年 12 月 31 日的资产负债表,如表 9.6 所示。

表 9.5　总分类账户余额表　　　　　　　　　　　　　　单位：元

账户名称	借方余额	贷方余额	账户名称	借方余额	贷方余额
库存现金	4 200		短期借款		280 000
银行存款	1 050 000		应付票据		168 000
其他货币资金	490 000		应付账款		490 000
应收票据	119 000		其他应付款		2 800
应收账款	980 000		应付职工薪酬		25 200
坏账准备		4 900	应交税费		172 200
预付账款	140 000		长期借款		2 800 000
其他应收款	7 000		长期应付款		700 000
物资采购	630 000		实收资本		7 000 000
原材料	695 000		盈余公积		700 000
周转材料	350 000		利润分配		401 100
库存商品	397 000				
长期股权投资	350 000				
固定资产	8 120 000				
累计折旧		1 624 000			
在建工程	616 000				
无形资产	350 000				
长期待摊费用	70 000				

表9.6 资产负债表

编制单位：兴华公司　　　　2013年12月31日　　　　　　　　　　　　　　　　单位：元

资产	期末余额	年初余额	负债及所有者权益	期末余额	年初余额
流动资产：		（略）	流动负债：		（略）
货币资金	1 544 200		短期借款	280 000	
交易性金融资产			应付票据	168 000	
应收票据	119 000		应付账款	490 000	
应收利息			预收账款		
应收账款	975 100		应付职工薪酬	25 200	
其他应收款	7 000		应交税费	142 800	
预付账款	140 000		应付利息	29 400	
存货	2 072 000		其他应付款	2 800	
1年内到期的非流动资产			1年内到期的非流动负债		
其他流动资产			其他流动负债		
流动资产合计	4 857 300		流动负债合计	1 138 200	
非流动资产：			非流动负债：		
长期股权投资	350 000		长期借款	2 800 000	
固定资产	6 496 000		应付债券		
工程物资			长期应付款	700 000	
在建工程	616 000		专项应付款		
固定资产清理			递延所得税负债		
无形资产	350 000		其他非流动负债		
长期待摊费用	70 000		非流动负债合计	3 500 000	
递延所得税资产			负债合计	4 638 200	
其他非流动资产			所有者权益：		
非流动资产合计	7 882 000		实收资本（或股本）	7 000 000	
			资本公积		
			盈余公积	700 000	
			未分配利润	401 100	
			所有者权益合计	8 101 100	
资产总计	12 739 300		负债及所有者权益总计	12 739 300	

五、利润表

利润表又称损益表或收益表，是反映企业在一定期间的经营成果的会计报表。利润表反映的经营成果是企业一定期间的收入与费用相配比而形成的净收益。这一信息是财务报表所提供的最重要的信息之一。

编制利润表的目的在于向与企业经济活动有关的报表使用者提供反映企业经营成果和获利能力的信息,以便报表使用者作出正确的决策。利润表的作用主要表现在以下几个方面:

(1) 利润表提供的信息,可用于反映和评价企业生产经营活动的经济效益。

(2) 利润表提供的信息,可用于考核企业管理当局的工作业绩。

(3) 利润表提供的信息,可用于分析企业的获利能力,预测未来的盈利趋势。

(一) 利润表的结构和内容

利润表的基本结构,总的来讲就是利润计算公式的表格化。由于收入和成本费用在利润表中有不同的列示方法,因而利润表的具体结构形式,有单步式和多步式两种。

1) 单步式

单步式利润表是指通过全部收入和全部费用相对比,只进行一次计算得出最终利润的利润表。在单步式利润表中,首先列示当期的所有收入项目,然后再列示所有费用项目,用收入总额减去费用总额,就得出当期的利润。单步式利润表的优点是比较简单,便于编制。缺点是对不同性质的收入、费用不加区分,在计算上过于笼统,不便于分析企业利润的构成情况,也不便于在不同企业之间进行比较。其具体格式如表9.7所示。

表9.7 利润表(单步式)　　　　　　　　　　单位:元

项　　目	本期数	本年累计数
收入:		
销售净额		
其他业务收入		
投资收益		
营业外收入		
收入合计		
费用:		
销售成本		
销售费用		
销售税金及附加		
其他业务成本		
管理费用		
财务费用		
营业外支出		
所得税费用		
费用合计		
税后净利		

2) 多步式

多步式利润表是指按企业最终利润形成的主要环节,依次分步计算得出最终利润的利润表。在多步式利润表中,收入与费用按同类属性分别加以归属配比,分步计算营业利润、利润总额和净利润。由于它采用多步的中间性计算,所以称为"多步式利润表"。

利润表计算企业净利润的一般步骤如下:

(1) 以营业收入为基础,减去营业成本、营业税金及附加、销售费用、管理费用、财务费用、资产减值损失,加上公允价值变动收益(减去公允价值变动损失)和投资收益(减去投资损失),计算出营业利润。

(2) 以营业利润为基础,加上营业外收入,减去营业外支出,计算出利润总额。

(3) 以利润总额为基础,减去所得税费用,计算出净利润(或亏损)。

在实际工作中,我国企业编制的利润表的格式采用多步式。利润表由表头、基本部分和报表附注三部分组成。表头部分列示报表的名称、编制单位、编制时间、货币计量单位等内容。基本部分由若干报表项目组成,反映企业的利润总额和税后净利润的形成情况。报表附注部分说明利润表中有关重要项目的明细资料以及其他有助于理解和分析利润表的事项。多步式利润表的格式,以工业企业为例,如表9.8所示。

表 9.8　利润表(多步式)

编制单位:　　　　　　　　　　　　年　月　　　　　　　　　　　　单位:元

项　目	本期金额	上期金额
一、营业收入		
减:营业成本		
营业税金及附加		
销售费用		
管理费用		
财务费用		
资产减值损失		
加:公允价值变动收益(损失以"－"号填列)		
投资收益(损失以"－"号填列)		
其中:对联营企业和合营企业的投资收益		
二、营业利润(亏损以"－"号填列)		
加:营业外收入		
减:营业外支出		
其中:非流动资产处置损失		
三、利润总额(亏损总额以"－"号填列)		
减:所得税费用		
四、净利润(净亏损以"－"号填列)		
五、每股收益		
(一)基本每股收益		
(二)稀释每股收益		

多步式利润表弥补了单步式利润表的不足,能全面反映企业利润及其构成项目的形成

情况,揭示了净利润各构成要素之间的内在联系,便于分析企业利润的形成过程,有利于不同企业间比较分析,便于正确评价企业管理业绩和预测未来收益及盈利能力。

(二)利润表的编制方法

1) 利润表的编制要求

(1) 企业应按月编制利润表,利润表期间为公历月、季和年。

(2) 利润表应标明企业的名称、计算利润的会计期间、货币计量单位和报表编号。

(3) 利润表以人民币"元"为单位,元以下填至"分"。采用外币作为记账本位币的企业,应当将以外币反映的利润表折合为人民币反映的利润表。

(4) 企业应编制比较利润表。如果前期的项目名称和内容与报告期不相一致,应将前期的项目名称和内容按报告期的项目和内容进行调整,以使项目口径可比。

(5) 利润表各个项目分列本期金额和上期金额。

2) 利润表的编制依据和编制方法

利润表各项目均需填列"本期金额"和"上期金额"两栏。其中"上期金额"栏内各项数字,应根据上年该期利润表的"本期金额"栏内所列数字填列。"本期金额"栏内各期数字,除"基本每股收益"和"稀释每股收益"项目外,应当按照相关科目的发生额分析填列。如"营业收入"项目,根据"主营业务收入"、"其他业务收入"科目的发生额分析计算填列;"营业成本"项目,根据"主营业务成本"、"其他业务成本"科目的发生额分析计算填列。其他项目均按照各该科目的发生额分析填列。

3) 编制实例

为了进一步说明利润表的编制方法,现根据兴华公司 2013 年 12 月份各损益类账户的累计发生额(表 9.9),编制该公司 2013 年 12 月份的利润表,如表 9.10 所示。

表 9.9 损益类账户发生额

编制单位:兴华公司　　　　　　2013 年 12 月　　　　　　　　　　单位:元

账户名称	累计发生额
主营业务收入	2 500 000
主营业务成本	1 500 000
营业税金及附加	4 000
销售费用	40 000
管理费用	316 000
财务费用	83 000
投资净收益	557 000
营业外收入	100 000
营业外支出	39 400
所得税费用	204 798

表 9.10 利润表

编制单位:兴华公司　　　　　　2013年12月　　　　　　　　　　　　单位:元

项目	本期金额	上期金额
一、营业收入	2 500 000	
减:营业成本	1 500 000	
营业税金及附加	4 000	
销售费用	40 000	
管理费用	316 000	
财务费用	83 000	
资产减值损失		
加:公允价值变动收益(损失以"-"号填列)		
投资收益(损失以"-"号填列)	63 000	
其中:对联营企业和合营企业的投资收益		
二、营业利润(亏损以"-"号填列)	620 000	
加:营业外收入	100 000	
减:营业外支出	39 400	
其中:非流动资产处置损失		
三、利润总额(亏损总额以"-"号填列)	680 600	
减:所得税费用	204 798	
四、净利润(净亏损以"-"号填列)	475 802	
五、每股收益		
(一)基本每股收益		
(二)稀释每股收益		

六、现金流量表

现金流量,是指企业一定时期的现金和现金等价物流入和流出的数量。现金流量表是综合反映企业一定会计期间内经营活动的现金流量、投资活动的现金流量、筹资活动的现金流量等对现金及现金等价物产生影响的会计报表,是一张动态会计报表。

编制现金流量表,主要是为企业会计报表使用者提供企业一定会计期间内现金和现金等价物流入和流出的信息,以便于报表的使用者了解和评价企业获取现金和现金等价物的能力,并据以预测企业未来现金流量。通过编报现金流量表,能够说明企业一定期间内现金流入和流出的原因,说明企业的偿债能力和支付股利的能力,也能够用以分析企业未来获取现金的能力,分析企业投资和理财活动对经营成果和财务状况的影响,有助于对企业的整体财务状况作出客观评价。

（一）现金流量表的结构和内容

1)现金流量表的结构

现金流量表由主表和补充资料两部分组成,基本格式如表 9.11 所示。

表 9.11 现金流量表

编制单位：　　　　　　　　　　　　年度　　　　　　　　　　　　　　单位：元

项　　目	本期金额	上期金额
一、经营活动产生的现金流量		
销售商品、提供劳务收到的现金		
收到的税费返还		
收到的其他与经营活动有关的现金		
经营活动现金流入小计		
购买商品、接受劳务支付的现金		
支付给职工以及为职工支付的现金		
支付的各项税费		
支付的其他与经营活动有关的现金		
经营活动现金流出小计		
经营活动产生的现金流量净额		
二、投资活动产生的现金流量		
收回投资所收到的现金		
取得投资收益收到的现金		
处置固定资产、无形资产和其他长期资产而收到的现金净额		
收到的其他与投资活动有关的现金		
投资活动现金流入小计		
购建固定资产、无形资产和其他长期资产所支付的现金		
投资支付的现金		
支付的其他与投资活动有关的现金		
投资活动现金流出小计		
投资活动产生的现金流量净额		
三、筹资活动产生的现金流量		
吸收投资收到的现金		
取得借款收到的现金		
收到的其他与筹资活动有关的现金		
筹资活动现金流入小计		
偿还债务支付的现金		
分配股利、利润或偿付利息支付的现金		
支付的其他与筹资活动有关的现金		
筹资活动现金流出小计		
筹资活动产生的现金流量净额		
四、汇率变动对现金及现金等价物的影响额		

续 表

项　目	本期金额	上期金额
五、现金及现金等价物净增加额		
加：期初现金及现金等价物余额		
六、期末现金及现金等价物余额		

补 充 资 料	金　额
1.将净利润调节为经营活动的现金流量	
净利润	
加：资产减值准备	
固定资产折旧	
无形资产摊销	
长期待摊费用摊销	
处置固定资产、无形资产和其他长期资产的损失（减：收益）	
固定资产报废损失	
公允价值变动损失	
财务费用	
投资损失（减：收益）	
递延所得税资产减少	
递延所得税负债增加	
存货的减少（减：增加）	
经营性应收项目的减少（减：增加）	
经营性应付项目的增加（减：减少）	
其他	
经营活动产生的现金流量净额	
2.不涉及现金收支的投资和筹资活动	
债务转为资本	
1年内到期的可转换公司债券	
融资租入固定资产	
3.现金及现金等价物的增加情况	
现金的期末余额	
减：现金的期初余额	
加：现金等价物的期末余额	
减：现金等价物的期初余额	
现金及现金等价物净增加额	

2) 现金及现金流量

(1) 现金的概念　现金流量表是以现金为基础编制的,这里的现金是相对广义的现金,不仅包括企业的库存现金,还包括企业可以随时用于支付的存款,以及现金等价物。具体包括:

① 库存现金:是指企业持有可随时用于支付的现金,也就是目前企业会计核算中"库存现金"账户核算的内容。

② 银行存款:是指企业存放在银行或其他金融机构随时可以用于支付的存款,与目前企业会计核算中"银行存款"账户核算的内容基本一致。不包括不能随时支取的定期存款,但提前通知金融单位便可支取的定期存款,应包括在现金范围内。

③ 其他货币资金:是指企业存在银行有特定用途的资金或在途尚未收到的资金,包括外埠存款、银行汇票存款、银行本票存款和在途货币资金等,与目前企业会计核算中"其他货币资金"账户核算的内容一致。

④ 现金等价物:是指企业持有的期限短、流动性强、易于转换为已知金额的现金、价值变动风险很小的投资。现金等价物虽然不是现金,但其支付能力与现金的差别不大,可视为现金。一项投资被确认为现金等价物必须满足现金等价物的定义,如企业购入的在证券市场上流通的三个月内到期的短期债券投资等。企业编制现金流量表时,应明确现金等价物的确认标准和范围,并在会计报表附注中加以说明。

(2) 现金流量的定义及其分类　企业的现金流量的定义及分类涉及以下内容:

① 现金流量:是指企业现金和现金等价物的流入和流出数量。企业销售商品或提供劳务、出售固定资产、从银行取得借款等取得的现金,即为现金流入;而企业购买原材料或接受劳务、购建固定资产、偿还银行借款等支出的现金,即为现金流出。现金流量是衡量企业经营状况是否良好、偿债能力强弱的重要指标。

影响现金流量的因素包括企业的经营活动、投资活动和筹资活动等日常经营业务,但并不是所有的经营业务都影响现金流量。企业发生的经济业务,若只是涉及现金各项目之间的变动或非现金项目之间的增减变动,如从银行提取现金或将现金存入银行等业务属于现金各项目之间内部资金转换,不会使现金流量增加或减少;而以固定资产清偿债务、用原材料或固定资产等对外投资等经营业务,则属于非现金各项目之间的增减变动,也不会使现金流量发生增加或减少。只有发生的经济业务涉及现金各项目与非现金各项目之间的增减变动,如用现金购买原材料,用现金对外投资,收回长期债券投资等,才会影响现金流量净额的变动。

② 现金流量的分类:企业一定时期内现金流入和流出是由各种因素产生的,为了给会计报表的使用者提供企业现金流量的具体信息,现金流量表首先要对企业各项经济业务发生的现金流量进行合理的分类。根据我国《企业会计准则——现金流量表》的规定,企业一定时期内发生的现金流量可以按以下三类划分。

(a) 经营活动产生的现金流量:经营活动是指企业投资活动和筹资活动以外的所有交易和事项。在工商企业,经营活动一般包括销售商品或提供劳务活动、经营性租赁、购买商品或接受劳务业务、进行广告宣传和推销商品业务、交纳税款业务等。企业从事各种经营活动产生的现金流入主要包括销售商品或提供劳务所取得的现金、收到的租金、企业销售商品实际收到的增值税销项税额和出口退回的增值税款以及收到的除增值税以外的其他税费返还等。产生的现金流出主要包括购买商品或提供劳务支付的现金、经营租赁所支付的现金、支付给职工以及为职工支付的现金、支付的增值税款、支付的所得税款、支付的除增值税和所得税以外的其他税费等。

(b) 投资活动产生的现金流量：投资活动是指企业长期资产的购建和不包括在现金等价物范围内的对外投资及其处置活动，包括取得和收回投资、购建和处置固定资产、无形资产和其他长期资产等。企业从事各项投资活动产生的现金流入主要包括收回投资所收到的现金、分得股利或利润所收到的现金、取得债券利息收入所收到的现金、处置长期资产而收到的现金净额等。产生的现金流出主要包括购建固定资产、无形资产和其他长期资产而支付的现金或偿还的相应的应付款项、权益性投资支付的现金以及债权性投资所支付的现金等。

(c) 筹资活动产生的现金流量：筹资活动是指使企业资本及债务规模和构成发生变化的活动，包括吸收投资、发行股票、分配利润、发行债券、向金融机构借入款项以及偿还债务等。企业从事的各项筹资活动，产生的现金流入主要包括吸收权益性投资所收到的现金、发行债券所收到的现金、借款所收到的现金等。产生的现金流出主要包括偿还债务所支付的现金、发生筹资费用所支付的现金、分配股利或利润所支付的现金、融资租赁所支付的现金以及减少注册资本所支付的现金等。

(二) 现金流量表的编制方法

1) 经营活动产生的现金流量的编制方法

编制现金流量表时，经营活动现金流量的编制方法通常有直接法和间接法两种。直接法是指通过现金收入和支出的主要类别反映来自企业经营活动的现金流量。间接法是指以本期净利润为起算点，调整不涉及现金的收入、费用、营业外收支以及应收应付等项目的增减变动，据此计算并列示经营活动的现金流量。

直接法能显示经营活动现金流量的各项流入流出的内容，比间接法更能体现现金流量表的目的，提供的信息有助于评价企业未来的现金流量。间接法确定的经营活动现金流量，则有助于分析影响现金流量的原因以及从现金流量角度分析企业净利润的质量。我国现金流量表会计准则要求企业按直接法编制现金流量表主表，进一步在补充资料中提供按间接法将净利润调节为经营活动现金流量的信息。

上述现金流量表主表中的经营活动现金流入和流出各项目，其编制方法(直接法)分别说明如下：

(1) "销售商品、提供劳务收到的现金"项目　销售商品、提供劳务收到的现金一般包括收回当期的销售货款和劳务收入款，收回前期销售货款和劳务收入款，以及转让应收票据所取得的现金收入。发生销货退回而支付的现金应从销售商品或提供劳务收入款中扣除。随销售收入或劳务收入一起收到的增值税销项税额应单独反映。本项目可以根据"库存现金""银行存款""应收账款""应收票据""预收账款""主营业务收入""其他业务收入"等账户的记录分析填列。本项目也可按下列公式计算得出：

$$\begin{aligned}\text{销售商品、提供}\\\text{劳务收到的现金}\end{aligned} = \begin{aligned}\text{当期销售商品、提供}\\\text{劳务收到的现金收入}\end{aligned} + \begin{aligned}\text{当期收到前期}\\\text{的应收账款}\end{aligned} + \begin{aligned}\text{当期收到前期}\\\text{的应收票据}\end{aligned}$$

$$+ \begin{aligned}\text{当期的}\\\text{预收账款}\end{aligned} - \begin{aligned}\text{当期因销售退回}\\\text{而支付的现金}\end{aligned} + \begin{aligned}\text{当期收回前期}\\\text{核销的坏账损失}\end{aligned}$$

(2) "收到的税费返还"项目　反映企业实际收到的各种税费返还，如增值税、所得税、消费税、关税和教育费附加的返还款等，可以根据"库存现金""银行存款""应交税费"等账户的记录分析填列。

(3)"收到的其他与经营活动有关的现金"项目　反映除上述各项目以外的与经营活动有关的其他现金流入,如捐赠现金收入、罚款收入等,可以根据"营业外收入""营业外支出""库存现金""银行存款""其他应付款"等账户的记录分析填列。

(4)"购买商品、接受劳务支付的现金"项目　购买商品、接受劳务支付的现金,包括当期购买商品支付的现金、当期支付的前期购买商品的应付款以及为购买商品而预付的现金等。因购货退回而收到的现金应从购买商品支付的现金中扣除。因购买商品或接受劳务而同时支付的、能够抵扣增值税销项税额的进项税额,应单独反映。本项目可以根据"在途物资""原材料""应付账款""应付票据""库存现金""银行存款"等账户的记录分析填列。本项目也可以按下列公式计算得出:

$$\begin{aligned}\text{购买商品、接受} \\ \text{劳务支付的现金}\end{aligned} = \begin{aligned}\text{当期购买商品、接受} \\ \text{劳务支付的现金}\end{aligned} + \begin{aligned}\text{当期支付前期} \\ \text{的应付账款}\end{aligned} + \begin{aligned}\text{当期支付前期} \\ \text{的应付票据}\end{aligned} + \begin{aligned}\text{当期的} \\ \text{预付账款}\end{aligned} - \begin{aligned}\text{当期因购货退} \\ \text{回收到的现金}\end{aligned}$$

(5)"支付给职工以及为职工支付的现金"项目　反映企业以现金方式支付给职工的工资和为职工支付的其他现金,但不包括支付给在建工程人员的工资和奖金。本项目可以根据"库存现金""银行存款""管理费用""应付职工薪酬"等账户的记录分析填列。

(6)"支付的各项税费"项目　反映企业按规定实际向税务机关等机构缴纳的各种税费。可以根据"应交税费""库存现金""银行存款"等账户的记录分析填列。

(7)"支付的其他与经营活动有关的现金"项目　反映企业支付的除上述各项以外的与经营活动有关的现金流出,如捐赠现金支出、罚款支出、支付的差旅费、业务招待费等现金支出,可以根据"管理费用""库存现金""银行存款""营业外支出"等账户的记录分析填列。

2) 投资活动产生的现金流量的编制方法

现金流量表中投资活动现金流入和流出各项目的编制方法如下:

(1)"收回投资所收到的现金"项目　反映企业实际收回的投资额,包括企业出售、转让或到期收回的除现金等价物以外的短期投资、长期股权投资而收到的现金,以及收回长期债券投资本金而收到的现金,可以根据"交易性金融资产""长期股权投资""库存现金""银行存款"等账户的记录分析填列。企业收回的投资款中往往包括投资本金和投资收益,其中属于收回债券投资款的,应将债券投资本金和利息分别反映,即债券投资的利息收入不在本项目中反映,而在"取得投资收益收到的现金"项目中单独反映。

(2)"取得投资收益收到的现金"项目　反映企业因持有权益性投资而收到的现金股利或利润,以及因债权性投资所取得的现金利息收入。可以根据"库存现金""银行存款""投资收益"等账户的记录分析填列。

(3)"处置固定资产、无形资产和其他长期资产而收到的现金净额"项目　反映企业出售固定资产、无形资产和其他长期资产所取得的现金扣除为出售这些资产而支付的有关费用后的净额(若现金净额为负数,则应在"支付的其他与投资活动有关的现金"项目中填列),可以根据"固定资产""无形资产""固定资产清理""库存现金""银行存款"等账户的记录分析填列。

(4)"收到的其他与投资活动有关的现金"项目　反映企业除上述各项以外,收到的其他与投资活动有关的现金,可以根据"库存现金""银行存款"和其他有关账户的记录分析填列。

(5)"购建固定资产、无形资产和其他长期资产所支付的现金"项目　反映企业购建固定资产(不包括融资租入固定资产支付的租赁费)、取得无形资产和其他长期资产而支付的现金(包括企业购买机器设备所支付现金及增值税款、建造工程支付的现金、支付在建工程人员的工资、购入或自创取得各种无形资产等的实际现金支出),可以根据"固定资产""无形资产""在建工程""库存现金""银行存款"等账户的记录分析填列。

(6)"投资支付的现金"项目　反映企业购买的除现金等价物以外的对其他企业的权益工具、债务工具和合营中的权益投资所支付的现金,以及支付的佣金、手续费等附加费用而实际支付的现金,可以根据"交易性金融资产""长期股权投资""库存现金""银行存款"等账户的记录分析填列。

(7)"支付的其他与投资活动有关的现金"项目　反映除了上述各项以外的其他与投资活动有关的现金支出,可以根据"库存现金""银行存款"和其他有关账户的记录分析填列。

3) 筹资活动产生的现金流量的编制方法

现金流量表中筹资活动现金流入和流出各项目的编制方法如下:

(1)"吸收投资收到的现金"项目　反映企业通过发行股票、债券等方式筹集资本所收到的现金(委托金融企业代理发行股票时,由金融企业直接支付的手续费、宣传费、印刷费等发行费用,从股票发行取得的现金收入中直接扣除,不作为现金流出项目反映),可以根据"实收资本""资本公积""库存现金""银行存款"等账户的记录分析填列。

(2)"取得借款收到的现金"项目　反映企业向金融企业借款筹集资金而收到的现金,可以根据"短期借款""长期借款""银行存款"等账户的记录分析填列。

(3)"收到的其他与筹资活动有关的现金"项目　反映企业除了上述各项以外的其他与筹资活动有关的现金收入,可以根据"库存现金""银行存款"和其他有关账户的记录分析填列。

(4)"偿还债务支付的现金"项目　反映企业偿还各项债务本金,包括归还金融企业借款本金和偿还企业到期的债券本金等而实际支付的现金,可以根据"短期借款""长期借款""银行存款"等账户的记录分析填列。

(5)"分配股利、利润或偿付利息支付的现金"项目　反映企业当期实际支付的现金股利以及分配利润,以及企业用现金支付的借款利息、债券利息等所支付的现金,可根据"应付股利(利润)""库存现金""银行存款"等账户的记录分析填列。

(6)"支付的其他与筹资活动有关的现金"项目　反映企业除了上述各项以外的其他与筹资活动有关的现金支出,可以根据"库存现金"、"银行存款"和其他有关账户的记录分析填列。

现金流量表主表中的"四、汇率变动对现金及现金等价物的影响额"项目,反映企业所持外币现金余额由于汇率变动而发生的对现金的影响。会计核算中,企业外币现金流量及境外子公司的现金流量折算成记账本位币时,采用的折算汇率为现金流量发生日的汇率或平均汇率,而现金流量表中最后一行"五、现金及现金等价物净增加额"中外币现金净增加额是按期末汇率折算的,这两者的差额就是汇率变动对现金的影响。该项目的金额可以通过对当期发生的外币业务逐笔计算汇率变动对现金的影响额,然后汇总填列;也可以通过报表补充资料中"现金及现金等价物净增加额"数额与报表中"经营活动产生的现金流量净额"、"投资活动产生的现金流量净额"、"筹资活动产生的现金流量净额"三项之和比较,其差额即为"汇率变动对现金的影响"。

4）现金流量表补充资料的编制方法

(1) 将净利润调节为经营活动的现金流量　将净利润调节为经营活动的现金流量实际上就是采用间接法编制经营活动的现金流量。由于净利润是按权责发生制原则确定的，且包括了投资活动和筹资活动收益和费用，将净利润调节为经营活动的现金流量，实际上就是将按权责发生制原则确定的净利润调整为现金净流入，并剔除投资活动和筹资活动对现金净流量的影响。以净利润为基础，采用间接法需要加以调整的项目可以分为四大类：

① 不涉及现金收支的收入、费用项目，如提取的折旧、无形资产摊销等。

② 经济业务发生时没有现金收支的项目，如应收账款、应付账款等。

③ 不属于经营活动的投资、筹资活动项目，如投资收益、处置固定资产等非流动资产损益、借款等。

④ 不属于净利润构成要素，但计入经营活动现金流量的项目，如增值税。上述各项目，净利润为反映在本期利润表上的净利润额，其他项目可以分别根据"坏账准备""无形资产""固定资产清理""财务费用""投资收益""递延所得税资产""递延所得税负债""存货""应收账款""应收票据""应付账款""应付票据""应付职工薪酬""应交税费"等账户的记录分析填列。该计算式中的增值税增加净额是指本期收到的增值税款与支付的增值税款之间的差额。

(2) 不涉及现金收支的投资和筹资活动　企业在一定时期内影响资产或负债但不影响该期现金收支的投资和筹资活动，往往会对企业以后时期的现金流量产生重大影响，例如融资租赁设备引起当期固定资产和长期负债的增加，而当期并不一定支付设备款及租金，但以后各期必须为此支付现金，形成一定时期内一项固定的现金支出，因此，会计准则中规定应将其作为重要信息在现金流量表的补充资料中加以反映。不涉及现金收支的投资和筹资活动的各项目的填列方法为：

① "债务转为资本"项目：反映企业本期转为资本的债务金额。

② "1 年内到期的可转换公司债券"项目：反映企业 1 年内到期的可转换公司债券的本息。

③ "融资租入固定资产"项目：反映企业本期融资租入固定资产记入"长期应付款"账户的金额。这些业务活动项目可以根据"固定资产""长期股权投资""长期应付款"等有关账户的记录分析填列。

(3) 现金流量净增加额　现金流量表补充资料中的"现金及现金等价物净增加额"项目，可以通过对"库存现金""银行存款""其他货币资金"账户以及现金等价物的期初余额与期末余额的比较得出，其中"库存现金""银行存款""其他货币资金"等项应符合现金流量表中的"现金"定义。

补充资料中的"3. 现金及现金等价物的增加情况"与主表中最后一项"五、现金及现金等价物净增加额"存在钩稽关系，即金额相等。

在具体编制现金流量表时，除了按上述根据有关账户的记录分析填列外，还可以采用工作底稿法和 T 形账户法编制。工作底稿法就是以工作底稿为手段，以利润表和资产负债表数据为基础，对每一项目进行分析并编制调整分录，从而编制现金流量表。T 形账户法，则是以 T 形账户为手段，也以利润表和资产负债表数据为基础，对每一项目进行分析并编制调整分录，从而编制现金流量表。

（三）现金流量表编制实例

1）工作底稿法

现金流量表工作底稿法在纵向上分为三段：第一段为资产负债表项目，其中又分为借方和贷方项目两部分；第二段是利润表项目；第三段为现金流量表项目。在横向上分为五栏：第一栏是项目；第二栏是期初数；第三栏是调整分录的借方；第四栏是调整分录的贷方；第五栏是期末数。

采用工作底稿法编制现金流量表的程序和具体步骤如下：

(1) 将资产负债表的年初余额和期末余额过入工作底稿的期初数栏和期末数栏。

(2) 对当期业务进行分析并编制调整分录。

(3) 将调整分录过入工作底稿的相应部分。

(4) 核对调整分录，借方、贷方合计数应该相等，资产负债表项目期初数加减调整分录中的借贷金额后，也应等于期末数，利润表项目调整分录借贷方相抵后应等于该项目本期数。

(5) 根据工作底稿中的现金流量表项目部分编制正式的现金流量表。

2）T形账户法

采用T形账户法编制现金流量表，具体步骤如下：

(1) 为所有的非现金项目（包括资产负债表项目和利润表项目）分别开设T形账户，并将各自的期初期末变动数过入各账户。如果项目的期末数大于期初数，则将差额过入与项目余额相同的方向；反之，过入相反的方向。

(2) 开设一个大的"现金及现金等价物"T形账户，每边分为经营活动、投资活动和筹资活动三个部分，左边记现金流入，右边记现金流出。与其他账户一样，过入期初期末变动数。

(3) 以利润表项目为基础，结合资产负债表分析每一个非现金项目的增减变动，并据此编制调整分录。在实际工作中，若采用T形账户法，企业可省去一些不涉及现金的调整分录，以简化编制现金流量表的工作量。

3）编制实例

本节的例解中，只介绍工作底稿法。

某公司为一般纳税人，增值税税率为17%，所得税税率为25%，该公司2013年发生的经济业务如下：

(1) 用银行存款支付到期的商业承兑汇票150 000元。

(2) 购入原材料一批，货款225 000元，增值税38 250元，款项已付，材料未到。

(3) 收到原材料一批，实际成本150 000元，计划成本142 500元，材料已验收入库，货款已支付。

(4) 用银行汇票采购材料，支付货款149 700元及增值税25 449元，原材料已验收入库，该批原材料计划价格150 000元，收到开户银行转来银行汇票多余款351元。

(5) 销售产品一批，售价450 000元，应收取的增值税76 500元，该批产品实际成本270 000元，产品已发出，款未收到。

(6) 公司将短期投资（全部为股票投资）22 500元兑现，收到本金22 500元，投资收益2 250元，均存入银行。

(7) 购入不需要安装的设备一台，价款128 205元，增值税21 795元，运费1 500元，均以银行存款支付。

(8) 购入工程物资一批,价款 225 000 元(含已交纳的增值税),已用银行存款支付。
(9) 工程应付工资 300 000 元,应付职工福利费 42 000 元。
(10) 工程完工,计算应负担的长期借款利息 225 000 元,该项借款本息未付。
(11) 一项工程完工,交付生产使用,已办理竣工手续,固定资产价值 2 100 000 元。
(12) 基本生产车间一台机床报废,原价 300 000 元,已计提折旧 270 000 元,清理费用 750 元,残值收入 1 200 元,均通过银行存款收支,该项固定资产清理完毕。
(13) 从银行借入 3 年期借款 600 000 元,借款已入银行账户,该项借款用于购建固定资产。
(14) 销售产品一批,销售价款 1 050 000 元,应收的增值税 178 500 元,销售产品的实际成本 630 000 元,货款银行已经收妥。
(15) 公司将要到期的一张面值为 300 000 元的无息的银行承兑汇票(不含增值税),交银行办理转账,收到银行盖章退回的进账单一联,款项银行已收妥。
(16) 收到现金股利 45 000 元(该项投资为成本法核算,对方税率和本企业一致,均为 25%),已存入银行。
(17) 公司出售一台不需用设备,收到价款 450 000 元,该设备原价 600 000 元,已计提折旧 225 000 元,该项设备已由购入单位运走。
(18) 归还短期借款本金 375 000 元,利息 18 750 元,已预提。
(19) 提取现金 750 000 元,准备发放工资。
(20) 支付工资 750 000 元,其中包括支付给在建工程人员工资 300 000 元。
(21) 分配应支付的职工工资 450 000 元(不包括在建工程应负担的工资),其中生产人员工资 412 500 元,车间管理人员工资 15 000 元,行政管理部门人员工资 22 500 元。
(22) 提取职工福利费 63 000 元(不包括在建工程应负担的福利费 42 000 元),其中生产人员福利费 57 750 元,车间管理人员福利 2 100 元,行政管理部门福利费 3 150 元。
(23) 提取应计入本期损益的借款利息共 32 250 元,其中短期借款利息 17 250 元,长期借款利息 15 000 元。
(24) 基本生产领用原材料,计划成本 1 050 000 元,领用周转材料,计划成本 75 000 元,采用一次摊销法摊销。
(25) 结转领用原材料应分摊的材料成本差异,材料成本差异率为 5%。
(26) 摊销无形资产 90 000 元,摊销印花税 15 000 元,基本生产车间固定资产修理费(已列入待摊费用)135 000 元。
(27) 计提固定资产折旧 150 000 元,其中计入制造费用 120 000 元,管理费用 30 000 元。
(28) 收到应收账款 76 500 元(不含增值税),存入银行。该公司按应收账款千分之三计提坏账准备。
(29) 用银行存款支付产品展览费 15 000 元。
(30) 计算并结转本期完工产品成本 1 923 600 元。没有期初在产品,本期生产的产品全部完工入库。
(31) 广告费 15 000 元,已用银行存款支付。
(32) 公司采用商业承兑汇票结算方式销售产品一批,价款 375 000 元,增值税 63 750 元,收到 438 750 元的商业承兑汇票 1 张,产品实际成本 225 000 元。
(33) 公司拿上述承兑汇票到银行办理贴现,贴现息为 30 000 元。

(34) 提取现金 75 000 元,准备支付退休金。
(35) 支付退休金 75 000 元,未统筹。
(36) 公司本期产品销售应交纳的教育费附加为 3 000 元。
(37) 用银行存款交纳增值税 150 000 元,教育费附加 3 000 元。
(38) 结转本期产品销售成本 1 125 000 元。
(39) 计算并结转应交所得税 153 598.50 元(税率为 25%)。
(40) 将各收支账户结转本年净利润 356 851.50 元。
(41) 提取法定盈余公积 35 685.15 元,任意盈余公积 17 842.57 元,分配普通股现金股利 48 323.78 元。
(42) 将利润分配各明细账户的余额转入"未分配利润"明细账户,结转本年利润。
(43) 偿还长期借款 1 500 000 元。
(44) 用银行存款交纳所得税 145 633.50 元。
根据上述资料编制会计分录如下:

(1) 借:应付票据　　　　　　　　　　　　　　　　150 000
　　　贷:银行存款　　　　　　　　　　　　　　　　　　　150 000
(2) 借:材料采购　　　　　　　　　　　　　　　　225 000
　　　应交税费——应交增值税(进项税额)　　　　38 250
　　　贷:银行存款　　　　　　　　　　　　　　　　　　　263 250
(3) 借:原材料　　　　　　　　　　　　　　　　　142 500
　　　材料成本差异　　　　　　　　　　　　　　　7 500
　　　贷:材料采购　　　　　　　　　　　　　　　　　　　150 000
(4) 借:材料采购　　　　　　　　　　　　　　　　149 700
　　　银行存款　　　　　　　　　　　　　　　　　351
　　　应交税费——应交增值税(进项税额)　　　　25 449
　　　贷:其他货币资金　　　　　　　　　　　　　　　　　175 500
　　借:原材料　　　　　　　　　　　　　　　　　150 000
　　　贷:材料采购　　　　　　　　　　　　　　　　　　　149 700
　　　　材料成本差异　　　　　　　　　　　　　　　　　　300
(5) 借:应收账款　　　　　　　　　　　　　　　　526 500
　　　贷:主营业务收入　　　　　　　　　　　　　　　　　450 000
　　　　应交税费——应交增值税(销项税额)　　　　　　　76 500
(6) 借:银行存款　　　　　　　　　　　　　　　　24 750
　　　贷:交易性金融资产　　　　　　　　　　　　　　　　22 500
　　　　投资收益　　　　　　　　　　　　　　　　　　　　2 250
(7) 借:固定资产　　　　　　　　　　　　　　　　151 500
　　　贷:银行存款　　　　　　　　　　　　　　　　　　　151 500
(8) 借:工程物资　　　　　　　　　　　　　　　　225 000
　　　贷:银行存款　　　　　　　　　　　　　　　　　　　225 000
(9) 借:在建工程　　　　　　　　　　　　　　　　342 000
　　　贷:应付职工薪酬　　　　　　　　　　　　　　　　　342 000

(10) 借：在建工程	225 000	
贷：应付利息		225 000
(11) 借：固定资产	2 100 000	
贷：在建工程		2 100 000
(12) 借：固定资产清理	30 000	
累计折旧	270 000	
贷：固定资产		300 000
借：固定资产清理	750	
贷：银行存款		750
借：银行存款	1 200	
贷：固定资产清理		1 200
借：营业外支出——处置固定资产净损失	29 550	
贷：固定资产清理		29 550
(13) 借：银行存款	600 000	
贷：长期借款		600 000
(14) 借：银行存款	1 228 500	
贷：主营业务收入		1 050 000
应交税费——应交增值税（销项税额）		178 500
(15) 借：银行存款	300 000	
贷：应收票据		300 000
(16) 借：银行存款	45 000	
贷：投资收益		45 000
(17) 借：固定资产清理	375 000	
累计折旧	225 000	
贷：固定资产		600 000
借：银行存款	450 000	
贷：固定资产清理		450 000
借：固定资产清理	75 000	
贷：营业外收入——处理固定资产净收益		75 000
(18) 借：短期借款	375 000	
应付利息	18 750	
贷：银行存款		393 750
(19) 借：库存现金	750 000	
贷：银行存款		750 000
(20) 借：应付职工薪酬	750 000	
贷：库存现金		750 000
(21) 借：生产成本	412 500	
制造费用	15 000	
管理费用	22 500	
贷：应付职工薪酬		450 000

(22) 借：生产成本 57 750
　　　制造费用 2 100
　　　管理费用 3 150
　　　贷：应付职工薪酬 63 000
(23) 借：财务费用 32 250
　　　贷：应付利息 32 250
(24) 借：生产成本 1 050 000
　　　贷：原材料 1 050 000
　　借：制造费用 75 000
　　　贷：周转材料 75 000
(25) 借：生产成本 52 500
　　　制造费用 3 750
　　　贷：材料成本差异 56 250
(26) 借：管理费用——无形资产摊销 90 000
　　　贷：累计摊销 90 000
　　借：管理费用——印花税 15 000
　　　制造费用——固定资产修理费 135 000
　　　贷：待摊费用 150 000
(27) 借：制造费用——折旧费 120 000
　　　管理费用——折旧费 30 000
　　　贷：累计折旧 150 000
(28) 借：银行存款 76 500
　　　贷：应收账款 76 500
　　借：资产减值损失 1 350
　　　贷：坏账准备 1 350
(29) 借：销售费用——展览费 15 000
　　　贷：银行存款 15 000
(30) 借：生产成本 350 850
　　　贷：制造费用 350 850
　　借：库存商品 1 923 600
　　　贷：生产成本 1 923 600
(31) 借：销售费用——广告费 15 000
　　　贷：银行存款 15 000
(32) 借：应收票据 438 750
　　　贷：主营业务收入 375 000
　　　　应交税费——应交增值税（销项税额） 63 750
(33) 借：财务费用 30 000
　　　银行存款 408 750
　　　贷：应收票据 438 750
(34) 借：库存现金 75 000

	贷：银行存款	75 000
(35)	借：管理费用——劳动保险费	75 000
	贷：库存现金	75 000
(36)	借：营业税金及附加	3 000
	贷：应交税费——应交教育费附加	3 000
(37)	借：应交税费——应交增值税(已交税金)	150 000
	——应交教育费附加	3 000
	贷：银行存款	153 000
(38)	借：主营业务成本	1 125 000
	贷：库存商品	1 125 000
(39)	借：所得税费用	153 598.50
	贷：应交税费——应交所得税	153 598.50
(40)	借：主营业务收入	1 875 000
	营业外收入	75 000
	投资收益	47 250
	贷：本年利润	1 997 250
	借：本年利润	1 640 398.50
	贷：主营业务成本	1 125 000
	营业税金及附加	3 000
	销售费用	30 000
	管理费用	235 650
	资产减值损失	1 350
	财务费用	62 250
	营业外支出	29 550
	所得税费用	153 598.50
(41)	借：利润分配——提取法定盈余公积	35 685.15
	贷：盈余公积——法定盈余公积	35 685.15
	借：利润分配——提取任意盈余公积	17 842.57
	贷：盈余公积——任意盈余公积	17 842.57
	借：利润分配——应付普通股股利	48 323.78
	贷：应付股利	48 323.78
(42)	借：利润分配——未分配利润	101 851.50
	贷：利润分配——提取法定盈余公积	35 685.15
	——提取任意盈余公积	17 842.57
	——应付普通股股利	48 323.78
	借：本年利润	356 851.50
	贷：利润分配——未分配利润	356 851.50
(43)	借：长期借款	1 500 000
	贷：银行存款	1 500 000
(44)	借：应交税费——应交所得税	145 633.50

贷：银行存款　　　　　　　　　　　　　　　　　145 633.50

　　根据上述资料和有关账户记录（略），编制 2013 年 12 月 31 日的科目余额表，如表9.12所示。

　　编制比较资产负债表，如表 9.13 所示。

　　编制利润表，如表 9.14 所示。

表 9.12　总分类账户余额表

2013 年 12 月 31 日　　　　　　　　　　　　　　　　　单位：元

账户名称	借方余额		账户名称	贷方余额	
	年初数	年末数		年初数	年末数
库存现金	3 000	3 000	短期借款	450 000	75 000
银行存款	1 920 000	1 217 167.50	应付票据	300 000	150 000
其他货币资金	186 450	10 950	应付账款	1 430 700	1 430 700
交易性金融资产	22 500	0	其他应付款	75 000	75 000
应收票据	369 000	69 000	应付职工薪酬	165 000	270 000
应收账款	450 000	900 000	应交税费	54 900	158 016
坏账准备	−1 350	−2 700	应付股利	0	48 323.78
预付账款	150 000	150 000	应付利息	1 500	0
其他应收款	7 500	7 500	长期借款 其中：1 年内到期的长期负债	2 400 000 1 500 000	1 740 000 0
材料采购	337 500	412 500	股本	7 500 000	7 500 000
原材料	825 000	67 500	盈余公积	150 000	203 527.72
周转材料	132 075	57 075	利润分配（未分配利润）	75 000	330 000
库存商品	2 520 000	3 318 600			
材料成本差异	55 425	6 375			
待摊费用	150 000	0			
长期股权投资	375 000	375 000			
固定资产	2 250 000	3 601 500			
累计折旧	−600 000	−255 000			
工程物资	0	225 000			
在建工程	2 250 000	717 000			
无形资产	900 000	810 000			
长期待摊费用	300 000	300 000			
合　计	12 602 100	11 990 467.50	合　计	12 602 100	11 990 467.50

表9.13 资产负债表(比较表)

编制单位：某公司　　　　2013年12月31日　　　　　　　　　　　　单位：元

资产	年初数	期末数	负债及所有者权益	年初数	期末数
流动资产：			流动负债：		
货币资金	2 109 450	1 231 117.50	短期借款	450 000	75 000
交易性金融资产	22 500		应付票据	300 000	150 000
应收票据	369 000	69 000	应付账款	1 430 700	1 430 700
应收股利			预收账款		
应收利息			应付职工薪酬	165 000	270 000
应收账款	448 650	897 300	应付股利		48 323.78
其他应收款	7 500	7 500	应交税费	54 900	158 016
预付账款	150 000	150 000	其他应付款	75 000	75 000
存货	3 870 000	3 862 050	应付利息		1 500
待摊费用	150 000		1年内到期的非流动负债	1 500 000	
1年内到期的非流动资产			其他流动负债		
其他流动资产			流动负债合计	3 977 100	2 366 939.78
流动资产合计	7 127 100	6 216 967.50	非流动负债：		
非流动资产：			长期借款	900 000	1 740 000
长期股权投资	375 000	375 000	应付债券		
固定资产	1 650 000	3 346 500	长期应付款		
工程物资		225 000	其他非流动负债		
在建工程	2 250 000	717 000	非流动负债合计	900 000	1 740 000
固定资产清理			负债合计	4 877 100	4 106 939.78
无形资产	900 000	810 000	所有者权益：		
长期待摊费用	300 000	300 000	实收资本（或股本）	7 500 000	7 500 000
其他非流动资产			资本公积		
非流动资产合计	5 475 000	5 773 500	盈余公积	150 000	203 527.72
			未分配利润	75 000	330 000
			所有者权益合计	7 725 000	8 033 527.72
资产总计	12 602 100	11 990 467.50	负债及所有者权益总计	12 602 100	11 990 467.50

表 9.14　利润表

编制单位：某公司　　　　　　　　　　2013 年 12 月　　　　　　　　　　　　　单位：元

项　　目	本期金额	上期金额
一、营业收入	1 875 000	
减：营业成本	1 125 000	
营业税金及附加	3 000	
销售费用	30 000	
管理费用	235 650	
财务费用	62 250	
资产减值损失	1 350	
加：公允价值变动收益（损失以"－"号填列）		
投资收益（损失以"－"号填列）	47 250	
其中：对联营企业和合营企业的投资收益		
二、营业利润（亏损以"－"号填列）	465 000	
加：营业外收入	75 000	
减：营业外支出	29 550	
其中：非流动资产处置损失		
三、利润总额（亏损总额以"－"号填列）	510 450	
减：所得税费用	153 598.50	
四、净利润（净亏损以"－"号填列）	356 851.50	
五、每股收益：		
（一）基本每股收益		
（二）稀释每股收益		

根据上述资料，按照工作底稿法（T 形账户法略）编制现金流量表的程序和具体步骤如下：

第一步，将资产负债表的年初余额和期末余额过入工作底稿的期初数栏和期末数栏。

第二步，对当期业务进行分析并编制调整分录。编制调整分录时，要以利润表项目为基础，从"主营业务收入"开始，结合资产负债表项目逐一进行分析。本例进行如下的分录调整：

（1）分析调整营业收入

借：经营活动现金流量——销售商品收到的现金　　　　1 801 500
　　应收账款　　　　　　　　　　　　　　　　　　　　450 000
　贷：营业收入　　　　　　　　　　　　　　　　　　　　　　　　1 875 000
　　　应收票据　　　　　　　　　　　　　　　　　　　　　　　　　300 000
　　　应交税费　　　　　　　　　　　　　　　　　　　　　　　　　　76 500

（2）分析调整营业成本

借：营业成本 1 125 000
　　应付票据 150 000
　　贷：经营活动现金流量——购买商品支付的现金 1 267 050
　　　　存货 7 950

(3) 计算销售费用付现
借：销售费用 30 000
　　贷：经营活动现金流量——支付的其他与经营活动有关的现金 30 000

(4) 调整本年营业税金及附加
借：营业税金及附加 3 000
　　贷：经营活动现金流量——支付的各项税费 3 000

(5) 调整管理费用、资产减值损失
借：管理费用 235 650
　　资产减值损失 1 350
　　贷：经营活动现金流量——支付的其他与经营活动有关的现金 237 000

(6) 分析调整财务费用
借：财务费用 62 250
　　贷：经营活动现金流量——销售商品收到的现金 30 000
　　　　应付利息 32 250

(7) 分析调整投资收益
借：投资活动现金流量——取得投资收益所收到的现金 45 000
　　　　　　　　　　——收回投资所收到的现金 24 750
　　贷：投资收益 47 250
　　　　交易性金融资产 22 500

(8) 分析调整所得税费用
借：所得税费用 153 598.50
　　贷：应交税费 153 598.50

(9) 分析调整营业外收入
借：投资活动现金流量——处置固定资产收到的现金 450 000
　　累计折旧 225 000
　　贷：营业外收入 75 000
　　　　固定资产 600 000

(10) 分析调整营业外支出
借：营业外支出 29 550
　　投资活动现金流量——处置固定资产收到的现金 450
　　累计折旧 270 000
　　贷：固定资产 300 000

(11) 分析调整坏账准备
借：经营活动现金流量——支付的其他与经营活动有关的现金 1 350
　　贷：坏账准备 1 350

(12) 分析调整待摊费用

借：经营活动现金流量——支付的其他与经营活动有关的现金　　15 000
　　　　　　　　　　——购买商品支付的现金　　　　　　　　135 000
　　贷：待摊费用　　　　　　　　　　　　　　　　　　　　　　150 000

(13) 分析调整固定资产
借：固定资产　　　　　　　　　　　　　　　　　　　　　　　2 251 500
　　贷：投资活动现金流量——购建固定资产支付的现金　　　　　　151 500
　　　　在建工程　　　　　　　　　　　　　　　　　　　　　2 100 000

(14) 分析调整累计折旧
借：经营活动现金流量——支付的其他与经营活动有关的现金　　30 000
　　　　　　　　　　——购买商品支付的现金　　　　　　　　120 000
　　贷：累计折旧　　　　　　　　　　　　　　　　　　　　　　150 000

(15) 分析调整在建工程
借：在建工程　　　　　　　　　　　　　　　　　　　　　　　567 000
　　工程物资　　　　　　　　　　　　　　　　　　　　　　　225 000
　　贷：投资活动现金流量——购建固定资产支付的现金　　　　　375 000
　　　　长期借款　　　　　　　　　　　　　　　　　　　　　　225 000
　　　　应付职工薪酬　　　　　　　　　　　　　　　　　　　　 42 000
　　　　应交税费　　　　　　　　　　　　　　　　　　　　　　150 000

(16) 分析调整无形资产
借：经营活动现金流量——支付的其他与经营活动有关的现金　　90 000
　　贷：无形资产　　　　　　　　　　　　　　　　　　　　　　 90 000

(17) 分析调整短期借款
借：短期借款　　　　　　　　　　　　　　　　　　　　　　　375 000
　　贷：筹资活动现金流量——偿还债务支付的现金　　　　　　　 375 000

(18) 分析调整应付职工薪酬——工资
借：应付职工薪酬　　　　　　　　　　　　　　　　　　　　　450 000
　　贷：经营活动现金流量——支付给职工以及为职工支付的现金　450 000
借：经营活动现金流量——购买商品支付的现金　　　　　　　　427 500
　　　　　　　　　　——支付的其他与经营活动有关的现金　　 22 500
　　贷：应付职工薪酬　　　　　　　　　　　　　　　　　　　　450 000

(19) 分析调整应付职工薪酬——职工福利
借：经营活动现金流量——购买商品支付的现金　　　　　　　　59 850
　　　　　　　　　　——支付的其他与经营活动有关的现金　　 3 150
　　贷：应付职工薪酬　　　　　　　　　　　　　　　　　　　　 63 000

(20) 分析调整应交税费
借：应交税费　　　　　　　　　　　　　　　　　　　　　　　359 332.50
　　贷：经营活动现金流量——支付的各项税费　　　　　　　　 295 633.50
　　　　　　　　　　　　——购买商品支付的现金　　　　　　　 63 699
借：经营活动现金流量——销售商品收到的现金　　　　　　　　242 250
　　贷：应交税费　　　　　　　　　　　　　　　　　　　　　　242 250

(21) 分析调整应付利息
借：应付利息　　　　　　　　　　　　　　　　　　　　　　　18 750
　　贷：筹资活动现金流量——偿付利息支付的现金　　　　　　　　　　18 750
(22) 分析调整长期借款
以现金偿还长期借款：
借：长期借款　　　　　　　　　　　　　　　　　　　　　　1 500 000
　　贷：筹资活动现金流量——偿还债务支付的现金　　　　　　　　1 500 000
借入长期借款：
借：筹资活动现金流量——借款收到的现金　　　　　　　　　　600 000
　　贷：长期借款　　　　　　　　　　　　　　　　　　　　　　600 000
(23) 结转净利润
借：净利润　　　　　　　　　　　　　　　　　　　　　　　356 851.50
　　贷：未分配利润　　　　　　　　　　　　　　　　　　　　356 851.50
(24) 提取盈余公积及分配股利
借：未分配利润　　　　　　　　　　　　　　　　　　　　　101 851.50
　　贷：盈余公积　　　　　　　　　　　　　　　　　　　　　53 527.72
　　　　应付股利　　　　　　　　　　　　　　　　　　　　　48 323.78
(25) 最后调整现金净变化额
借：现金净减少额　　　　　　　　　　　　　　　　　　　　878 332.50
　　贷：库存现金　　　　　　　　　　　　　　　　　　　　　878 332.50

第三步，将调整分录过入工作底稿的相应部分，如表 9.15 所示。

表 9.15　现金流量表工作底稿

项　　目	期初数	调整分录 借方	调整分录 贷方	期末数
资产负债表项目				
借方项目：				
货币资金	2 109 450		(25) 878 332.50	1 231 117.50
交易性金融资产	22 500		(7) 22 500	
应收票据	369 000		(1) 300 000	69 000
应收账款	448 650	(1) 450 000	(11) 1 350	897 300
预付账款	7 500			7 500
其他应收款	150 000			150 000
存货	3 870 000		(2) 7 950	3 862 050
待摊费用	150 000		(12) 150 000	
长期股权投资	375 000			375 000
固定资产	2 250 000	(13) 2 251 500	(9) 600 000 (10) 300 000	3 601 500

续 表

项　目	期初数	调整分录 借方	调整分录 贷方	期末数
工程物资		(15) 225 000		225 000
在建工程	2 250 000	(15) 567 000	(13) 2 100 000	717 000
无形资产	900 000		(16) 90 000	810 000
长期待摊费用	300 000			300 000
借方项目合计	13 202 100			12 245 467.50
贷方项目：				
累计折旧	600 000	(9) 225 000 (10) 270 000	(14) 150 000	255 000
短期借款	450 000	(17) 375 000		75 000
应付票据	300 000	(2) 150 000		150 000
应付账款	1 430 700			1 430 700
其他应付款	75 000			75 000
应付职工薪酬	165 000	(18) 450 000	(15) 42 000 (18) 450 000 (19) 63 000	270 000
应付股利			(2) 48 323.78	48 323.78
应交税费	54 900	(20) 359 332.50	(1) 76 500 (8) 153 598.50 (20) 242 250	167 916
应付利息	1 500	(21) 18 750	(6) 17 250	
1年内到期的非流动负债	1 500 000	(22) 1 500 000		
长期借款	900 000		(6) 15 000 (15) 225 000 (22) 600 000	1 740 000
实收资本	7 500 000			7 500 000
盈余公积	150 000		(24) 53 527.72	203 527.72
未分配利润	75 000	(24) 101 851.50	(23) 356 851.50	330 000
贷方项目合计	13 202 100			12 245 467.50
利润表项目				本期数
营业收入			(1) 1 875 000	1 875 000
营业成本		(2) 1 125 000		1 125 000
营业税金及附加		(4) 3 000		3 000

续表

项 目	期初数	调整分录 借方	调整分录 贷方	期末数
销售费用		(3) 30 000		30 000
管理费用		(5) 235 650		235 650
财务费用		(6) 62 250		62 250
资产减值损失		(5) 1 350		1 350
投资收益			(7) 47 250	47 250
营业外收入			(9) 75 000	75 000
营业外支出		(10) 29 550		29 550
所得税费用		(8) 153 598.50		153 598.50
净利润		(23) 356 851.50		356 851.50
现金流量表项目				
经营活动产生的现金流量				
销售商品、提供劳务收到的现金		(1) 1 801 500 (20) 242 250	(6) 30 000	2 013 750
现金收入合计				2 013 750
购买商品、接受劳务支付的现金		(12) 135 000 (14) 120 000 (18) 427 500 (19) 59 850	(2) 1 267 050 (20) 63 699	588 399
支付给职工以及为职工支付的现金			(18) 450 000	450 000
支付的各项税费			(4) 3 000 (20) 295 633.50	298 633.50
支付的其他与经营活动有关的现金		(11) 1 350 (12) 15 000 (14) 30 000 (16) 90 000 (18) 22 500 (19) 3 150	(3) 30 000 (5) 237 000	105 000
投资活动产生的现金流量				
收回投资所收到的现金		(7) 24 750		24 750
取得投资收益收到的现金		(7) 45 000		45 000
处置固定资产收到的现金净额		(9) 450 000 (10) 450		450 450
现金收入小计				520 200

续表

项目	期初数	调整分录 借方	调整分录 贷方	期末数
购建固定资产所支付的现金			(13) 151 500 (15) 375 000	526 500
筹资活动产生的现金流量				
借款收到的现金		(22) 600 000		600 000
偿还债务所支付的现金			(17) 375 000 (22) 1 500 000	1 875 000
分配股利支付的现金			(21) 18 750	18 750
现金及现金等价物净增加额			(25) 878 332.50	−878 332.50

第四步,核对调整分录,借方、贷方合计数均已经相等,资产负债表项目期初数加减调整分录中的借贷金额后,也已等于期末数。

第五步,根据工作底稿中的现金流量表项目部分编制正式的现金流量表,如表9.16所示。

表 9.16 现金流量表

编制单位:某公司　　　　　　　2013 年度　　　　　　　　　　单位:元

项目	行次	金额
一、经营活动产生的现金流量	(略)	
销售商品、提供劳务收到的现金		2 013 750
收到的税费返还		
收到的其他与经营活动有关的现金		
现金流入小计		2 013 750
购买商品、接受劳务支付的现金		588 399
支付给职工以及为职工支付的现金		450 000
支付的各项税费		298 633.50
支付的其他与经营活动有关的现金		105 000
现金流出小计		1 442 032.50
经营活动产生的现金流量净额		571 717.50
二、投资活动产生的现金流量		
收回投资所收到的现金		24 750
分得股利或利润所收到的现金		45 000
取得债券利息收入所收到的现金		
处置固定资产、无形资产和其他长期资产而收到的现金净额		450 450

续 表

项　目	行次	金额
收到的其他与投资活动有关的现金		
现金流入小计		520 200
购建固定资产、无形资产和其他长期资产所支付的现金		526 500
投资所支付的现金		
支付的其他与投资活动有关的现金		
现金流出小计		526 500
投资活动产生的现金流量净额		－6 300
三、筹资活动产生的现金流量		
吸收投资收到的现金		
借款所收到的现金		600 000
收到的其他与筹资活动有关的现金		
现金流入小计		600 000
偿还债务所支付的现金		1 875 000
分配股利、利润或偿付利息所支付的现金		18 750
支付的其他与筹资活动有关的现金		
现金流出小计		1 893 750
筹资活动产生的现金流量净额		－1 293 750
四、汇率变动对现金的影响额		
五、现金及现金等价物净增加额		－878 332.50
加：期初现金及现金等价物余额		2 109 450
六、期末现金及现金等价物余额		1 231 117.50

补充资料	行次	金　额
1. 将净利润调节为经营活动的现金流量		
净利润		356 851.50
加：资产减值准备		1 350
固定资产折旧		150 000
无形资产摊销		90 000
长期待摊费用摊销		
待摊费用减少（减：增加）		150 000
预提费用增加（减：减少）		
处置固定资产、无形资产和其他长期资产的损失（减：收益）		－75 000

续 表

项　　目	行次	金额
固定资产报废损失		29 550
财务费用		32 250
投资损失（减：收益）		−47 250
递延所得税资产减少		
递延所得税负债增加		
存货的减少（减：增加）		7 950
经营性应收项目的减少（减：增加）		−150 000
经营性应付项目的增加（减：减少）		26 016
其他		
经营活动产生的现金流量净额		571 717.50
2. 不涉及现金收支的投资和筹资活动		
债务转为资本		
1年内到期的可转换公司债券		
融资租入固定资产		
3. 现金及现金等价物的增加情况		
现金的期末余额		1 231 117.50
减：现金的期初余额		2 109 450
加：现金等价物的期末余额		
减：现金等价物的期初余额		
现金及现金等价物净增加额		−878 332.50

任务四　合并会计报表的编制

合并会计报表是以母公司和子公司组成的企业集团为会计主体，以母公司和子公司单独编制的个别会计报表为基础，由母公司编制的综合反映企业集团财务状况、经营成果及现金流量的会计报表。主要包括合并资产负债表、合并利润表和合并现金流量表。

一、合并会计报表概述

（一）合并会计报表的作用

合并会计报表的作用主要表现在：第一，合并会计报表能够对外提供反映由母子公司组成的企业集团整体经营情况的会计信息。第二，合并会计报表有利于避免一些企业集团利用内部控股关系，人为粉饰会计报表情况的发生。

由于合并会计报表的编制涉及两个或两个以上的会计主体与独立法人，为了保证合并会计报表能够准确、全面地反映企业集团的真实情况，编制合并会计报表必须具备以下条件：

（1）统一母公司与子公司的会计报表决算日和会计期间。

(2) 统一母公司与子公司采用的会计政策。

(3) 统一母公司与子公司的编报货币。

(4) 对子公司的权益性投资调整为权益法进行核算。

(二) 合并会计报表编制范围

根据《合并会计报表暂行规定》,我国合并会计报表的合并范围具体如下:

1) 母公司拥有其过半数以上权益性资本的被投资企业

权益性资本是指对企业有投票权、能够据此参与企业经营管理决策的资本,如股份制企业中的普通股,有限责任公司中的投资者出资额等,具体包括:

(1) 直接拥有其过半数以上权益性资本的被投资企业。

(2) 间接拥有其过半数以上权益性资本的被投资企业,是指通过子公司而对子公司的子公司拥有其过半数以上权益性资本。

(3) 直接和间接方式拥有其过半数以上权益性资本的被投资企业,是指母公司虽然只拥有其半数以下的权益性资本,但通过与子公司合计拥有其过半数以上的权益性资本。

例如,甲公司拥有乙公司 70% 的股份,拥有丙公司 35% 的股份,乙公司也拥有丙公司 30% 的股份。在这种情况下,甲公司直接拥有乙公司过半数以上权益性资本,乙公司为甲公司的子公司。甲公司还通过子公司乙公司间接拥有控制丙公司 30% 的股份,与直接拥有控制 35% 的股份合计,甲公司共拥有控制丙公司的股份合计为 65%,所以,丙公司应该纳入甲公司合并会计报表的合并范围。

2) 被母公司控制的其他被投资企业

在母公司通过直接和间接方式没有拥有和控制被投资企业的半数以上表决权资本的情况下,如果母公司通过其他方法对被投资企业的经营活动能够实施有效控制时,这些被母公司所能够控制的被投资企业,也应作为子公司纳入其合并会计报表合并范围。

一般认为母公司与被投资企业之间存在如下情况之一者,就应当视为母公司能够对其实施控制,视为母公司的子公司,将其纳入合并会计报表的合并范围:

(1) 通过与被投资企业的其他投资者之间的协议,持有被投资企业半数以上表决权。这种情况是指母公司与其他投资者共同投资某企业,母公司与其中的某些投资者签订协议,受托管理和控制这一被投资企业,从而在被投资企业的股东大会上拥有被投资企业半数以上表决权。

(2) 根据章程或协议,有权控制企业的财务和经营政策。这种情况是指在被投资企业章程等文件中明确母公司对其财务和经营政策能够实施管理和控制。

(3) 有权任免公司董事会等类似权力机构的多数成员。这种情况是指母公司能够通过任免董事会的董事,从而控制被投资企业的生产经营决策权。

(4) 在董事会或类似权力机构有半数以上投票权。这种情况是指母公司能够控制董事会等权力机构,从而控制被投资企业的经营决策。

根据《合并会计报表暂行规定》,虽然一些子公司半数以上的权益性资本由母公司所控制,但由于一些特殊的原因,母公司不能有效地对其实施控制,或者对其控制权受到限制。对于下列这些子公司,在母公司编制合并会计报表时,可以不将其纳入合并范围之内:

(1) 已准备关停并转的子公司。这类子公司是指根据国家宏观管理和调控的要求,以及有关产业政策的规定,被国家有关部门确定为关闭、停业、准备与其他企业合并以及转产其他产品的企业。在这种情况下,这类子公司或者由国家有关部门直接管理和控制,或者不能进行正常的生产经营活动,母公司对这类子公司的控制权受到限制。

(2) 按照破产程序,已宣告被清理整顿的子公司。根据破产法的有关规定,企业在清理整顿期间,应当按照整顿方案进行整顿,并由企业的上级主管部门负责整顿的实施。在这种情况下,母公司对其的控制权同样受到了限制。

(3) 已宣告破产的子公司。根据破产法有关规定,企业宣告破产后,必须设立清算组。破产企业的财产在破产宣告后,即由清算组接管,并由清算组行使管理和处分权,其他任何人员不得非法处理破产企业的财产等。在这种情况下,一是母公司对宣告破产的子公司财产没有控制权,二是破产企业不能进行正常的生产经营活动,属于非持续经营的企业,因此没有必要将其纳入合并会计报表的合并范围。

(4) 准备近期售出而短期持有其半数以上表决权资本的子公司。是指母公司在资产负债表日持有被投资企业过半数以上表决权资本的投资,其中有一部分表决权资本投资准备在近期出售。在这种情况下,母公司对该被投资企业的控制权是暂时性的,并不是为了控制被投资企业而持有其权益性资本,所以,该子公司不必纳入合并会计报表的合并范围。

(5) 非持续经营的所有者权益为负数的子公司。根据公司法的规定,股东只对公司承担有限责任,所以,母公司也只承担对子公司投资额以内的有限责任。当子公司所有者权益为负数时,母公司已不再承担子公司的债务等责任,因此,没有必要将其纳入合并会计报表的合并范围。但在该子公司持续经营时,如母公司考虑到子公司继续为母公司提供原材料的需要,不准备宣告该子公司破产,在这种情况下,母公司仍然控制着子公司,则仍然必须将其纳入合并会计报表的合并范围。

(6) 受所在国外汇管制及其他管制,资金调度受到限制的境外子公司。在这种情况下,母公司不能完全按照自身的意图调度和使用子公司的资金,使得母公司的控制权受到限制。

(三) 合并会计报表编制程序

编制合并会计报表的一般程序可分为两步:第一步是编制合并工作底稿,第二步是根据合并工作底稿编制合并会计报表。其中,编制合并工作底稿是最关键的一步。合并工作底稿的编制程序如下:

(1) 将母公司和子公司会计报表各项目的数据过入合并工作底稿。

(2) 在工作底稿中将母公司和子公司会计报表各项目的数据加总,计算得出个别会计报表各项目加总数额,并将其填入"合计数"栏中。

(3) 编制抵销分录,抵销母公司与子公司、子公司相互之间发生的购销业务、债权债务和投资事项对个别会计报表的影响。因为合并数中包括了合并会计报表范围内的公司间发生的经济事项,站在企业集团这一会计主体看,这类事项中有些并未对外发生,有些将存在着重复计算,只有将这类事项抵销后,合并会计报表中的数字才能客观反映企业集团这一会计主体的财务状况和经营成果。

(4) 计算合并会计报表各项目的数额。

① 对于资产负债表:根据加总的资产类各项目的数额,加上抵销分录的借方发生额,减去抵销分录的贷方发生额,计算得出资产类各项目的合并数额。根据加总的负债类各项目的数额,加上抵销分录的贷方发生额,减去抵销分录的借方发生额,计算得出负债类各项目的合并数额。根据加总的所有者权益类项目的数额,加上抵销分录的贷方发生额,减去抵销分录的借方发生额,计算得出所有者权益类各项目的合并数额。对于合并非全资子公司资产负债表时的少数股东权益的数额,则视同抵销分录的借方发生额处理。

② 对于利润表：根据母公司和子公司个别利润表收入各项目加总数额,减去抵销分录的借方发生额,加上抵销分录的贷方发生额,计算得出合并利润表有关收入和利润项目的合并数。根据个别利润表成本费用各项目加总的数额,加上抵销分录的借方发生额,减去抵销分录的贷方发生额,计算得出合并利润表有关成本和费用各项目的合并数额。根据合并利润表收入、成本和费用的数额,计算得出净利润合并数额。

合并工作底稿编制完成后,将合并工作底稿计算得出的各项目合并数额,过入各合并会计报表,即可得出整个企业集团的合并资产负债表和合并利润表。

合并现金流量表可以在合并资产负债表和合并利润表的基础上编制,也可以在个别现金流量表的基础上编制。

二、首期合并会计报表的编制

（一）合并资产负债表和合并利润表

企业集团内部发生的经济业务,在各成员企业的个别会计报表中双方都进行了反映。作为反映企业集团整体财务状况、经营成果及现金流量的合并会计报表,则必须将这些重复计算的因素予以扣除。

1）长期股权投资项目与子公司所有者权益项目的抵销

母公司对子公司的股权投资,母公司作为增加长期投资,减少某项资产;子公司对母公司投入的资本,一方面增加某项资产,另一方面增加实收资本。从企业集团整体来看,母公司对子公司的股权投资实际上相当于母公司将资本拨付下属核算单位,并不引起整个企业集团的资产、负债和所有者权益的增减变动。因此,编制合并会计报表时应当在母公司与子公司会计报表数据简单相加的基础上,将母公司对子公司长期股权投资项目与子公司所有者权益项目予以抵销。

（1）在全资子公司的情况下,母公司对子公司长期股权投资的数额和子公司所有者权益各项目的数额应当全额抵销。

[例 9-10] 某公司只有一个子公司,母公司与子公司的个别资产负债表如表 9.17 所示。

表 9.17 资产负债表　　　　　　　　　　　　　　　单位：元

资　产	母公司	子公司	负债与所有者权益	母公司	子公司
流动资产	86 380	54 040	流动负债	84 000	24 640
长期股权投资	65 800		非流动负债	36 400	9 800
其中：对子公司	49 000		实收资本	56 000	28 000
其他	16 800		资本公积	11 200	5 600
固定资产	57 400	29 400	盈余公积	14 000	7 000
无形资产及其他资产	8 820		未分配利润	16 800	8 400
合　计	218 400	83 440	合　计	218 400	83 440

根据上述资料,应作抵销会计分录如下：

借：实收资本　　　　　　　　　　　　　　　　　　28 000

	资本公积	5 600
	盈余公积	7 000
	未分配利润——年末	8 400
	贷：长期股权投资	49 000

当母公司对子公司长期股权投资数额与子公司所有者权益总额不一致时，其差额则作为商誉处理。

[例 9－11]　根据[例 9－10]资料，假设某公司对子公司长期股权投资为 50 000 元，应作抵销会计分录如下：

借：实收资本		28 000
	资本公积	5 600
	盈余公积	7 000
	未分配利润——年末	8 400
	商誉	1 000
	贷：长期股权投资	50 000

（2）在纳入合并范围的子公司为非全资子公司的情况下，应当将母公司对子公司长期股权投资的数额和子公司所有者权益中母公司所拥有的数额相抵销。

[例 9－12]　根据[例 9－10]资料，某公司拥有其子公司 80% 的股份，母公司和子公司个别资产负债表数据如表 9.17 所示。

根据上述资料，应作抵销会计分录如下：

借：实收资本		28 000
	资本公积	5 600
	盈余公积	7 000
	未分配利润——年末	8 400
	贷：长期股权投资	39 200
	少数股东权益	9 800

当母公司对子公司长期股权投资数额与子公司所有者权益中母公司所拥有的数额不一致时，其差额也作为商誉处理。

[例 9－13]　根据[例 9－10]资料，假设某公司对子公司长期股权投资数额为 40 000 元，应作抵销会计分录如下：

借：实收资本		28 000
	资本公积	5 600
	盈余公积	7 000
	未分配利润——年末	8 400
	商誉	800
	贷：长期股权投资	40 000
	少数股东权益	9 800

2）内部债权和债务项目的抵销

母公司和子公司之间、子公司相互之间的应收账款与应付账款、预付账款与预收账款、应付债券与债券投资等项目，在其个别会计报表中一方表现为资产，另一方表现为负债。但从企业集团整体角度考察，它只是内部资金运动，既不能增加企业集团的资产，也不能增加负债。为此，在编制合并会计报表时也应当将内部债权债务项目予以抵销。此外，债权方还会就其应收账款计提坏账准备，基于内部债权计提的坏账准备在编制合并会计报表时也应该抵销。

[例9-14] 某公司应收账款7 000元中有4 200元为子公司应付账款，预收账款9 800元中有1 400元为子公司预付账款，应收票据11 200元中有5 600元为子公司应付票据，子公司应付债券5 600元中有2 800元为母公司持有。根据上述资料，应作抵销会计分录如下：

  借：应付账款   4 200
    贷：应收账款   4 200
  借：预收账款   1 400
    贷：预付账款   1 400
  借：应付票据   5 600
    贷：应收票据   5 600
  借：应付债券   2 800
    贷：持有至到期投资   2 800

假设应收账款已计提21元的坏账准备，应作抵销会计分录如下：

  借：应收账款——坏账准备   21
    贷：资产减值损失   21

3) 内部存货销售业务项目的抵销

对于母公司与子公司、子公司相互之间发生的内部存货销售业务，购销双方均以独立会计主体的身份进行核算反映其损益情况。销售企业已将其销售收入和销售成本计入当期损益，列示在利润表中。购买企业则会把这些内部购入的产品中当期对企业集团外部销售的部分，将其销售收入和销售成本计入当期损益，列示在利润表中。对于当期未对企业集团外部销售的部分，购买企业则按销售企业的售价（即销售企业的成本与毛利）计入了存货，列示在资产负债表中。但是，从企业集团整体的角度出发，企业集团内部的产品购销业务只是属于产品调拨活动，使产品的存放地点发生了变动，既不能实现销售收入，也不能发生销售成本，因而并不能形成利润。所以，凡是实现了对企业集团外部销售的产品，只是实现了一次销售，其销售收入只是购买该产品企业的销售收入，其销售成本只是销售该产品企业的销售成本，其利润则是这两者之间的差额；凡是未实现对企业集团外部销售的产品，其成本只能是销售企业原来的成本，不能因为产品的存放地点发生了变动就增值。这里的增值即是销售企业的毛利，它只有在产品对企业集团外部销售时才能实现，故将其称为未实现内部销售利润。因此，在将企业集团内部存货销售业务的项目抵销时，既要抵销重复反映的销售收入和销售成本，也要抵销存货中包含的未实现内部销售利润。

[例9-15] 某公司销售给子公司40万元的产品，其成本为24万元，其中的60%已实现对外销售，另外40%尚未实现对外销售。存货中包含的未实现内部销售利润64 000元[(400 000－240 000)×40%]。应作抵销会计分录如下：

  借：营业收入   400 000
    贷：营业成本   336 000
      存货   64 000

4）内部固定资产交易项目的抵销

在集团内成员企业将自身的产品销售给其他成员企业作为固定资产使用的情况下,对于销售企业来说是作为普通商品销售并进行会计处理的,即在销售时确认收入,结转成本和计算损益,并以此在其个别会计报表中列示。对于购买企业来说,则以购买价格作为固定资产原值记账,该固定资产入账价值中既包括销售企业生产该产品的成本,也包括销售企业由于该产品销售所实现的销售利润。从整个企业集团的角度出发,这种内部固定资产交易活动只不过相当于通过在建工程自建固定资产,然后交付使用。所以,它既不能实现销售收入,也不能发生销售成本,因此不能形成利润。同时,固定资产也不能由于从生产到交付使用就增值。这一增值即销售企业的毛利,它只有在销售企业的产品对外实现销售时才能实现,故将其称为未实现内部销售利润。因此,在合并会计报表中,必须将内部销售收入与内部销售成本和未实现内部销售利润相互抵销。

[例9-16] 甲公司将其生产的汽车卖给其子公司,子公司将该汽车作为固定资产使用。甲公司该汽车的售价为60万元,成本为30万元。应作抵销会计分录如下:

借:营业收入　　　　　　　　　　　　　600 000
　贷:营业成本　　　　　　　　　　　　　　　　300 000
　　　固定资产——原价　　　　　　　　　　　　300 000

由于该类固定资产计提折旧的基数应该是它的建造成本,而购买固定资产的企业是按销售企业的售价(即销售企业的建造成本与未实现内部销售利润)作为固定资产的原值入账,并据此计提折旧。这样,将未实现内部销售利润也计提了折旧,所以,每期计提的折旧额必然大于按建造成本计提的折旧额。因此,每期都必须将未实现内部销售利润计提的折旧,从该固定资产当期已计提的折旧费用中予以抵销。

[例9-17] 假设[例9-16]中的固定资产使用期限为5年(不考虑残值问题),采用使用年限法计提折旧。应作抵销会计分录如下:

借:固定资产——累计折旧　　　　　　　60 000
　贷:管理费用　　　　　　　　　　　　　　　　60 000

5）内部投资收益项目与子公司利润分配有关项目的抵销

内部投资收益是指母公司对子公司权益性资本投资的收益,它实际上就是子公司销售收入减去销售成本费用和所得税后的余额与其持股比例相乘的结果。在全资子公司的情况下,子公司本期的净利润就是母公司本期的投资收益。在非全资子公司的情况下,子公司本期的净利润包括母公司本期的投资收益和少数股东本期收益两部分。编制合并会计报表时,实际上是将母公司的投资收益和少数股东本期收益还原为各种收入和成本费用支出,视为母公司本身的各种收入和成本费用支出看待,与母公司的各种收入和成本费用支出进行合并。因此,编制合并会计报表时,要把母公司对子公司的投资收益予以抵销,对于少数股东本期收益,应当在合并利润表中单独列"少数股东损益"项目,在"净利润"项目之前列示。

由于母公司对子公司的投资采用权益法进行核算,所以,子公司本期期初的未分配利润,即上期净利润中未分配的部分,母公司已在上期计入了其长期投资和净利润(或其他所有者权益项目)之中了。因此,编制合并会计报表时,必须将子公司的期初未分配利润的数额予以抵销。

由于编制合并会计报表时,是反映母公司一定时期内经营成果的分配情况,所以,子公司提取盈余公积、分配给投资者利润等利润分配项目的数额和期末未分配利润的数额都必须予以抵销。

由于母公司对子公司的投资收益就是子公司本期净利润中属于母公司的份额,所以母公司本期投资收益、少数股东本期收益和子公司期初未分配利润,就是子公司本期可供分配的期末未分配利润。上述需要抵销的母公司投资收益、少数股东本期收益和子公司期初未分配利润,与子公司本期利润分配的各项目和期末未分配利润的数额是相对应的,也是相等的,应将其相互抵销。

[例9-18] 乙公司为甲公司的子公司,甲公司拥有乙公司80%的权益性投资。本期乙公司的净利润为20万元,期初未分配利润为2万元,本期提取盈余公积4万元,分配利润10万元,期末未分配利润为8万元。应作抵销会计分录如下:

借:投资收益　　　　　　　　　　　　　160 000
　　少数股东损益　　　　　　　　　　　 40 000
　　未分配利润——年初　　　　　　　　 20 000
　　贷:提取盈余公积　　　　　　　　　　 40 000
　　　　对所有者(股东)的分配　　　　　100 000
　　　　未分配利润——年末　　　　　　 80 000

6) 盈余公积的抵销

母公司对子公司股权投资与子公司所有者权益抵销时,已经将子公司提取的所有盈余公积全部予以抵销。但根据我国公司法的规定,盈余公积(包括法定公积和法定公益金)由单个企业按照当期实现的税后利润(即净利润)计提。因此,子公司提取的盈余公积应当在合并会计报表中予以反映,调整合并盈余公积的数额。

[例9-19] 某母公司拥有其一子公司80%的表决权资本,该子公司本期利润分配表中提取盈余公积项目的金额为1 000元。对此,应作抵销会计分录如下:

借:提取盈余公积　　　　　　　　　　　　800
　　贷:盈余公积　　　　　　　　　　　　 800

(二) 合并现金流量表

1) 合并现金流量表的编制方法

(1) 以合并资产负债表和合并利润表为基础编制　该编制方法与个别现金流量表的编制方法相同。

(2) 以母公司和子公司的个别现金流量表为基础编制　该方法以母公司和纳入合并范围的子公司的个别现金流量表为基础,通过编制抵销分录,将母公司和纳入合并范围的子公司以及子公司相互之间发生的经济业务对个别现金流量表中的现金流量的影响予以抵销,从而编制出合并现金流量表。在采用这一方法编制现金流量表的情况下,其编制原理、编制方法和编制程序与合并资产负债表以及合并利润表的编制原理、编制方法和编制程序相同。

2) 合并现金流量表的格式

合并现金流量表的格式与个别现金流量表的格式基本相同。所不同的只是合并现金流量表比个别现金流量表增加了"子公司吸收少数股东权益性投资收到的现金"、"子公司支付少数股东的股利"和"子公司依法减资支付给少数股东的现金"等三个项目。

三、首期合并会计报表编制的实务操作

现综合举例具体说明合并资产负债表和合并利润表的编制方法。

[例 9-20] 甲公司是乙公司的母公司,甲公司以 400 万元购买了乙公司 80%的权益性资本,购买时乙公司的资本为 400 万元。2007 年内,甲公司和乙公司之间发生的经济业务往来如下:

(1) 1 月 1 日,甲公司购买了乙公司当日发行的五年期债券 160 万元,年利率为 10%,乙公司共发行债券 400 万元。

(2) 4 月 15 日,甲公司购买了乙公司一批产品,不含税销售价格为 400 万元,增值税税率为 17%,账款全部未付。乙公司该批产品的销售成本为 240 万元,甲公司购入乙公司的产品中,有 60%已生产为本企业的产品出售。

(3) 9 月 30 日,乙公司购买了甲公司生产的产品一批,作为固定资产使用,共计应支付 234 万元(含增值税,税率为 17%),立即投入使用,该应付账款与甲公司前欠账款抵扣。甲公司该产品成本为 120 万元,乙公司该固定资产使用年限为 5 年,采用直线法计提折旧。

(4) 年末,乙公司计提债券利息 40 万元,均计入财务费用。

(5) 甲公司和乙公司均按应收账款年末余额的 10%提取坏账准备。

2013 年末,甲公司与乙公司个别资产负债表、利润表的数据分别如表9.18和表 9.19 所示。

表 9.18 甲公司与乙公司资产负债表

编制单位: 2013 年 12 月 31 日   单位:万元

资产	母公司	子公司	负债及所有者权益	母公司	子公司
流动资产:			流动负债:		
货币资金	1 400	140	短期借款	40	20
交易性金融资产	80		应付票据	20	
应收票据	40	80	应付账款	480	
应收账款	360	180	预收账款	20	
预付账款	120	100	应付职工薪酬	40	
存货	400	140	应付利润	400	160
流动资产合计	2 400	640	流动负债合计	1 000	180
非流动资产:			非流动负债:		
长期股权投资	608		长期借款	400	
持有至到期投资	176		应付债券		440
固定资产	800	480	长期应付款	200	
在建工程		120	其他长期负债		
无形资产		40	非流动负债合计	600	440
长期待摊费用	16		负债合计	1 600	620
非流动资产合计	16	40	所有者权益:		
			实收资本	1 600	400
			资本公积	40	

续表

资　产	母公司	子公司	负债及所有者权益	母公司	子公司
			盈余公积	360	80
			未分配利润	400	180
			所有者权益合计	2 400	660
资产总计	4 000	1 280	负债与所有者权益总计	4 000	1 280

表 9.19　甲公司与乙公司利润表

编制单位：　　　　　　　　　　2013 年度　　　　　　　　　　单位：万元

项　目	母公司	子公司
一、营业收入	3 208	1 240
减：营业成本	2 000	600
营业税金及附加	40	16
销售费用	80	64
管理费用	150	60
财务费用	80	40
资产减值损失	50	20
加：公允价值变动收益（损失以"－"号填列）		
投资收益（损失以"－"号填列）	352	
其中：对联营企业和合营企业的投资收益		
二、营业利润（亏损以"－"号填列）	1 160	440
加：营业外收入	60	40
减：营业外支出	20	
其中：非流动资产处置损失		
三、利润总额（亏损总额以"－"号填列）	1 200	480
减：所得税费用	400	60
四、净利润（净亏损以"－"号填列）	800	420
五、每股收益：		
（一）基本每股收益		
（二）稀释每股收益		

根据上述资料，应进行如下处理：

(1) 将母公司和子公司个别会计报表的数据过入合并工作底稿，合并工作底稿如表 9.20 所示。

(2) 在工作底稿中将母公司和子公司会计报表各项目的数据加总，计算得出个别会计报表各项目加总数额（见表 9.20 合并工作底稿）。

(3) 对于上述内部经济往来业务，应进行如下抵销会计分录编制。（为便于说明，首先

写出分录,再将其过入合并工作底稿)

① 借:投资收益 336
　　少数股东损益 84
　　实收资本 400
　　盈余公积 80
　　商誉 80
　　贷:长期股权投资 608
　　　　提取盈余公积 80
　　　　对所有者(股东)的分配 160
　　　　少数股东权益 132
② 借:应付债券 176
　　贷:持有至到期投资 176
③ 借:营业收入 400
　　贷:营业成本 336
　　　　存货 64
④ 借:营业收入 200
　　贷:营业成本 120
　　　　固定资产——原价 80
　　借:固定资产——累计折旧 4
　　贷:管理费用 4
⑤ 借:应付账款 234
　　贷:应收账款 234
　　借:应收账款——坏账准备 23.4
　　贷:资产减值损失 23.4
⑥ 借:投资收益 16
　　贷:财务费用 16
⑦ 借:提取盈余公积 64
　　贷:盈余公积 64

(4) 编制合并工作底稿如表 9.20 所示。

表 9.20 合并工作底稿

编制单位:　　　　　　　　　2013 年 12 月 31 日　　　　　　　　单位:万元

项　　目	母公司	子公司	合计数	抵销分录		少数股东权益	期末数
				借方	贷方		
资产负债表							
流动资产:							
货币资金	1 400	140	1 540				1 540
交易性金融资产	80		80				80
应收票据	40	80	120				120

续 表

项　目	母公司	子公司	合计数	抵销分录 借方	抵销分录 贷方	少数股东权益	期末数
应收账款	360	180	540	⑤ 23.4	⑤ 234		329.4
预付账款	120	100	220				220
存货	400	140	540		③ 64		476
长期股权投资	608		608		① 608		0
持有至到期投资	176		176		② 176		0
商誉				① 80			80
固定资产	800	480	1 280	④ 4	④ 80		1 204
在建工程		120	120				120
无形资产		40	40				40
长期待摊费用							
其他非流动资产	16		16				16
资产总计	4 000	1 280	5 280	(107.4)	(1 162)		4 225.4
流动负债：							
短期借款	40	20	60				60
应付票据	20		20				20
应付账款	480		480	⑤ 234			246
预收账款	20		20				20
应付职工薪酬	40		40				40
应付利润	400	160	560				560
非流动负债：							
长期借款	400		400				400
应付债券		440	440	② 176			264
长期应付款	200		200				200
其他非流动负债							
负债合计	1 600	620	2 220	(410)			1 810
所有者权益：							
实收资本	1 600	400	2 000	① 400			1 600
资本公积	40		40				40
盈余公积	360	80	440	① 80	⑦ 64		424
未分配利润	400	180	580	1 080	803.4	借 84	219.4
少数股东权益						① 贷 132	132

· 216 ·

续　表

项　目	母公司	子公司	合计数	抵销分录 借方	抵销分录 贷方	少数股东权益	期末数
负债与所有者权益	4 000	1 280	5 280	(1 970)	(867.4)	(48)	4 225.4
抵销发生额合计				2 077.4	2 029.4	48	
利润表							
营业收入	3 208	1 240	4 448	③ 400 ④ 200			3 848
营业成本	2 000	600	2 600	③ 64	③ 400 ④ 120		2 144
营业税金及附加	40	16	56				56
销售费用	80	64	144				144
管理费用	150	60	210		④ 4		206
财务费用	80	40	120		⑥ 16		104
资产减值损失	50	20	70		⑤ 23.4		46.6
投资收益	352		352	⑥ 16 ① 336			0
营业利润	1 160	440	1 600	(1 016)	(563.4)		1 147.4
营业外收入	60	40	100				100
营业外支出	20	0	20				20
利润总额	1 200	480	1 680	(1 016)	(563.4)		1 227.4
所得税费用	400	60	460				460
少数股东损益						① 借84	84
净利润	800	420	1 220	(1 016)	(563.4)	(84)	683.4

注：表中（　）表示合计数

（5）根据合并工作底稿编制的合并资产负债表、合并利润表和合并利润分配表分别如表 9.21 和表 9.22 所示。

表 9.21　合并资产负债表

编制单位：　　　　　　　　2013 年 12 月 31 日　　　　　　　　单位：万元

资　产	期末余额	年初余额	负债及所有者权益	期末余额	年初余额
流动资产：			流动负债：		
货币资金	1 540		短期借款	60	
交易性金融资产	80		应付票据	20	
应收票据	120		应付账款	246	
应收账款	329.4		预收账款	20	

续表

资　产	期末余额	年初余额	负债及所有者权益	期末余额	年初余额
预付账款	220		应付职工薪酬	40	
存货	476		应付利润	560	
流动资产合计	2 765.4		流动负债合计	946	
非流动资产:			非流动负债:		
对子公司股权投资	0		长期借款	400	
对子公司债权投资	0		应付债券	264	
固定资产	1 204		长期应付款	200	
在建工程	120		其他非流动负债	0	
无形资产	40		非流动负债合计	864	
商誉	80		负债合计	1 810	
长期待摊费用	0		少数股东权益	132	
其他非流动资产	16		所有者权益:		
非流动资产合计	1 460		实收资本	1 600	
			资本公积	40	
			盈余公积	424	
			未分配利润	219.4	
			所有者权益合计	2 283.4	
资产总计	4 225.4		负债与所有者权益总计	4 225.4	

表 9.22　合并利润表

编制单位：　　　　　　　　　　2013 年度　　　　　　　　　　单位：万元

项　目	本期金额	上期金额
一、营业收入	3 848	
减：营业成本	2 144	
营业税金及附加	56	
销售费用	144	
管理费用	206	
财务费用	104	
资产减值损失	46.6	
加：公允价值变动收益（损失以"—"号填列）		
投资收益（损失以"—"号填列）		
其中：对联营企业和合营企业的投资收益		
二、营业利润（亏损以"—"号填列）	1 147.4	

续 表

项　　目	本期金额	上期金额
加：营业外收入	100	
减：营业外支出	20	
其中：非流动资产处置损失		
三、利润总额（亏损总额以"－"号填列）	1 227.4	
减：所得税费用	460	
少数股东损益	84	
四、净利润（净亏损以"－"号填列）	683.4	
五、每股收益：		
（一）基本每股收益		
（二）稀释每股收益		

四、连续各期合并会计报表的编制

在第2期及以后各期连续编制合并会计报表时，其期初数据根据上期合并会计报表填列，而期末数仍然以个别会计报表为基础确定。由于在首期编制合并会计报表时，已经将企业集团内部的经济往来业务进行了抵销，所以，合并会计报表的期初数反映了抵销分录的影响。但是，这种抵销仅仅是在合并工作底稿中进行的，并没有登入企业集团内部发生经济往来业务各企业的账簿中。因而，这些企业的个别会计报表就没有反映抵销分录的影响。这样，在第2期以及以后各期连续编制合并会计报表时，要正确确定其期末数，就不仅要考虑本年度企业集团内部经济往来业务对个别会计报表的影响，还要考虑以前年度企业集团内部经济业务往来对个别会计报表所产生的影响。这类情况的抵销处理较复杂，但编制原理和程序与首期合并会计报表相同，仅部分需要抵销的项目编制的抵销会计分录有所不同，在此不作讨论。

项目四　总账报表岗位实训

【习题】

一、单项选择题

1. 企业年末结账后，一定无余额的账户是（　　）。
   A. 本年利润　　B. 应付利息　　C. 利润分配　　D. 生产成本
2. 下列项目中，应列作营业外支出的是（　　）。
   A. 对外捐赠支出　　　　　　　B. 无法收回的应收账款
   C. 退休职工的退休金　　　　　D. 六个月以上长期病假人员工资
3. 下列各项投资收益中，按税法规定免交所得税，在计算应税所得额时应予以调整的是（　　）。
   A. 公司债券利息收入　　　　　B. 国库券利息收入
   C. 股票转让净利益　　　　　　D. 公司债券转让净收益

4. 下列资产负债表项目中,应根据其总账账户期末余额直接填列的是( )。
   A. 预收账款   B. 在建工程   C. 长期借款   D. 应付账款
5. 下列项目中,不符合现金流量表中现金概念的是( )。
   A. 企业的库存现金   B. 企业的银行汇票存款
   C. 不能随时用于支付的定期存款   D. 企业购入的3个月到期的国债
6. 将企业集团内部应收账款本期计提的坏账准备抵销处理时,应当借记"应收账款——坏账准备",贷记( )。
   A. 财务费用   B. 资产减值损失   C. 销售费用   D. 投资收益
7. 下列情况中,C公司必须纳入A公司合并会计报表合并范围的情况是( )。
   A. A公司拥有B公司40%的权益性资本,B公司拥有C公司60%的权益性资本
   B. A公司拥有C公司48%的权益性资本
   C. A公司拥有B公司60%的权益性资本,B公司拥有C公司40%的权益性资本
   D. A公司拥有B公司60%的权益性资本,B公司拥有C公司40%的权益性资本,同时A公司拥有C公司20%的权益性资本

二、多项选择题

1. 企业日常经营活动中取得的收入包括( )。
   A. 销售商品的收入   B. 提供劳务的收入
   C. 他人使用本企业资产的收入   D. 出售固定资产的收入
2. 企业利润分配的去向有( )。
   A. 弥补以前年度亏损   B. 交纳所得税
   C. 提取盈余公积   D. 向投资者分配利润
3. 利润表中,营业收入减营业成本、营业税金及附加,再减去( )后等于利润总额。
   A. 管理费用   B. 财务费用   C. 销售费用   D. 制造费用
4. 资产负债表的数据可以通过以下几种方式取得( )。
   A. 根据总账账户余额直接填列   B. 根据总账账户余额计算填列
   C. 根据明细账户余额直接填列   D. 根据明细账户余额计算填列

三、判断题

1. 企业按规定用盈余公积弥补以前年度亏损时,应按弥补数额,借记"盈余公积"账户,贷记"利润分配——其他转入"账户。 ( )
2. 企业计缴所得税应以会计所得为准。 ( )
3. 我国企业利润表的结构是单步式利润表。 ( )
4. 资产负债表是反映一定期间财务状况的报表。 ( )
5. 编制合并会计报表时,只需要将母公司与子公司之间发生的内部交易对个别会计报表的影响予以抵销,而对于子公司相互之间发生的内部交易对个别会计报表的影响则不需要进行抵销处理。 ( )
6. 纳入母公司合并会计报表合并范围的,必定是母公司拥有其50%以上权益性资本的被投资企业,未纳入合并范围的,则必定是母公司拥有其权益性资本在50%以下的被投资企业。 ( )

【技能实训】

实训一　利润分配的核算

甲公司2013年年初未分配利润为40 000元,当年实现净利润600 000元。2014年3月8日经董事会批准按以下分配方案进行分配:

1. 按净利润的10%提取法定盈余公积。
2. 按净利润的5%提取任意盈余公积。
3. 分配普通股股东现金股利20 000元。

4. 分配股票股利 100 000 元。上述利润分配方案于 2014 年 5 月 10 日经股东大会批准实施。

要求：根据上述资料，编制相关会计分录。

实训二　企业所得税的核算

甲企业按照税法规定，其核定的全年计税工资总额为 200 万元，2013 年实际发放工资为 225 万元。已知甲企业 2013 年按会计核算的税前会计利润为 1 000 万元，企业适用的所得税税率为 25%。

要求：采用资产负债表债务法计算该企业应纳税所得额及应纳所得税额，并作出会计分录。

实训三　资产负债表的编制

某工业企业 2013 年 12 月 31 日有关总分类账户和明细分类账户的余额资料如下：

账户名称	余额方向	余额	账户名称	余额方向	余额
库存现金	借	4 000	短期借款	贷	502 000
银行存款	借	680 000	应付账款	贷	225 310
交易性金融资产	借	480 000	其中：市粮油公司	借	153 680
应收账款	借	396 820	其他明细账户	贷	378 990
其中：市南龙公司	贷	63 180	其他应付款	贷	80 000
其他明细账户	借	460 000	应付职工薪酬	借	111 000
坏账准备	贷	17 000	应交税费	贷	85 000
其他应收款	借	86 430	应付股利	贷	395 000
原材料	借	659 350	应付利息	贷	68 900
周转材料	借	32 840	长期借款	贷	1 500 000
材料采购	借	12 000	其中：1 年内到期的长期借款	贷	500 000
库存商品	借	456 800	实收资本（或股本）	贷	6 000 000
生产成本	借	1 153 450	资本公积	贷	400 000
长期股权投资	借	950 000	盈余公积	贷	700 000
固定资产	借	4 998 720	利润分配	贷	156 830
其中：融资租入固定资产	借	500 000			
累计折旧	贷	932 000			
在建工程	借	250 000			
无形资产	借	482 000			
长期待摊费用	借	308 630			

要求：根据上述资料编制该工业企业 2013 年 12 月 31 日的资产负债表。

实训四　利润表的编制

资料：某工业企业 2013 年度损益类账户的本年累计发生额资料如下：

账户名称	本年累计发生额	账户名称	本年累计发生额
主营业务收入	10 000 000	管理费用	1 300 000
主营业务成本	6 000 000	财务费用	560 000
销售费用	300 000	投资收益	135 000
营业税金及附加	200 000	营业外收入	45 000
其他业务收入	1 600 000	营业外支出	256 000
其他业务成本	700 000	所得税费用	813 120

要求：根据上述资料编制该工业企业 2013 年度利润表。

参考文献

1. 戴桂荣.财务会计分岗核算.北京:高等教育出版社,2012
2. 吴榕.分岗位企业财务会计.北京:中国经济出版社,2012
3. 崔喜元,等.财务会计分岗位实训.北京:中国经济出版社,2013
4. 孙振丹,等.会计分岗位实训.北京:中国人民大学出版社,2012
5. 李红艳,等.企业会计学.北京:清华大学出版社,2013
6. 刘永泽,等.中级财务会计.大连:东北财经大学,2014
7. 张维宾.中级财务会计学.上海:立信会计出版社,2013
8. 陈小英.财务会计.北京:清华大学出版社,2013
9. 杨应杰.财务会计.北京:清华大学出版社,2014
10. 许太宜.最新企业会计准则及相关法规应用指南.北京:中国市场出版社,2014